# KNUTH PAR KNUTH

# *KNUTH PAR KNUTH*

*Conversations avec*
Dikran Karagueuzian

Traduction de
*Patrick Cégielski*

CSLI PUBLICATIONS
STANFORD, CALIFORNIA

Center for the Study of Language and Information
Leland Stanford Junior University
Printed in the United States
24 23 22 21 20 1 2 3 4 5

Names: Knuth, Donald Ervin, 1938-

Title: Knuth par Knuth / Donald E. Knuth

Description: Stanford, California : Center for the Study of Language and Information, [2020] | translated by Patrick Cégielski from *Companion to the Papers of Donald Knuth*

Identifiers: Library of Congress Control Number:2019956388 (print) | ISBN 9781684000586 (paperback : alk. paper)

LC record available at `https://lccn.loc.gov/2019956388`

CIP

∞ The acid-free paper used in this book meets the minimum requirements of the American National Standard for Information Sciences—Permanence of Paper for Printed Library Materials, ANSI Z39.48-1984.

CSLI Publications is located on the campus of Stanford University.

Visit our web site at
`http://cslipublications.stanford.edu/`
for comments on this and other titles, as well as for changes and corrections by the author and publisher.

# Table des matières

# Préface du traducteur

« *Knuth par Knuth* » est la traduction française d'une partie du livre « *Companion to the Papers of Donald Knuth* » paru en anglais chez le même éditeur, aux *CSLI publications* à Stanford, dirigées par Dikran Karagueuzian. Elle a toute une histoire, qu'il importe d'abord de conter.

Dikran, d'origine arménienne comme l'indique son nom, a fait ses études, en français, à Damas, dans la Syrie alors protectorat français[1], où il a préparé son baccalauréat littéraire au lycée français de Damas et dont il passe la deuxième partie au consulat de France à San Francisco, où il est venu compléter ses études en 1962. Il s'y installe, devient américain et poursuit ses études de journalisme et d'histoire à *San Francisco State University*, tout en travaillant comme barman et comme détective privé pour financer ses études. Intéressé toute sa vie par l'édition, il commence, une fois son diplôme en poche, par tenir une imprimerie dans la célèbre rue du télégraphe de Berkeley. Devenu directeur des publications du CSLI, après de nombreux allers-retours entre sa maison de Berkeley et Stanford, il s'installe sur le campus de Stanford.

Les employés de l'université Stanford peuvent en effet louer une parcelle de l'ancienne ferme et y construire une maison, tant qu'ils sont employés. En quittant l'université, ils doivent libérer la parcelle. La plupart des maisons sont en bois : les plots peuvent être sciés et la maison transportée par route sur le nouveau terrain où elle sera installée. Bien entendu, la plupart des locataires de la parcelle, propriétaires de la maison, préfèrent revendre cette dernière aux nouveaux locataires de la parcelle, mais pas toujours. C'est ainsi que Dikran habite une résidence, constituée de petites habitations de deux niveaux, avec piscine. Nous

[1] Le mandat français en Syrie et au Liban fut l'un des deux mandats – avec le mandat britannique en Palestine – institués par la Société des Nations (SDN) dans leur principe le 25 avril 1920, après la Première Guerre mondiale.

nous sommes un peu attardé sur cette facilité qu'offre Stanford car nous verrons plus loin ce qu'il en est pour Donald Knuth.

À ce moment Donald Kunth était en train de développer TEX et METAFONT. Dikran fut un des utilisateurs de la première heure de METAFONT, avant même qu'il ne soit finalisé, pour un projet sponsorisé par le groupe de Stanford travaillant à l'apprentissage assisté par ordinateur de l'arménien à l'*Institute for Mathematical Studies of Social Sciences*.

Dikran ne connaissait presque rien aux ordinateurs et encore moins à la programmation alors que METAFONT utilise son propre langage dédié de programmation. À l'époque tout le monde travaillait en temps partagé sur le grand ordinateur du département d'informatique et pouvait avoir accès aux fichiers de tous les membres de la communauté ayant un compte sur l'ordinateur. Dikran étudiait les fichiers de *Computer Modern Roman* que Knuth préparait et s'inspirait de ses fichiers pour ses caractères arméniens. De temps en temps Knuth lui envoyait des suggestions, qu'il ne comprenait pas. Finalement il est parvenu à créer une fonte arménienne fondée sur CMR, faisant partie du groupe minuscule (3 à 5 personnes) utilisant alors METAFONT.

Les publications du CSLI ayant pris leur envol, Dikran propose à Donald Knuth de republier l'ensemble de ses articles dans une série d'ouvrages, ce que ce dernier accepte, avec joie comme il le dit dans la préface de ce livre. Cela lui donne l'occasion de rencontrer plus souvent Donald Knuth, vivant également sur le campus de Stanford, à peu de distance de chez lui, d'autant plus qu'ils fréquentent la même piscine (pas celle de la résidence), à la même heure.

En 1996, lors de l'annonce de l'attribution du prix Kyoto à Donald Knuth, Dikran lui propose une conversation impromptue sur divers sujets au moment du déjeuner, de l'enregistrer et d'en publier l'essentiel dans un livre compagnon de la série des articles, qui sera effectivement publié onze ans plus tard.

Grand admirateur de François Truffaut, dont il a vu tous les films et qu'il revoit périodiquement en empruntant les DVD de la bibliothèque de l'université[2], Dikran a voulu appliquer le principe du *Cinéma selon Alfred Hitchcock* à Donald Knuth.

---

[2] La « ferme » sur laquelle l'université Stanford (dont le nom officiel est *Leland Stanford Junior University*, a été créée par le magnat des chemins de fer Leland Stanford, et sa femme Jane, à la fin du XIX^e^ siècle, en souvenir de leur enfant unique, mort de la typhoïde l'année de ses seize ans) se trouve officiellement sur la commune de Palo Alto, bien qu'elle en soit devenue une

Après l'histoire de la version anglaise de ce livre, passons à ma rencontre avec Donald Knuth.

Donald Knuth pensait depuis longtemps faire traduire un choix de ses articles en fançais et demanda à Dikran de trouver un traducteur. Lorsque Dikran m'en parla, à Paris d'abord (le soir de la première étoile des bleus), à San Francisco ensuite, en me précisant que la traduction pourrait paraître aux *CSLI Publications* en co-édition avec un éditeur français, et en me demandant si un des mes étudiants pourrait s'en charger, j'ai proposé de le faire moi-même, occasion unique de lire en profondeur un certain nombre d'articles de Donald Knuth. Pas nécessairement confiant en mon niveau d'anglais, il était, par contre, totalement rassuré par celui de ma femme, Irène Guessarian. Je proposais d'ajouter à la liste initiale quelques titres me paraissant pertinents. Satisfait de cette opportunité, Don accepte tout en ajoutant également quelques autres articles. On en est arrivé au contenu de deux volumes, formant deux ensembles cohérents permettant de les appeler *Éléments d'histoire de l'informatique* et *Algorithmique*. M'informant sur des listes de diffusion de l'opportunité de la parution de ces ouvrages en français, Jean-Paul Allouche me propose de les co-éditer avec la *Société Mathématique de France*.

La traduction des 900 pages a demandé environ deux ans de travail, pas à temps plein bien entendu, mes occupations à l'université Paris XII (cours, recherche et tâches administratives) n'ayant évidemment pas cessées, à raison d'un travail régulier de traduction de 3 pages par jour, hors relectures et révisions.

Comme souvent lors d'une traduction, quelques questions se posaient, demandant un éclaircissement de la part de ma femme ou de Dikran pour quelques points d'anglais, mais surtout de Donald Knuth lui-même pour le reste. Il fut convenu avec Dikran que j'établirai une liste des questions par écrit, que Dikran soumettrait à Don, celui-ci ne répondant ni au téléphone, ni aux courriels (dont l'adresse n'est d'ailleurs pas publique). Il se révéla assez vite que ce procédé n'était pas très pratique et Don accepta de répondre directement à mes courriels, rare privilège.

Pour les ultimes questions et mises au point, j'ai rencontré Donald Knuth chez lui, sur le campus de Stanford, durant deux demi-journées bien remplies lors d'un séjour à San Francisco, d'ailleurs principalement motivé par cette raison. Le premier jour, Dikran m'a introduit auprès

---

commune officieuse indépendante. La médiathèque de l'université a une collection de plus de 138 000 vidéos.

de Donald Knuth. Nous étions accompagnés de ma fille, âgée alors de dix ans, pour lui montrer le fameux orgue autour duquel est construite la maison. Dikran lui ayant dit, auparavant, qu'elle avait commencé des études de piano, Don lui proposa très gentiment de jouer de l'orgue, ce qu'elle a bien entendu décliné, avant de retourner à la maison avec Dikran [3].

Donald Knuth fut apparemment suffisamment intéressé par notre travail de correction pour que notre entrevue, prévue pour deux heures, soit devenue une dizaine d'heures : normalement, il ne reçoit plus personne. Pour chacune des questions que nous n'avions pas pu résoudre par courriel, Don la relit, réfléchit et suggère une réponse ou une reformulation. J'étais bien sûr très impressionné par le grand personnage, d'abord, et par mon piètre niveau d'anglais, d'autre part, mais Knuth a le rare don de mettre ses interlocuteurs immédiatement à l'aise et, comme tout américain, n'est nullement attaché à une syntaxe parfaite : l'important est de comprendre la question et de reformuler les réponses jusqu'à ce qu'on les comprenne.

Pour quelques questions, le nombre tenant sur les doigts de la main, la réponse fut : « Oui, Patrick, tu as raison, je vais ajouter un *errata* », ce que Don fait immédiatement en ligne. Pour une question cependant, essentielle pour moi, logicien, mais anecdotique pour un algorithméticien, la réaction fut curieusement différente. Don commence par me dire : « Es-tu sûr ? ». Voyant qu'une réponse purement affirmative, ou une démonstration, ne suffirait pas, je lui demande s'il possède un livre sur le sujet. Nous montons à l'étage supérieur, entièrement rempli d'étagères. Il me présente l'endroit consacré aux traductions de ses livres en un nombre impressionnant de langues puis un livre sur le sujet qui nous intéresse en me demandant si je le connais. Oui, je le connais, mais le choix n'étant pas le plus heureux, je lui en suggère un autre, qu'il possède (évidemment). Après lui avoir montré le théorème en question, et qu'il l'ait vérifié, il conclut par : « Patrick, tu as raison, mais je ne vais pas changer la définition que j'utilise depuis vingt ans ».

---

[3] Ma fille se moque toujours de mon appropriation du lieu de résidence lors de mes déplacements, ici l'appartement de Dikran , comme s'il s'agissait de mon habitation principale.

# Préface de l'auteur à l'édition américaine

Ce livre termine la série de volumes reprenant les articles que j'ai écrit durant une période de plus de cinquante ans.

Les cinq premiers chapitres contiennent les articles qui « ont glissé à travers les mailles du filet » et ne sont pas parus dans l'un des huit volumes précédents. Les derniers chapitres[4] contiennent la liste complète de tout ce que j'ai publié, ainsi qu'une aide permettant de localiser facilement les items. Pris en sandwich entre ces chapitres se trouvent plusieurs chapitres de « propos de table » fournissant le contexte de la collection dans son intégralité ; ce sont les transcriptions de conversations informelles tenues à l'heure du déjeuner enregistrées il y a quinze ans. Et tout cela se termine par la raison principale de l'existence de ce livre, à savoir l'index complet des neuf volumes de cette collection[5].

Mon attitude à l'égard de ces volumes est identique à celle que Lars Ahlforsa exprimé éloquemment dans la préface de ses travaux (1982) :

> Lorsque je fus pour la première fois confronté à la perspective de voir mes œuvres complètes publiées, j'ai ressenti à la fois de la crainte et de la confusion, mais je fus calmé lorsque j'ai pris conscience que le but de tout ceci n'était pas d'honorer l'auteur, mais de rendre service à la communauté mathématique. Si de jeunes scientifiques d'une génération future désiraient découvrir ce que des mathématiciens du vingtième siècle avaient fait, ils auront quelque raison d'être reconnaissant de s'épargner la nécessité de rechercher ces informations dans une multitude de sources.

En fait, j'ai hâte de voir des collections analogues concernant les travaux de mes collègues, que ce soit du vingt-et-unième ou du vingtième siècle, en informatique ou en mathématiques.

---

[4] Non traduits sauf la liste des livres.

[5] Non repris ici.

La bibliothèque de mathématiques de Stanford possède à l'heure actuelle les œuvres complètes de plus de 300 mathématiciens, souvent dans une collection de dix volumes ou plus. Seules 23 de ces collections incluent un index général des articles réédités. (Je devrais plutôt dire 24, puisque chacun des huit volumes d'articles de John Tukey possède son propre index. En tous cas le nombre de collections ayant un index général est moins que 8% du total.) Dix autres des collections possèdent un index de tous les auteurs cités, mais pas d'index des sujets. En tant qu'utilisateur de telles collections depuis de nombreuses années, je sais que les index sont toujours d'une grande utilité lorsqu'ils existent. J'ai donc pris grand soin de rendre les index de ce livre aussi utiles que possible.

La plupart des volumes de cette série se contentent de reproduire les articles originaux en fac-similé. J'ai cependant décidé dès le début de me donner une dernière chance de fignoler et de polir ce que j'ai écrit, en donnant ainsi un style et un format typographique plus uniformes, tout en m'efforçant de conserver la saveur des travaux originels. Durant les vingt dernières années, alors que les volumes de cette série prenaient forme, j'ai saisi l'opportunité d'améliorer la formulation des articles écrits avant que mes éditeurs m'enseignent une chose ou deux sur la façon de présenter un article. Chaque article est donc réimprimé sous une forme digne, je l'espère, qu'on s'en souvienne. J'ai également fait figuré un *addenda* à la plupart de mes articles, donnant les derniers développements du sujet qui y est traité. Il me semble que cette valeur ajoutée est beaucoup plus utile que de donner une simple copie des documents originaux ; on peut trouver les originaux par ailleurs.

Examinons maintenant le contenu de ce volume plus en détail. Le chapitre 1[6] contient le texte de six douzaines de problèmes envoyés à diverses revues, depuis 1965 et se poursuivant encore. Quelques-uns de ces problèmes sont, bien sûr, plus difficiles que d'autres. Quelques-uns concernent les mathématiques pure, d'autres sont purement informatiques, mais la plupart d'entre eux nécessitent une interaction entre ces deux disciplines. En tous cas ils sont très variés, et je continue à penser que ces problèmes sont à la fois instructifs et intéressants.

Les solutions à la plupart des problèmes du chapitre 1 sont parues par ailleurs ; on pourra trouver la référence à ces solutions au chapitre

---

[6] Non traduit.

20[7]. Mais la solution de quelques-uns de ces problèmes était inédite ; j'ai donc comblé cette lacune en présentant ces solutions au chapitre 2[8].

Les quatre chapitres suivants sont de brefs essais que je n'ai pas voulu omettre de ma collection de publications, aussi les ai-je faufilé dans ce livre. Les chapitres 3 et 4[9] concernent l'enseignement de licence ; le chapitre 4 a été écrit alors que j'étais moi-même en licence.

Les chapitres 7 à 17[10] sont originaux. Ils existent grâce à Dikran Karagueuzian, directeur de *CSLI Publications* et éditeur de cette collection de livres. Selon ses propres mots,

> Peut-être encouragé par le succès des premiers volumes des *Selected Papers*, j'ai suggéré à Don d'enregistrer des entrevues, dans lesquelles il pourrait parler librement de sujets qu'il ne lui serait pas possible de placer dans ses écrits professionnels. Après un bras de fer, et l'offre de quelques repas en commun, je l'ai convaincu de tenter cette expérience. J'ai finalement été récompensé en voyant la transcription prendre forme et devenir la base d'un récit, dont j'espère qu'il sera apprécié aussi bien par les étudiants que par les historiens de l'informatique.

Ces conversations expliquent le contexte de plusieurs de mes articles, particulièment des premiers d'entre eux. De plus, 1996 fut une année intéressante de plusieurs points de vue. Ce fut, par exemple, l'année où j'ai appris à utiliser HTML, parce que le *World Wide Web* grandissait à vive allure.

Les index de ce livre commencent au chapitre 18[11], qui est une sorte de « résumé ». Ce chapitre liste les diverses activités dans lesquelles j'ai été impliqué au cours des années. Il mentionne, en particulier, l'ensemble de mes étudiants et le sujet de leurs thèses.

Le chapitre 19[12] est une liste complète de tous les livres que j'ai écrits, ainsi que des traductions de ces livres. (J'en profite pour exprimer mes chaleureux remerciements à chaque traducteur, parce que je suis bien placé pour apprécier mieux que tout autre les grandes difficultés qu'ils ont rencontrées. Lorsque j'ai écrit les textes originels, je pouvais dire tout ce que je voulais ; mais eux n'ont pas eu cette liberté. Ils ont eu

---

[7] Non traduit.

[8] Non traduit.

[9] Chapitres 1 et 2 de cette traduction.

[10] Chapitres 5 à 15 de cette traduction

[11] Non repris ici.

[12] Chapitre 17 de cette traduction.

également à affronter mon utilisation de plusieurs tournures idiomatiques américaines étranges n'apparaissant pas habituellement dans les écrits techniques.) Les logiciens ne seront pas sans noter que ce livre est un élément de l'ensemble des livres qui se citent eux-mèmes.

Le chapitre 20[13] est l'un des plus importants, parce qu'il liste tous mes articles tout en les étiquetant par un « numéro d'opus », tels que P1, P2, ..., Q1, Q2, ..., R1, R2, ..., depuis longtemps utilisé comme référence croisée dans mes fichiers personnels. J'y mentionne, pour chacun d'entre eux, le titre originel et la revue dans laquelle il est paru, ainsi que des informations sur les traductions et les rééditions dont j'ai eu connaissance — y compris, bien sûr, son emplacement dans l'un des neuf volumes de cette reprise de l'ensemble complet de mes articles. Suivant la suggestion de Dikran , j'ai aussi annoté tous les articles importants d'une phrase ou deux aidant à le replacer dans le contexte.

Le chapitre 21[14] est une liste alphabétique des titres de mes livres et et de mes articles. Beaucoup de ces livres et de ces articles apparaissent plusieurs fois dans cette liste, pour en faciliter leur localisation.

Enfin vient le grand index[15] des neuf volumes des articles complets, à la fois index des noms et index des sujets.

Le lecteur me fera peut-être le plaisir de m'accorder maintenant une minute pour exprimer mes sentiments sur l'achèvement de ces neuf volumes, même si je sais que je suis alors probablement en train de parodier Narcisse. J'ai toujours savouré les concepts d'achèvement et de « fin ».

Une façon d'exprimer ces sentiments est de raconter une petite histoire. Lorsque je me suis rendu en Norvège pour la première fois, en 1967, j'ai été fortement impressionné par la collection de sculptures du parc Frogner, l'un des plus grands parcs publics d'Oslo. Ces statues de bronze et de granite constituent l'œuvre complète de Gustav Vigeland, qui a passé un accord avec la mairie d'Oslo : si elle lui fournissait les matériaux et un atelier, il ferait don à la ville de toutes ses productions futures, comme collection permanente à la vue du public.

J'ai été naturellement impressionné par l'importance monumentale de cette collection. Mais plus que tout, j'ai été émerveillé par le fait que ces centaines de travaux individuels, tels qu'exposés actuellement, constituent l'œuvre complète de l'artiste. Durant les nombreuses années

[13] Non repris ici.

[14] Non repris ici.

[15] Non repris ici.

que Vigeland a travaillé sur eux, le projet était inachevé et ne pouvait pas être regardé comme satisfaisant. Bien qu'il ait pu vivre assez longtemps pour amener chaque chose dans un état répondant à sa vision des choses, donnant à l'ensemble une source perpétuelle d'émerveillement et d'inspiration. Je suis donc revenu au parc des sculptures de Vigelandà chaque fois que j'en ai eu l'occasion.

De même, l'achèvement de ces neuf volumes est, pour moi, un rêve devenu réalité. Dans les années 60, après avoir écrit quelques dizaines d'articles et en avoir obtenu plusieurs piles de tirés à part des éditeurs de revue, j'ai rêvé d'avoir un jour une copie de tous ces tirés à part reliés ensemble dans une sorte de livre privé. J'ai eu plus tard la grande chance que Dikran me propose de faire beaucoup mieux. Quel luxe extraordinaire cela a été d'avoir l'occasion de mettre de l'ordre dans mes affaires ! Je suis énormément reconnaissant de vivre à une époque où un tel projet puisse se réaliser.

Que me reste-t-il à faire, maintenant que j'ai écrit cette collection complète d'articles ? Si Dieu le veut, j'envisage de consacrer tout mon temps à l'achèvement de *The Art of Computer Programming*. Ce projet non seulement me permet de faire connaître aux lecteurs les beaux résultats obtenus par des centaines d'informaticiens brillants, il me donne également l'occasion de travaux originaux, comme je l'ai expliqué au chapitre 13[16].

Je désire remercier une fois encore Dan Eilers et Udo Wermuth pour leur incroyable compétence de relecture. Leur diligence a permis d'améliorer ce livre en effectuant plusieurs centaines de petites corrections justifiées. Ma femme, Jill, a été d'une aide extraordinaire durant la préparation de cette série d'ouvrages, en particulier lorsque j'avais besoin de retrouver quelque chose dans nos archives familiales. Un remerciement spécial va à Miriam Palm, pour m'avoir aidé à retranscrire les enregistrements (souvent presque inaudibles) que Dikran et moi avons effectués lors de nos déjeuners en 1996.

J'ai essayé de corriger les erreurs autant que faire se peut dans ces livres, mais les occasions d'en faire sont innombrables. Je récompenserai donc de 2,56 $ le premier à me signaler toute erreur restante dans l'un des neuf volumes. On peut trouver en ligne la liste de toutes les erreurs connues dans ce livre dans la partie inférieure de :

`http://www-cs-faculty.stanford.edu/~knuth/cp.html`

[16] Chapitre 11 de cette traduction.

Pour les autres volumes, il suffit de changer '`cp`' dans l'adresse Internet par '`lp`' pour *Literate Programming*, '`cs`' pour *Computer Science*, '`dt`' pour *Digital Typography*, '`aa`' pour *Analysis of Algorithms*, '`cl`' pour *Computer Languages*, '`dm`' pour *Discrete Mathematics*, '`da`' pour *Design of Algorithms* et '`fg`' pour *Fun and Games*. Bonne chasse !

*Donald E. Knuth*
*Stanford, California*
*Juin 2011*

Chapitre 1

# Enseigner l'analyse avec grand O

*[Originellement publié dans les Notices of the American Mathematical Society* **45**, *6 (June/July 1998), 687–688, sous forme abrégée, en tant que lettre à l'éditeur.]*

Je suis content de voir l'intérêt qu'on porte à améliorer la façon dont l'analyse était traditionnellent enseignée, mais je suis surpris par le fait que personne n'ait jamais proposé le type de changement dont je pense personnellement qu'il est le plus adéquat. Si j'étais responsable de l'enseignement de l'analyse aux étudiants de licence ou de lycée aujourd'hui et si j'avais l'occasion de m'éloigner des manuels existants, j'effectuerais certainement des changements importants en insistant sur les notations utilisées par les mathématiciens professionnels depuis une centaine d'années.

Le changement le plus important serait d'introduire très tôt la notation $O$ et les idées sous-jacentes. Cette notation, utilisée pour la première fois par Bachmannen 1894 et popularisée plus tard par Landau, possède la grande vertu de rendre les calculs plus simples ainsi que de simplifier plusieurs chapitres du sujet, tout en étant très intuitive et s'enseignant facilement. L'idée fondamentale est de pouvoir manipuler des quantités partiellement spécifiées, et de les utiliser dans des formules.

Je commencerais mon cours idéal d'analyse en introduisant une « notation $A$ » plus simple, signifiant « au plus en valeur absolue ». Par exemple $A(2)$ signifie une quantité dont la valeur absolue est plus petite que 2. Cette notation a un lien naturel avec les nombres décimaux : dire que $\pi$ est à peu de chose près 3,14 revient à dire que $\pi = 3,14 + A(0,005)$. Les étudiants découvriront facilement comment calculer avec $A$ :

$$\begin{aligned}
&10^{A(2)} = A(100)\,;\\
&\bigl(3,14 + A(0,005)\bigr)\bigl(1 + A(0,01)\bigr)\\
&\quad = 3,14 + A(0,005) + A(0,0314) + A(0,00005)\\
&\quad = 3,14 + A(0,03645) = 3,14 + A(0,04)\,.
\end{aligned}$$

J'expliquerais bien sûr que le signe d'égalité n'est pas symétrique* lorsqu'on utilise de telles notations ; on a $3 = A(5)$ et $4 = A(5)$ mais pas $3 = 4$, ou on ne peut pas dire que $A(5) = 4$. On peut cependant dire que $A(0) = 0$. Comme l'a fait remarquer de Bruijn dans [1, §1.2], les mathématiciens ont l'habitude d'utiliser le signe '=' comme s'ils utilisaient le mot « est » : Aristote est un homme, mais tout homme n'est pas Aristote.

La notation $A$ s'applique aussi bien à des variables qu'à des constantes. Par exemple,

$$\begin{aligned} \sin x &= A(1)\,; \\ x &= A(x)\,; \\ A(x) &= xA(1)\,; \\ A(x) + A(y) &= A(x+y), \quad \text{si } x \geq 0 \text{ et } y \geq 0\,; \\ \bigl(1 + A(t)\bigr)^2 &= 1 + 3A(t), \quad \text{si } t = A(1)\,. \end{aligned}$$

Une fois les étudiants ayant acquis le concept de notation $A$, ils sont prêts à aborder la notation $O$, qui est encore moins explicite. Sous sa forme la plus simple, $O(x)$ signifie que quelque chose est $CA(x)$ pour une certaine constante $C$, sans que l'on sache ce qu'est $C$. On définit aussi les conditions inhérentes des variables apparaissant dans les formules. Par exemple, si $n$ est un entier naturel alors on peut dire que tout polynôme du second degré en $n$ est $O(n^2)$. Lorsque $n$ est suffisamment grand, on peut en déduire que :

$$\begin{aligned} &\bigl(n + O(\sqrt{n}\,)\bigr)\bigl(\ln n + \gamma + O(1/n)\bigr) \\ &\quad = n \ln n + \gamma n + O(1) \\ &\quad\quad + O(\sqrt{n} \ln n) + O(\sqrt{n}\,) + O(1/\sqrt{n}\,) \\ &\quad = n \ln n + \gamma n + O(\sqrt{n} \ln n)\,. \end{aligned}$$

Je définirais la dérivée en commençant par définir ce qu'on pourrait appeler la « dérivée forte » : la fonction $f$ a une dérivée forte $f'(x)$ au point $x$ si :

$$f(x + \epsilon) = f(x) + f'(x)\epsilon + O(\epsilon^2)$$

pour $\epsilon$ suffisamment petit. La plupart des fonctions usuelles ayant des dérivées fortes, je pense que cette définition correspond mieux à l'intuition que je désire faire acquérir par les étudiants. On voit immédiatement, par exemple, que si $f(x) = x^2$ on a :

$$(x + \epsilon)^2 = x^2 + 2x\epsilon + \epsilon^2\,,$$

---

* Transitif (ndt).

et donc que la dérivée de $x^2$ est $2x$. Et que si la dérivée de $x^n$ est $d_n(x)$, on a :

$$\begin{aligned}(x+\epsilon)^{n+1} &= (x+\epsilon)\bigl(x^n + d_n(x)\epsilon + O(\epsilon^2)\bigr)\\ &= x^{n+1} + \bigl(xd_n(x) + x^n\bigr)\epsilon + O(\epsilon^2)\,;\end{aligned}$$

ainsi la dérivée de $x^{n+1}$ est $xd_n(x) + x^n$ et on trouve par récurrence que $d_n(x) = nx^{n-1}$. De même si $f$ et $g$ ont des dérivées fortes $f'(x)$ et $g'(x)$, on trouve facilement que :

$$f(x+\epsilon)g(x+\epsilon) = f(x)g(x) + \bigl(f'(x)g(x) + f(x)g'(x)\bigr)\epsilon + O(\epsilon^2)$$

et ceci donne la dérivée forte du produit. La règle pour la composition :

$$f\bigl(g(x+\epsilon)\bigr) = f\bigl(g(x)\bigr) + f'\bigl(g(x)\bigr)g'(x)\epsilon + O(\epsilon^2)$$

s'en suit également lorsque $f$ a une dérivée forte au point $g(x)$ et que $g$ a une dérivée forte en $x$.

Une fois connu le fait que l'intégration est la réciproque de la différentiation et qu'elle est liée à l'aire sous une courbe, on peut remarquer, par exemple, que si $f$ et $f'$ ont toutes les deux des dérivées fortes en $x$ alors :

$$\begin{aligned}f(x+\epsilon) - f(x) &= \int_0^\epsilon f'(x+t)\,dt\\ &= \int_0^\epsilon \bigl(f'(x) + f''(x)\,t + O(t^2)\bigr)\,dt\\ &= f'(x)\epsilon + f''(x)\epsilon^2/2 + O(\epsilon^3)\,.\end{aligned}$$

Je suis convaincu que ce serait un soulagement à la fois pour les étudiants et les enseignants si l'analyse était enseignée de cette façon. Le temps supplémentaire passé à introduire la notation $O$ est amplement rattrapé par les simplifications apparaissant ensuite. On aura même certainement le temps d'introduire la « notation $o$ », équivalente aux limites, et à donner la définition générale de la dérivée (pas nécessairement forte) :

$$f(x+\epsilon) = f(x) + f'(x)\epsilon + o(\epsilon)\,.$$

Une fonction $f$ est continue en $x$ si :

$$f(x+\epsilon) = f(x) + o(1)\,, \quad \text{lorsque } \epsilon \to 0;$$

et ainsi de suite. Mais je ne verrais pas d'inconvénient à conserver une exploration complète de telles choses dans un cours ultérieur, lorsqu'il sera facilement compris par quiconque ayant appris les bases avec la seule notation $O$. En fait je n'ai pas eu besoin d'utiliser « $o$ » dans les 2 200 pages de *The Art of Computer Programming*, bien que beaucoup de techniques d'analyse supérieure y soit appliquées à une grande variété de problèmes.

On motivera l'utilisation de la notation $O$ par deux raisons importantes. D'abord, elle simplifie considérablement les calculs, puisqu'elle nous permet une certaine négligence mais de façon contrôlée de manière satisfaisante. Ensuite, elle apparaît dans les calculs sur les séries entières dans les systèmes de calcul formel comme *Maple*® et *Mathematica*®, que les étudiants actuels utilisent certainement.

J'ai rêvé depuis 20 ans d'écrire un manuel d'analyse intitulé *O Calculus*, dans lequel la matière serait enseignée selon le plan esquissé ci-dessus. Des projets plus pressants, comme le développement du système TEX, ne me l'ont pas permis, mais j'ai essayé d'écrire une bonne introduction à la notation $O$ pour les étudiants de master dans [2, Chapter 9]. Mes idées sont peut-être ridicules mais j'espère que cette lettre attirera l'attention de gens beaucoup plus capables que moi d'écrire des manuels d'analyse pour le nouveau millénaire. Et j'espère que quelques-unes de ces idées devenues classiques se révèleront être au moins à moitié aussi fructueuse aux étudiants de la nouvelle génération qu'elles l'ont été pour moi.

## Références

[1] N. G. de Bruijn, *Asymptotic Methods in Analysis* (Amsterdam: North-Holland, 1958).

[2] R. L. Graham, D. E. Knuth, and O. Patashnik, *Concrete Mathematics* (Reading, Mass.: Addison–Wesley, 1989). Traduction française de la deuxième édition parue en 1994, *Mathématiques concrètes*, Thomson Publishing, 1998, XIV + 688 p.

Chapitre 2

# Écriture

*[Originellement publié comme éditorial de Engineering and Science Review, Case Institute of Technology,* **2***, 3 (March 1959), 5.]*

Si on devait demander à un dirigeant d'entreprise quel est le pire défaut de son équipe d'ingénieurs, il y a beaucoup de chances qu'il déplorerait immédiatement sa faible capacité de rédaction. Dans leur grande majorité, les ingénieurs d'aujourd'hui sont hautement qualifiés mais incapables de communiquer les uns avec les autres ou avec les dirigeants. La profession d'ingénieur doit faire face à un sérieux risque de repli sur soi dans ses connaissances techniques.

Le meilleur remède à cela est certainement de stopper cette carence dès les premières années d'université. Même aujourd'hui à Case, la plus grande part des forces consacrées au travail ne fait qu'empirer la situation. La somme totale d'expérience de rédaction d'écrits non techniques d'un étudiant de Case n'est habituellement que de 6 000 mots par an dans les cours d'humanités et dans les rapports de travaux pratiques.

Les rapports de travaux pratiques devraient donner aux étudiants l'occasion de s'habituer à bien rédiger techniquement. Mais la plupart des enseignants ne notent dans ces rapports que l'expérience effectuée. Pour se faciliter la tâche de notation, ils exigent un format bien déterminé (« But : cette expérience a été effectuée pour ... » ; ou « Résumé : le but de ce rapport est de ... ») et de plus encouragent l'utilisation de la la terne voix passive (« On a remarqué ensuite que ... », « Les données ont été recueillies par les observateurs en deux étapes ... », etc.)

Pire que cela, si l'étudiant essaie d'écrire son rapport dans un anglais relativement correct, pour qu'il soit intéressant et ait du sens même pour l'homme de la rue, il est sous-noté.

*Voilà pourquoi nous continuons à envoyer des ingénieurs illettrés dans une profession déjà peu diserte. Voilà pourquoi les documents de la civilisation occidentale se concluent souvent par une fiche technique au lieu d'une bibliographie.*

Et pourtant la rédaction technique n'est pas du tout difficile ; c'est même en fait assez facile. *Tout ce qu'il faut c'est de la pratique.* Il est maintenant grand temps de s'y mettre.

J'aimerais naturellement personnellement suggérer que les étudiants pratiquent en écrivant un article, ou même deux, pour *Engineering and Science Review.* L'expérience acquise par une telle aventure en vaut vraiment la peine pour son auteur.

*Mais un plaidoyer encore plus fort est destiné aux enseignants pour qu'ils encouragent une rédaction technique correcte dans les rapports des travaux pratiques et qu'ils la récompensent de façon adéquate. Un tel changement améliorera à cent pour cent la qualité des ingénieurs de Case.*

Chapitre 3

# Souvenirs sur Andreï Ershov

*[Originellement publié dans Programmirovanie* **16**, *1 (1990), 113–114.]*

Les éditeurs m'ont demandé de faire part de quelques-uns de mes souvenirs personnels sur Andreï Ershov. Bien qu'Andreï et moi vivions en des endroits opposés du globe, pratiquement 180° de longitude nous séparant, sa vie a positivement influencé la mienne de biens des façons.

Cette influence a commencé lorsque j'étais étudiant au *Case Institute of Technology.* Le livre d'Andreï sur son programme de programmation pour le BESM venait alors juste de paraître et une poignée d'étudiants, dont moi, a été capable de convaincre notre professeur de russe de le prendre comme un des deux textes de notre cours sur la compréhension du russe scientifique. Ce fut une excellente expérience pour nous car la plupart des mots techniques d'informatique ne se trouvaient dans aucun de nos dictionnaires et notre enseignant ne les avait jamais vus auparavant ! (La traduction anglaise de Nadler n'était pas encore parue.) Nous avions alors le sentiment que nous étions en train de voir la « vraie » langue russe utilisée en science ; ceci était beaucoup plus captivant pour nous que l'autre texte, qui portait sur Spoutnik et l'exploration spatiale mais à un niveau très élémentaire.

Outre l'apprentissage d'un peu de russe à l'aide de ce livre, j'y ai aussi appris des algorithmes concernant l'optimisation des compilateurs. De fait, le premier travail d'Andreï, ayant initié cet important sous-domaine de l'informatique, a toujours un intérêt de nos jours. Sa méthode d'exposition s'est également révélée importante : les organigrammes attirants de son livre ont eu une influence importante sur la façon dont j'ai décidé d'illustrer plus tard les organigrammes de mon article « Computer-drawn flowcharts » [*Communications of the ACM* **6** (1963), 555–563] et ceux de *The Art of Computer Programming.*

Ma première rencontre physique avec Andreï a eu lieue à l'une des réunions de l'*IFIP Working Group* cherchant un successeur à ALGOL 60. J'ai alors appris qu'il avait dcouvert (indépendamment de Gene

Amdahl) la méthode du « hachage avec sondage linéaire », algorithme important qui fut à l'origine d'un tournant clé de ma vie puisque c'est lui qui m'a orienté vers le domaine de l'analyse des algorithmiques (voir la note de bas de page page 529 de mon livre *Sorting and Searching* ; cette note se trouve à la page 628 de la traduction russe). J'avais entendu parlé de rumeurs sur les nouvelles techniques incorporées dans le projet d'Andreï du langage Alpha. J'étais donc exalté à la perpective de le rencontrer en personne et d'apprendre qu'il parlait couramment anglais. Nous avons passé deux heures à l'occasion de cette réunion à parler de compilateurs et de langages alors que nous étions devant la machine Xerox pour copier de nombreux documents.

Je l'ai vu plus fréquemment plus tard, car il venait régulièrement voir John McCarthy à l'université Stanford. L'un des événements les plus mémorables de ma vie y fut initié : la conférence sur les Algorithmes dans les Mathématiques Modernes et l'Informatique tenue à Urgench en 1979. Cette conférence, pélerinage dans la région du Khwarezm, lieu de naissance des algorithmes, fut un rêve devenu réalité pour moi. Bien qu'Andreï et moi soient officiellement cités comme co-présidents de cette conférence, la vérité est qu'Andreïprit soin de 99% des détails, alors que j'en lisais les actes avec plaisir et que j'apprenais des choses importantes du grand nombre de personnes que j'y ai rencontré. Une telle expérience n'arrive qu'une seule fois dans la vie ; j'espère que de nombreux autres informaticiens pourront participer à un événement analogue, à condition bien sûr que quelqu'un s'inspire de l'exemple d'Andreï. Je l'ai connu bien mieux lors de cette semaine que jamais auparavant ; j'ai été particulièrement frappé par la façon brillante dont il jouait plusieurs rôles à la fois : président de la conférence, organisateur, philosophe, orateur, traducteur et éditeur.

J'ai de nombreux autres souvenirs, par exemple cette nuit de 1983 où ma femme et moi l'emmenèrent à une soirée américaine de danse où il dansa le *Virginia reel* et le « dos-à-dos », mais ce que j'ai dit ci-dessus devrait suffire à expliquer pourquoi Andreï a eu une telle importance pour moi.

J'ai appris, lors de sa dernière visite à Stanford, le grand travail qu'il avait entrepris durant les dernières années de sa vie : l'amélioration révolutionnaire de l'enseignement de l'informatique pour des millions d'étudiants, et qui a été applaudie à juste titre dans le monde entier. Nous avons tous été attristés que sa vie se termine si prématurément, tout en étant heureux de célébrer les nombreuses choses qu'il a réalisées. Et nous savons que les fruits de sa vie continueront à nourrir partout les générations futures d'informaticiens.

Chapitre 4

# Théorie, pratique et amusement

*[Discours en remerciement du prix 2010 de* Frontiers of Knowledge *en technologies de l'information et de la communication de la fondation BBVA, Madrid, 15 juin 2011.]*

Membres de la Présidence, autorités, distingués invités,

Je suis bien sûr profondément honoré d'avoir été choisi pour ce prix, et profondément reconnaissant aux distingués informaticiens qui ont si favorablement soutenu mes travaux. Je suis également ravi de recevoir ce prix en Espagne, puisque j'ai été pendant longtemps un fan du concept de *siesta* ... et que j'aime l'espagnol, tout particulièrement le mot *mañana*.

On m'a demandé plusieurs fois ces dernières années de réfléchir à mes travaux dans leur ensemble et ma réponse a toujours été que je les considère comme un mélange de deux thèmes principaux : la « théorie » et la « pratique ». J'ai consacré un temps considérable à trouver les fondements mathématiques rigoureux permettant de mieux comprendre les idées fondamentales de l'informatique et de les développer. Mais j'ai également consacré le même temps aux applications pratiques de ces théories, en écrivant des programmes que beaucoup de gens ont trouvé utiles dans leurs travail quotidien.

Les meilleures théories sont inspirées par les problèmes naturels se posant en pratique. La meilleure pratique repose sur les résultats théoriques quantifiant ce qui peut être réalisé par diverses méthodes. Il y a donc une extraordinaire boucle de rétroaction entre la théorie fondée sur la pratique et la pratique optimisée par la théorie.

Cependant, lorsque j'ai appris que j'avais reçu le prix de la fondation BBVA et qu'on m'a demandé de préparer un bref discours, ce qui m'est venu à l'esprit est que l'ensemble de mon œuvre a en fait également été caractérisée par une importante troisième dimension, à savoir l'« amusement ». On comprend bien mieux mon histoire si on la voit comme une alliance de la théorie, de la pratique et de l'amusement.

Mes travaux théoriques se sont en fait imposés par la curiosité intellectuelle, par la compulsion à répondre à d'intrigantes questions semblant quémander des réponses. J'ai également connu beaucoup d'émotions lorsque j'ai été capable d'éduquer un ordinateur à produire de beaux motifs de nombres ou d'images. C'est vraiment captivant d'imaginer la façon dont les électrons dansent dans la machine pour effectuer des calculs. Il me semble donc que le plaisir des moments d'euréka est ce qui justifie toutes les découvertes scientifiques et les avancées technologiques.

Cette prise de conscience m'est venue il y a quelques mois en terminant un livre appelé *Selected Papers on Fun and Games*, parce que j'ai alors découvert à ma grande surprise que ce livre avait plus d'importance pour moi que les autres, ceux contenant mes articles sur les aspects plus traditionnels de la théorie et de la pratique.

Je voudrais également souligner aujourd'hui les encouragements permanents et les plaisirs que j'ai reçu de ma femme, Jill : il y a neuf jours, elle et moi avons célébré nos noces d'or, après cinquante ans de bonheur conjugal. Ces années ont certainement été pour moi un magnifique mélange de théorie, de pratique et d'amusement, pour lesquels je lui suis profondément reconnaissant.

Chapitre 5

# Prix et choix

*[Ce chapitre et les dix suivants sont les transcriptions de conversations aynt eu lieu lors des déjeuners, entre Dikran Karagueuzian et Donald E. Knuth, durant l'été 1996. L'idée de Dikran était de questionner Don sur sa vie et ses travaux, Don, plutôt loquace, occupant la plus grande part de la conversation. Nous nous rencontrions quelquefois dans des restaurants près du campus de Stanford mais la plupart du temps nous apportions notre « gamelle » et nous déjeunions sur le campus, par exemple près de la « ferme » ou dans le jardin des sculptures de Rodin.]*

*Vous avez récemment reçu le prix de Kyoto*. Quelle a été alors votre réaction ?*

Comment est-ce que je me sentais vendredi dernier ? C'était merveilleux : Phyllis** m'a appelé à 7 heure du matin à la maison pour me dire que j'avais remporté le prix. Elle venait juste de voir le fax venant du Japon ; j'étais vraiment content de l'avoir appris par elle. Elle aussi était très heureuse de la nouvelle. Elle a longtemps travaillé pour moi. Elle a lu plus d'articles de moi que quiconque d'autre au monde. Elle les a tous tapé. C'était comme si elle recevait le prix par procuration. C'était un prix pour elle également.

Plus tôt j'avais reçu un livre sur le prix de Kyoto, mais je n'avais pas voulu le lire ou le montrer à Jill jusqu'à ce que je sache que je l'avais

---

* Le *prix de Kyoto* est une récompense internationale décernée à des personnes s'étant distinguées par des contributions remarquables au développement de la science et de la civilisation mondiale, ainsi qu'à l'élévation spirituelle. La désignation des lauréats est rendue publique au mois de juin, la cérémonie de remise du prix ayant lieu toutes les ans le 10 novembre au Palais des Congrès internationaux de Kyoto, où les lauréats se voient remettre leur diplôme, la médaille d'or du prix de Kyoto, ainsi qu'un montant d'environ 440 000 euros pour chacune des trois catégories. (ndt)

** Phyllis Winkler (1933–2007) fut l'assistante de DEK de 1970 à 1998.

gagné — pourquoi aurait-elle dû perdre son temps ? (Ne pas vendre la peau de l'ours avant de l'avoir tué.) Je montais les escaliers*, pris le livre et je redescendis pour le montrer à Jill. Ce fut un délice. Puis j'ai appelé ma maman. Elle était très heureuse. Elle pleurait mais elle a dit que c'était des larmes de joie ; elle insistait sur ce fait. Elle disait que c'était merveilleux.

Je devais me mettre au travail avant mon rendez-vous avec le Président de l'université au déjeuner. Je voulais faire autant que faire se peut avant midi, mais le téléphone ne cessa pas de sonner : plusieurs personnes des relations publiques, un appel du Japon une heure plus tard confirmant l'attribution, et ainsi de suite. Je décidais alors d'aller à mon bureau et d'y travailler un moment. Puis je me rendis au déjeuner avec le Président Hennessy. John m'attendais, avec un badge sur sa poitrine. Il me guida au foyer, et ce que j'entendis ensuite furent les applaudissements ! J'en déduisis qu'il avait envoyé un courriel à la ronde pour annoncer le prix et qu'il avait organisé une petite célébration informelle.

Il s'avéra en fait que le Président était au courant depuis un certain temps. Il fit un petit discours et je dis quelques mots. Et alors je remarquais — soudainement, à la fin de mon discours — que mon pasteur était dans l'auditoire ; puis qu'il y avait ma femme, et mon fils !Soudainement je prenais conscience que c'était une petite fête qui avait été arrangée quelque temps auparavant, et que certains s'étaient déplacés de loin. Parmi les personnes présentes se trouvaient quelques-uns de mes anciens étudiants. Il m'a semblé qu'il en venait de partout. Ce fut certainement la plus grande surprise de ma vie.

C'est Jill, bien sûr, qui avait arrangé tout cela. Elle était au courant de tout depuis le début ; elle en avait parlé à ma mère. Cependant lorsque j'ai appelé le Wisconsin, maman ne m'a pas dit qu'elle était déjà au courant. Lors de ce déjeuner, un téléphone sans fil fut apporté à notre table et il n'a pas cessé de sonner. J'eu des appels de ma maman, de ma sœur, de ma fille Jenny, qui était alors à Boston, et d'autres personnes. Ce fut réellement incroyable.

Quel heureux événement ! bien que je ne sache plus si je dois faire confiance à Jill, puisqu'elle sait si bien dissimuler. En effet, elle l'a appris un lundi, qui était le jour de notre anniversaire de mariage ; nous avons célébré dignement notre trente-cinquième anniversaire de mariage, et elle ne m'a rien révélé. Lorsque je me suis réveillé vendredi matin, j'ai

---

* Donald Knuth a construit une maison sur trois niveaux, autour d'un orgue situé dans la pièce à gauche en entrant. Les étages sont surtout occupés par une immense blibliothèque. (ndt)

dit à Jill, « Aux alentours de midi, nous saurons si j'ai gagné le prix de Kyoto ou non ». Elle a répondu : « Ah, j'avais complètement oublié ». Nous avons convenu que je pourrais l'appeler au studio d'enregistrement pour les aveugles où elle travaille. Je lui ai demandé si cela pourrait interrompre quelque chose ; elle a répondu que non. J'ai écrit le numéro de téléphone au cas où j'aurais besoin de l'appeler. C'est alors que survint l'appel de Phyllis, et ce fut avant que Jill parte travailler. Aussi lorsque j'allais à la rencontre du Président, je pensais que Jill était au studio ; vous pouvez imaginer ma surprise de la voir au milieu de tant de personnes.

Elle a été si douée pour ce subterfuge. Lorsque Phyllis a appelé plus tôt cette semaine et qu'elle a demandé à parler à Jill — ce qui est plutôt inhabituel, en général c'est à moi qu'elle veut parler — je fus un peu surpris. Plus tard, lorsque j'ai demandé ce que voulait Phyllis, Jill avait une très bonne explication toute prête. Elle dit : « Oh, une des personnes que nous avons rencontrée en vacances avait besoin de quelques informations sur l'histoire de notre famille et elle avait seulement l'adresse de Phyllis. » Un bien gros mensonge ! [rires]

C'est vraiment bien de gagner un prix qui a beaucoup d'argent à la clé, non pas pour l'argent mais parce que les gens savent que le prix n'a pas été attribué au hasard. Un prix a de la crédibilité s'il vient avec beaucoup de dollars (ou de yens dans ce cas). En Amérique, toute nouvelle doit avoir une donnée chiffrée ; par exemple, s'il y a un désastre, nous devons savoir à combien de milliards de dollars le dommage est évalué, ou combien de personnes sont décédées. Il y a un nombre associé à chaque événement ; tout au moins cela semble être la chose que les journaux essaient d'obtenir, à mettre en titre. Ce prix rapporte beaucoup, aussi convient-il à la culture américaine en ce sens.

Un peu après avoir appris la nouvelle, Jill et moi avons décidé de donner tout l'argent à des œuvres de bienfaisance. Ceci fut une décision assez facile à prendre, puisque nous étions heureux avant d'avoir le prix, et que nous n'avons pas vu comment cet argent aurait pu changer les choses pour nous. Rien ne pouvait vraiment améliorer notre situation. Nous pensons connaître un grand nombre d'associations capables de dépenser l'argent à vraiment bon escient. Nous sommes en train de voir comment l'argent pourrait aller directement de la fondation au Japon aux œuvres de bienfaisance sans avoir à transiter par nous.

*Vous avez mentionné une fois que vous vouliez améliorer le bureau de votre maison. Pourquoi ne pas utiliser un peu d'argent du prix dans ce but ?*

Oui, c'est vrai ; mais nous venons juste d'utiliser de l'argent de nos économies pour cela. Nous continuerons ce que nous faisions. Et nous utiliserons également un peu de nos économies pour payer le voyage de ma mère et de mes enfants au Japon. Aussi le prix sera-t-il une perte sèche dans un sens [rires] ; mais, ce qui compte, c'est le bonheur.

*Est-ce que votre mère connaît votre décision de distribuer le montant du prix à des œuvres de bienfaisance ?*

Non, mais elle le découvrira bientôt. Par exemple, il y a un fonds de dotation au nom de mon père au lycée où il enseignait, et nous aimerions l'abonder. Il y a aussi une église dans le centre-ville de Milwaukee dont ma mère fait partie du conseil paroissial ; cette église gère l'école où je suis allé jusqu'au collège. C'est une très bonne école, fréquentée presque entièrement par des enfants noirs aujourd'hui, et nous voulons aider cette école. Nous voulons aussi aider Stanford, ne serait-ce que de façon modeste. Pas par une donation à la Bill Gates ; mais ce type de cadeaux de bienfaisance est apprécié, je pense, aussi modestes soient-ils. Nous aimerions également aider à l'amélioration des tuyaux de l'orgue de notre église.

*Qu'allez-vous dire à votre famille ?*

Mes parents ont eu deux enfants : moi d'abord, puis ma sœur. Ma mère est la plus âgée d'une grande famille de huit enfants, et mon père était le plus jeune d'une famille de quatre. Aussi est-ce inégal, voyez-vous ; mes oncles et tantes d'un côté sont beaucoup plus vieux que mon père, mais du côté de ma mère, ses frères et sœurs sont plus jeunes. Dans une branche de la famille, je suis le plus âgé des cousins parmi 35. Dans l'autre branche, ma sœur et moi sommes les plus jeunes. La plupart de ceux du côté de ma mère vivent aux environs alentours de Cleveland.

Bien que vivant éloignés de notre famille, nous sommes proches et les relations entre nous sont vraiment chaleureuses. Dans mon enfance, durant les vacances d'été et plus tard au début où j'allais à l'université, mes cousins et moi avions l'habitude de nous rencontrer chaque dimanche après la messe et de passer la journée ensemble. Nous revenions depuis différentes églises jusqu'à la maison de l'un de nos oncles ou tantes — et de midi jusqu'à environ neuf heures nous nous occupions ensemble, jouant aux fers à cheval ou à un autre jeu. La famille avait le système le mieux organisé pour 30 à 40 personnes mangeant ensemble que j'ai jamais vu de ma vie. Chacun connaissait son rôle : préparer les tables, apporter la nourriture, laver et essuyer les assiettes à la fin, puis nettoyer, et la plupart du temps nous jouions aux cartes dans la soirée.

Nous avions deux repas puis nous jouions au jeu de Pinochle. Tout était agréable et je n'ai jamais ressenti aucun problème, aucune tension, ou quoi que ce soit d'autre entre toutes ces personnes.

Mais je savais aussi que je ne pourrais pas vivre ainsi toute ma vie, puisque cela m'aurait fait renoncer à un septième de ma vie. Je sentais que j'avais une mission dans le monde, que beaucoup de gens comptaient sur moi pour faire des choses qu'ils pourraient savourer. J'aime mon cercle familial étendu, mais y consacrer un septième de ma vie était beaucoup ; je savais aussi que j'irai vivre quelque part loin de là, en leur rendant visite seulement une ou deux fois par an.

On ne se rencontre plus chaque semaine, bien sûr ; il y a plus de générations maintenant, bien qu'habitant toujours aux environs de Cleveland. Quelques-uns d'entre eux vivent sur une île du lac Érié, et d'autres vivent loin de là dans d'autres banlieues, jusqu'à 150 kilomètres de là ; ce n'est pas comme s'ils se trouvaient à quelques pâtés de maisons les uns des autres comme avant. Maintenant il n'y a plus que cinq ou six grands rassemblements par an.

*Je suis allé récemment au mariage d'un membre de ma famille et j'ai pensé aux mêmes choses que vous. Le grand-père de la mariée est mort l'an dernier, ainsi soudainement il n'y avait plus de patriarche. Quelle est la situation dans le clan de votre mère ?*

Je ne suis pas sûr qu'il y ait un patriarche dans ce groupe, au vu de tous les mariages. Le principal patriarche auquel je pense pourrait être mon oncle Paul, et son pendant féminin ma mère. Ce sont les survivants de la famille ; ma tante Estherest une autre personne de cette génération. C'est l'une de celles qui envoient des cadeaux pour les anniversaires de mariage. Elle serait la quatrième plus vieille, je pense. Mais des neufs enfants à l'origine, ce sont les trois qui vivent encore. Ma mère est la plus vieille et encore en très bonne santé, je suis content de pouvoir le dire. En fait, elle est la seule à ne pas avoir été mise à la retraite.

Je viens juste de lire que Stan Ulama dit une fois qu'il y avait deux phases dans sa vie : dans la première phase, il était le plus jeune des gens autour de lui, et dans la seconde phase, il était le plus vieux. Il n'y a pas de milieu. Je ne suis pas sûr que cela soit vrai, mais c'est une ingénieuse façon de considérer la situation : être toujours à l'un des extrêmes.

*Peut-être ne vous en souvenez vous pas mais vous avez été très généreux envers moi tout au long de ces années. Lorsque vous étiez en train de développer* TEX *et* MF*, vous m'aviez attribué un compte invité sur* SAIL *[l'ordinateur à temps partagé du département d'informatique, ayant son propre système d'exploitation] et vous m'aviez invité à me joindre à vos groupes de discussion. Cette générosité s'est manifestée d'une façon plus substantielle lorsque vous avez rendu ces programmes disponibles publics et gratuits. Et lorsque vous avez dit que vous aviez une mission pour le monde, j'ai interprété cette remarque en me disant que vous aviez reçu un cadeau de Dieu et que vous l'avez partagé avec d'autres.*

Vous m'embarrassez en étant trop généreux vous-même ! Lorsque j'ai parlé d'une « mission », je ne pensais pas à une obligation forte ou à quelque chose d'aussi effrayant. C'est juste que je ressentais une espèce d'appel, une sensation naturelle sur des choses bonnes à faire pour être bien dans ma peau. Je peux être généreux dans certaines circonstances, mais je suis égoïste en d'autres circonstances, plus locales et moins visibles : je laisse faire à d'autres les affaires importantes ne faisant pas les gros titres.

Bien sûr j'effectue tous les jours des corvées comme laver la vaisselle, mais mon père était complètement différent : il travaillait bénévolement pour une trentaine d'associations en même temps, et il était indispensable à toutes sortes de groupes. Il insistait toujours pour faire quelque chose dont il ne tirait aucun crédit, sauf de l'une ou des deux personnes qui bénéficiaient directement de chacun de ses efforts ; en un certain sens, il vivait pour rendre des faveurs personnelles. Moi, j'ai tendance à faire des choses dont une centaine des personnes peuvent bénéficier. Mais quelqu'un doit faire ces autres choses, que je ne fais pas. Heureusement qu'il y a des réseaux de bénévoles partout ; si tout le monde ne travaillait que sur des choses qui ont un grand impact alors le monde pourrait s'écrouler.

Ainsi je suis égoïste et non bénévole envers mon propre entourage. Mais lorsque je vois que j'ai une aptitude unique qui peut avoir un impact mondial alors j'y vais ; j'ai une durée de vie limitée, aussi cette façon de faire me semble-t-elle la bonne. Ou pour le dire autrement, j'ai tendance à délaisser les choses qui n'exigent pas mes aptitudes uniques, mais des compétences qu'un grand nombre de personnes peuvent maîtriser. J'ai trouvé des choses que je peux faire, tout à fait inhabituelles, qui seront aussi payantes pour d'autres à long terme, et c'est cela mon rôle.

Bien sûr je ne peux pas dire que le chemin que j'ai choisi soit le seul possible, ou que je le sente supérieur d'une certaine façon, puisque je sais que l'informatique n'est qu'une des choses qui font que le monde tourne. Mais c'est là que j'arrive à être bon. On doit prendre conscience qu'une pièce a deux faces : le monde serait terrible si tout le monde était comme moi. J'entends par là, par exemple, qu'on ne pourrait certainement pas lire tous les livres si tout le monde écrivait autant de livres que moi ; combien de milliards de livres existe-t-il ? Il doit y avoir un juste milieu.

Les informaticiens aiment parler de la recherche binaire. Je pense à la vie comme une recherche binaire : on essaie des choses, et on peut trouver ce que l'on peut faire avec succès et ce que l'on ne peut pas faire. Je sais depuis longtemps que je ne suis pas un athlète de niveau olympique. [rires] Et plus on en apprend sur ses talents — plus on peut s'adapter à ce que l'on peut faire avec succès — meilleure est notre vie, me semble-t-il.

Le Bureau de développement de Stanford m'a appelé hier pour me demander si je pouvais rendre visite à Bill Gates à Seattle avec le Président du Conseil d'administration Casper, pour essayer de le convaincre de donner plus d'argent à Stanford. J'y ai réfléchi cette nuit et, aujourd'hui, je suis allé leur dire : « Je n'ai absolument aucune aptitude politique ou de persuasion ; à quoi puis-je être utile à Stanford dans ce cas ? » Je leur ai suggéré un meilleur plan. Ils peuvent dire à Bill que je pense que cela vaut la peine de mettre de l'argent dans ce projet et que je le prouve de la façon suivante : pour chaque dizaine de millions qu'il donnera à Stanford, je donnerai un jour de consultation gratuite à Microsoft. Je fais toujours tout mon possible en tant que consultant. De cette façon je peux faire quelque chose dans mon domaine d'expertise, et cela montre aussi que je suis favorable au projet s'ils veulent faire une mise supérieure, au cas où il penserait qu'il est important d'avoir mon opinion.

Cela peut sembler idiot de dire que j'offre un jour de consultation pour dix millions de dollars ; mais c'est encore beaucoup plus idiot de dire que je vais perdre une journée entière à me morfondre, ce qui fera perdre du temps à tout le monde puisque je ne suis pas bon à ce jeu. Avec ma contre-proposition, Gates peut encore obtenir des retours de sa philanthropie envers Stanford et avoir également une valeur ajoutée pour Microsoft. Je pourrais monter et délivrer de bons messages à ses programmeurs, peut-être sur la beauté de la programmation, et la façon obtenir beaucoup de satisfaction en rendant les programmes efficaces pour la machine tout en étant élégant dans le style. Je pourrais les aider à y promouvoir une telle philosophie si j'y allais ; et je pourrais y apprendre les questions qu'ils se posent et les choses qu'ils font. Par contre, je ne voudrais pas perdre du temps me permettant d'écrire *The Art of Computer Programming* juste pour effectuer un travail rémunéré. Ce n'est pas du tout mon genre.

En parlant de Bill Gates, je sais que lui et son entreprise sont controversés. Je l'ai rencontré quelques fois et j'ai vu ce qu'il fait, j'ai parlé à ses collaborateurs travaillant chez Microsoft, mais je n'ai pas vraiment lu beaucoup de leurs codes. Je pense qu'il est embrouillé, à la façon du code de la plupart des grandes entreprises. Il est difficile de s'attendre à ce que beaucoup de personnes travaillant ensemble puissent faire quelque chose d'élégant.

Je pense qu'il s'agit du plus compétent des milliardaires dans le monde, et de loin. Il a fait des choses qui sont vraiment tournées vers l'avenir, comme son entreprise Corbis*, dans laquelle il emploie quelques-unes des meilleurs personnes dans le monde à numériser des œuvres d'art et d'autres choses. D'autres personnes en avaient parlé, lui l'a fait.

Pour toute grande entreprise, plus vous en apprenez sur elle, plus vous savez ce qu'elle vaut. Je ne suis pas sûr — je ne suis jamais entré au cœur — de bien comprendre l'esprit de Microsoft. (Il y a des années, lorsque j'ai effectué un travail de consultant, je me suis aperçu que si j'allais dans cinq entreprises, j'y trouvais cinq cultures différentes.) Je ne peux pas dire qui est réellement Gatessur la foi des articles de magazines que j'ai lu. J'ai vu des articles de magazines disant sur moi des choses auxquelles je ne crois pas, donc je ne sais qu'en penser ?

Lorsqu'on vit quelque chose et qu'on le lit dans un article, le compte rendu du journal ne reflète presque jamais sa propre aventure, elle semble toujours très altérée la plupart du temps. Aussi dois-je dire que, sur la base des informations de seconde main que j'ai entendues, je dois être charitable avec Microsoft. Le pire travail technique de ses codeurs que j'ai regardé en détails a été leur conception d'origine — comment appelaient-ils cela ? — d'astucieuses ligatures ou de fontes astucieuses et de choses comme ça. Leur première conception était assez horrible, et on peut dire qu'ils n'ont jamais essayé de l'implémenter. Mais ils sont arrivés à se sortir de tous les bogues ; maintenant cela marche, ils se sont battus contre en dépit du fouillis. La dernière version semble être un travail honnête pour une très difficile écriture manuelle arabe et d'autres. Mais lorsqu'on voyait les premières spécifications, cela semblait impossible.

*Revenons en arrière ! Pouvez-vous m'en dire plus sur ce que vous faites en dehors de votre domaine d'expertise. Vous avez donné l'exemple de laver la vaisselle. Je sais que vous effectuez bénévolement quelques tâches subalternes ou pratiques pour votre église. Ma question est :*

* Immense photothèque à but commercial, revendue depuis. (ndt)

*trouvez-vous que cette sorte d'activités — travailler avec vos mains — vous aide d'une certaine façon à votre vocation principale ?*

Vous avez absolument raison. Je ne peux pas effectuer des choses techniques tout le temps. Je me suis aperçu que je ne peux écrire qu'un certain nombre de pages par jour avant de manquer d'énergie. Lorsque j'ai atteint ce nombre maximum, je n'ai plus d'idées pour ce jour-là. Donc tout n'est certainement pas également créatif sur une période de 24 heures. Travailler au jardin, arracher les mauvaises herbes et ainsi de suite, est un bon répit. Je suis allé récemment avec quelques amis aux « Restos du cœur »* pour emmener de la nourriture d'un endroit à un autre. Ce type d'activités, où j'utilise mes mains, me fournit de la variété et ne me soustrait pas vraiment aux choses que je dois faire pour le monde. Mais quelque chose que je ne pourrais jamais faire pour mon église est d'appartenir au conseil paroissial, ou quelque chose comme ça. Mon travail dans un comité est si mauvais, comparé à quiconque d'autre que moi, que je ne serai jamais volontaire pour le faire. Si j'y étais nommé, je refuserais, en disant que je dois écrire mes livres. J'espère que cela répond à votre question.

*Oui, très bien. En ce qui concerne le conseil paroissial, les réunions peuvent ne pas prendre beaucoup de temps.*

Cela me fait mal à l'estomac. [rires] Il n'y a pas cela dans l'église à laquelle je vais maintenant. Mais dans d'autres églises, chaque réunion allait de mal en pis, même si vous aimiez bien les personnes qui y étaient, il y avait toujours des personnes qui aimaient bien discourir.

Hier je suis allé aux funérailles d'un paroissien de notre église précédente, nous y sommes donc retournés, et le nouveau pasteur est vraiment du type habile et direct. Il a dit : « Vous savez, la première fois que j'ai rencontré Lew » — le pasteur est arrivé il y a à peu près un an — « Une semaine après que je suis arrivé, Lew vint me voir et m'a dit, "Vous savez, Pasteur, je vais être très loyal envers vous, mais je veux que vous compreniez de quel bois je suis." Il a dit : "Lorsque nous sommes en réunion, je mets en question tout ce que vous dites, et je fais en sorte que vous prouviez tout." Donc maintenant je sais comment il a opéré. Il m'a dit qu'il serait l'avocat du diable ou quelque chose comme ça, qu'il n'approuverait jamais aucune chose sans condition et qu'il ne laisserait rien passer jusqu'à ce qu'on en ait discuté minutieusement avant de passer au vote. Puis il m'a dit : "Et une fois que nous aurons adopté la motion, je serai de votre côté et je la supporterai." » Après avoir

---

* *Second Harvest*, dans le texte originel. (ndt)

entendu cette anecdote hier matin, j'ai pensé : si j'avais su que les gens jouaient à ce genre de jeu aux réunions paroissiales, je me serais senti très mal. [rires]

*Quelquefois les affaires de l'Église vont contre les idéaux chrétiens.*

C'est vrai. C'est un paradoxe, mais les églises ne sont pas faites pour les saints, parce qu'ils n'existent pas. Les pécheurs y tiennent toute la place, et l'église est faite pour eux. Mais nous nous y mêlons et nous essayons d'y apprendre de bons exemples. Vous n'y allez certainement pas pour y trouver un endroit où il n'y a que des gens parfaits, ou des gens qui n'agissent toujours exactement que comme ils le devraient. Cela n'existe pas.

Lorsque j'ai écris le livre *3 : 16**, le plus surprenant a été de découvrir — j'ai envoyé le manuscrit à un grand nombre de personnes pour le lire, et ils ont commencé à me raconter leurs expériences — la profondeur de la haine que plusieurs d'entre eux ressentaient envers les mauvaises affaires qu'ils, ou leurs parents, avaient vus dans une église ou une autre, et que ces petites querelles les avaient détourné de la haute idée de la religion. J'ai grandi en étant assez inconscient de telles choses, dans ma famille, aussi n'avais-je aucune idée de combien de personnes conservaient vraiment une énorme rancune envers l'église. Ils n'étaient pas indifférents, ce qui aurait été pire ; mais c'est tragique qu'ils conservent ces cicatrices.

*Revenons à Kyoto et à la distribution du montant du prix à diverses œuvres de bienfaisance ! Avez-vous décidé à lesquelles vous donnerez quelque chose et avez-vous rendu votre décision publique ?*

Non, pas du tout. Jill et moi avons juste décidé ce matin de distribuer le montant du prix. Nous avons rendez-vous avec notre conseillère juridique la semaine prochaine pour trouver comment le faire. Elle est absente en ce moment, aussi devons-nous attendre dix jours avant de savoir comment procéder exactement.

J'ai écrit une lettre à la fondation de Kyoto pour les avertir que nous allions donner le montant du prix à des œuvres de bienfaisance et lui demander s'il y avait un moyen de le transférer directement au compte bancaire des œuvres de bienfaisance, de façon à ne même pas toucher l'argent. Ceci serait la façon la plus simple d'en distribuer le montant. Ceci nous rendrait plus heureux que d'avoir à le faire nous-mêmes. Peut-être que cette façon de faire pourrait éviter les rivalités et les jalousies

---

* Traduction française *Bible 3.16*, Bayard éditions, 2017, 416 p. (ndt)

et autres qui pourraient survenir. Vous savez ce que l'on dit : « Ne dites jamais que vous connaissez quelqu'un avant d'avoir partager un héritage avec lui. » L'argent peut tout gâcher, aussi recevoir un prix pourrait avoir des effets négatifs sur nos vies. Oublions la partie monétaire du prix.

*C'est admirable et cohérent avec tout ce que vous avez fait d'autre.*

Vous exagérez. C'est une question de ... Mettez moi sur ce sujet. Lorsque j'ai développé TEX et que j'ai pris conscience qu'il pourrait être lucratif, je n'avais pas besoin des revenus potentiels. J'en avais déjà beaucoup. Si écrire des logiciels avait été la seule façon de gagner ma vie, cela aurait été naturellement ma source de revenus. Mais TEX était un sous-produit de quelque chose d'autre, aussi n'avais-je pas besoin d'en tirer bénéfice.

Il y a des gens qui sont doués pour gérer des fortunes, et ils peuvent être philanthropes ; ils peuvent prendre plaisir à maximiser leur pécule et vraiment faire du bien de cette manière. Jill et moi avons définitivement appris que ce n'est pas notre cas. Nous avons fait quelques investissements dans des appartements dont nous avions pensé qu'ils seraient une bonne affaire. Au début nous avions des actions puis nous avons décidé de diversifier, d'investir dans l'immobilier. Aussi avons-nous acheté ces appartements, nous les avons repeints, et trouvé des locataires ; ce fut la pire décision de notre vie ! À chaque fois que nous avions à louer un appartement, cette activité l'emportait sur tout ce que nous aimions vraiment faire. Je devais m'asseoir et écrire des lettres de propriétaire terrien ; les toilettes ne fonctionnaient plus tout d'un coup ; nous devions répondre aux coups de téléphone de la police nous disant que des soirées étaient organisées et toutes ces sortes de choses. Nous faisions du profit mais c'était une terrible nuisance.

Nous avons alors trouvé que si nous faisions don des appartements à l'agence de Stanford — les gens qui gèrent les dons à Stanford — ce serait très bien comme ça. Ils connaissent tout sur l'immobilier, comment trouver de nouveaux locataires et comment s'occuper de leurs emménagements et de leurs déménagements. Nous avions quatre étudiants de première année dans l'un et une jeune famille dans l'autre (mais le chef de famille perdit son travail), aussi la gestion exigeait beaucoup de temps et de compétence. Après avoir tourner cette page, notre vie s'améliora d'une façon surprenante : non seulement Stanford apprécia ce cadeau, car leur équipe était compétente pour ce genre de travail, mais ils prirent aussi le temps de bien comprendre tous les formulaires d'impôts dont nous avons eu besoin. Ainsi Jill et moi n'avons pas eu à payer d'impôts sur le revenu les trois années suivantes, après avoir fait cette donation. C'était nettement plus agréable pour nous.

Mais il y a des gens qui savent vraiment gérer une fortune. On peut prendre David [Woodley] Packard, par exemple, comme modèle. Il a fait une énorme quantité de bien qui n'aurait pas pu voir le jour s'il avait donné tout ce qu'il recevait, parce qu'il avait ce talent. Jill et moi, nous savons bien que nous n'avons pas ce talent. Comme je l'ai dit ci-dessus, quand nous avons découvert que nous pouvions faire du bien, nous nous sommes intéressé à ces choses ; nous ne nous sommes pas embêtés à faire des choses pour lesquelles nous n'étions vraiment pas faits.

*Pour varier un peu les sujets de notre entrevue d'aujour'hui, parlez moi du mathématicien français dont vous me parliez l'autre jour, Philippe ...*

Philippe Flajolet. Oui, nous nous demandions s'il y avait des tendances nationales : les gens d'un pays donné sont-ils nettement meilleurs pour certains types de travaux théoriques qu'à d'autres ? Et nous avions parlé en particulier de ce Français. Je disais que je connaissais un Français dont je pouvais dire qu'il était « impressionniste », à la façon des célèbres peintres. Mais je ne pensais pas à Philippe, mais plutôt à Maurice Nivat. Philippe est beaucoup plus jeune.

J'ai rencontré pour la première fois Maurice dans les années 60. Il venait de devenir l'éditeur fondateur de *Theoretical Computer Science*, excellente revue qui a maintenant publié plus de cent numéros. C'est aujourd'hui l'un des professeurs de premier plan de l'université de Paris, et il est membre de beaucoup d'autres comités éditoriaux. Quant au « pouvoir politique », en ce qui concerne les publications en mathématiques et en informatique en France, c'est l'une des sommités. Mais lorsque je l'ai rencontré pour la première fois, c'était un tout jeune étudiant, il n'avait pas encore son doctorat. J'avais lu sa thèse ; les Français ont deux niveaux de thèses ; j'ai lu sa première thèse, qui porte sur les langages algébriques. Je lui ai écrit une lettre en lui posant quelques questions sur ce travail ; il m'a répondu : « Vous savez, en France personne ne lit de thèse, on sait juste qui l'a signée ; c'est une question de prestige et non de contenu. » Mais j'avais écrit et j'avais estimé ses théories, aussi allions-nous devenir amis. Il vint en Amérique pour une visite et nous sommes allés camper dans le désert d'Anza-Borrego, en passant par San Diego ; peu de temps après je quittais Caltech.

C'est lui que je pourrais décrire comme mathématicien impressionniste. Il écrivait quelque chose et disait : « Don, connaissez-vous cette formule ? » Je regardais la formule, et les deux membres de l'équation étaient faux. Bien sûr, je connaissais cette formule ! Je savais que dans un membre il voulait dire échanger $j$ et $k$, et que dans l'autre membre il voulait dire élever le premier terme au carré, ou quelque chose comme ça. Il avait la juste impression de la chose ; il pensait les mathématiques à la façon dont Monet ou Renoir voyait une scène.

*Quelqu'un d'autre aurait pu dire « c'est faux » et partir.*

Oui, c'est une remarque intéressante. Je n'avais jamais pensé à cela auparavant. Mais je pense que vous avez raison. Cependant, connaissant mes limites, sachant que je vois le monde à travers une lentille déformante, je peux comprendre que d'autres personnes aient aussi leur propre façon de penser ; aussi j'essaie de compenser ceci en regardant le monde à travers le regard d'autres personnes.

Je sais, par exemple, d'après mon expérience personnelle, qu'un grand nombre de difficultés surviennent lors de la conception d'une fonte. Beaucoup de mes collègues ne s'en rendent pas compte ; ils pensent que la conception d'une fonte est quelque chose de trivial à faire, aussi pourquoi devrait-on payer pour une telle chose ? Moi, je pense que l'aptitude à créer une bonne fonte est extrêmement rare. De façon générale, je sais qu'il y a un grand nombre de domaines d'expertise. Malheureusement, beaucoup de gens ne voient les autres qu'à travers leur propre filtre.

Les informaticiens comprennent peut-être mieux cela que les autres, parce que l'informatique travaille avec des représentations. Le monde réel doit être codé et représenté dans la machine. Nous savons comment modéliser divers types de domaines d'expertise ; aussi pouvons-nous comprendre ce qu'on entend par s'adapter, puisque nous devons adapter les choses aux ordinateurs. Je suppose que cela peut expliquer mon attitude, tout au moins en partie.

Je sais que les gens évaluent les idées par rapport à leur échelle de mérite propre, fondée à ce pour quoi ils sont bons eux-mêmes. Ils ont le droit de le faire ; en fait, c'est même très important dans leur travail de faire ainsi. Mais si on applique un tel raisonnement pour voir si quelqu'un d'autre mérite son salaire, ou qu'il contribue par quelque chose de valeur au monde, c'est une terrible erreur.

L'informatique a une plus grande ouverture d'esprit de ce point de vue, me semble t-il. Les modèles que nous avons peuvent mieux se rapprocher du monde réel que ceux que les physiciens conçoivent ; disons que certains physiciens ne voient les choses qu'en termes d'équations différentielles. Il me semble que ce que l'informatique modélise est capable de construire de façon non uniforme ce qu'est le monde ; c'est un petit peu plus proche de la vie.

*Lorsque vous dites que vous êtes égoïste, j'interprète que ce que vous entendez par là est que vous n'êtes pas généreux de votre temps. Mais j'ai quelquefois trouvé surprenant que vous preniez le temps d'expliquer quelque chose de trivial alors qu'on pourrait dire : « Faites-le vous-même, s'il vous plait, et demandez moi conseil sur quelque chose d'autre. »*

Faites attention ! Avec ce prix Kyoto, je commence à prendre la grosse tête. Plus vous me parlez, pire c'est. Vous devriez mettre une sorte d'égomètre sur ces bandes, ainsi pourriez-vous mesurer si j'ai complètement perdu toute humilité.

*Je peux vous donner des exemples de votre générosité.*

Je suis une procédure très simple. J'essaie toujours de faire du bon travail, parce que c'est plus amusant de faire du bon travail. Lorsque je peux choisir entre plusieurs choses qui prennent du temps, j'essaie de chercher les choses qui maximiseront le gain sans me faire craquer.

Par exemple, lorsque je travaillais au projet TEX au début des années 80, on m'aurait vu rarement balayer, éponger ou sortir les poubelles, nettoyer les machines, ou faire d'autres telles choses au sens propre. Mais j'ai fait de telles choses au sens figuré parce que je n'aurais pas osé demander à des étudiants licenciés d'effectuer des tâches serviles. Je sais que, dans chaque grand projet, il y a des choses qui sont beaucoup moins amusantes que d'autres ; je peux donc accomplir des tâches ennuyeuses qui doivent être faites. Je les accomplis et j'en termine plutôt que de perdre mon temps à chercher comment ne pas les effectuer.

J'ai appris cela de mes parents. Ma mère est surprenante à observer parce qu'elle ne fait pas tout efficacement, loin de là : elle dépense trois fois plus d'énergie que nécessaire dans tout ce qu'elle entreprend. Mais elle ne se demande jamais ce qu'elle doit faire après ou comment optimiser quelque chose ; ellese contente de travailler. Sa stratégie, légèrement simplifiée, est : « Trouvons quelque chose à faire et faisons-le. » Et cela toute la journée. Le soir elle a beaucoup fait.

Pour dire cela autrement, je pense que la chose exceptionnelle — la chose qui détermine le succès d'une personne dans sa vie — n'est pas ce qu'elle a fait de mieux mais ce qu'elle a fait de pire. J'entends par là que si on mesure tout ce que quelqu'un fait, un minimum élevé est beaucoup plus important qu'un maximum élevé. Le projet TEX a été un succès en grande partie parce que j'ai calmement fait des choses comme balayer. De même, le secret des succès que j'ai connus est que, dans tous les projets auxquels je me suis attelé, le maillon le plus faible dans la chaîne de mes aptitudes a été raisonnablement solide.

## Chapitre 6

# Impression

*Comment en êtes-vous venu à vous intéresser à la typographie ?*

En fait j'ai l'encre dans le sang depuis le début : mon père avait une machine à ronéotyper à la maison lorsque j'étais petit.

Vous rappelez-vous ce qu'était la ronéotypie ? C'était un appareil d'impression relativement bon marché, fondé sur l'utilisation d'un type d'encre noire huileuse ne sèchant jamais. L'encre s'imprègne à travers les petites cavités d'un pochoir flexible, pouvant être préparé avec une machine à écrire et/ou un stylet, qui est pressé sur du papier absorbant, pénétrant ainsi dans le papier sans trop baver. Avant l'apparition de la xérographie, les ronéotypes noirs et les « Ditto » violets étaient pratiquement les seules alternatives aux onéreux équipements de composition.

La machine à ronéotyper de papa ne nous appartenait pas ; elle appartenait à un architecte, qui nous laissait l'utiliser à notre domicile en échange de l'aide que mon père lui apportait dans l'impression de spécifications. Mon père devait donc taper les spécifications pour des constructions et, en échange, il pouvait utiliser la machine pour diverses opérations de bienfaisance. Il réalisait, par exemple, des programmes et des bulletins pour des églises et des écoles des environs de Milwaukee. Il pouvait également reproduire des partitions musicales de cette façon : lorsque l'un de ses amis composait un morceau, papa avait des modèles et un équipement spécial pour réaliser les stencils qui servaient à imprimer la partition. Les partitions de musique chorale étaient parmi les choses les plus difficiles de ce qu'il avait à faire, parce qu'il était nécessaire d'apparier les notes et les paroles ; papa devait aligner les paroles très soigneusement sur sa machine à écrire.

Je le regardais faire et je trouvais cela très intéressant. J'ai appris très tôt comment réaliser un stencil de ronéographie et, plus tard, j'ai imprimé un journal hebdomadaire pour notre lycée. Une fois par semaine, en Terminale, je passais toute la nuit à éditer et à préparer les stencils de *The Knight's Page*, qui était ronéographié sur deux feuilles de papier

THE KNIGHT'S PAGE

Volume 1, No. 2 November 22, 1955

HERE IS OUR NEW SCHOOL SONG

Here is what you've been waiting for--the new school song for our new high school! The beautiful melody and beautiful lyrics of this new song are easy and fun to learn. The first song below is the Pep Song, which we'll sing at the basketball games; the second is the Alma Mater Song. Since the first basketball games are this weekend, let's all learn these songs as quickly as we can!

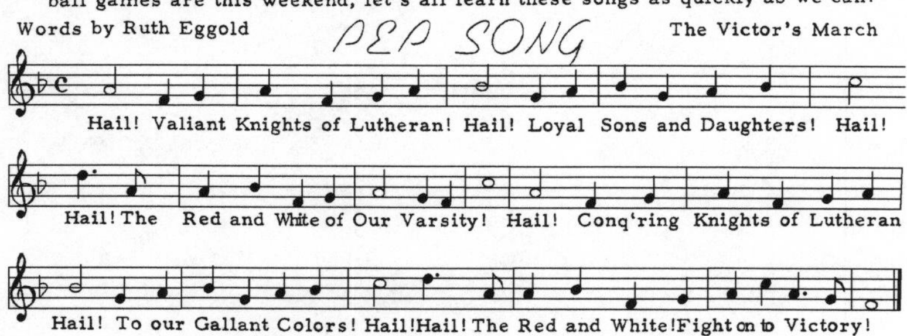


de format légal, imprimées recto-verso.* Mon job d'été de 1956, juste avant mon entrée à l'université, a eu lieu à la *Hasler Printing Company* au centre-ville de Milwaukee, petite entreprise produisant des bulletins et des brochures ronéotypés, etc. Les clients venaient et expliquaient, à M. Hasler ou à moi, ce qu'ils attendaient de nous ; je tapais les stencils et je dessinais les illustrations nécessaires. Puis je faisais tourner la machine, posant des feuilles intercalaires entre les pages pour éviter que l'encre ne coule entre deux feuilles. Enfin, si nécessaire, j'utilisais un gros massicot pour couper le tout à la taille voulue. Je n'avais pas de reliure à faire. M. Hasler me quittait vers 9 heure du matin en me disant : « Bien, faites ce travail » ; je restais seul le reste de la journée et j'arrivais à terminer le travail.

Voilà ce que j'ai fait à Milwaukee les deux trois mois de l'été. Ce n'était bien sûr que de l'impression d'amateur, pas vraiment de bonne qualité ; on ne peut pas faire beaucoup mieux avec la ronéographie. Mais mon père développa une affaire à temps partiel. Il acquit une presse offset de la *A. B. Dick Company*, de taille vraiment imposante dans notre cave ; de plus il composait avec une machine *Varityper.* Cette

---

* Le second numéro comportait même une partition (voir l'illustration ci-dessus). Un autre exemple de production ronéotypée est la feuille de résultats de basketball reproduite au chapitre 23 de *Selected Papers on Fun and Games.*

installation était bien meilleure que celle de ronéographie, mais encore inférieure à une « vraie » impression en typographie. Le travail était encore principalement réalisé pour les églises et les écoles des environs de Milwaukee, mais il réalisait en fait toutes sortes de travaux. J'ai fouillé une fois dans ses vieux fichiers et j'ai trouvé trois ou quatre mille dossiers, y compris des films servant à faire les plaques d'impression offset. Il avait imprimé, par exemple, environ 4 000 enveloppes pour une banque d'Indianapolis.

L'expérience suivante d'impression eut lieu lors de l'écriture de *The Art of Computer Programming*. J'ai commencé en 1967 à corriger les épreuves de centaines et de centaines de placards, destinés cette fois à une impression de la meilleure qualité. La première édition des volumes 1, 2 et 3 a été faite sur une machine *Monotype*, utilisée pour les plus beaux livres techniques. La seconde édition du volume 1 (1973) a été également produite avec une *Monotype*. J'ai rencontré le très talentueux composeur qui composait les caractères sur cette machine complexe.

J'ai eu un choc brutal en voyant les premières épreuves de la seconde édition du volume 2 en 1976, remarquant une très nette dégradation de la qualité. Les nouvelles épreuves paraissaient horribles, aussi demandais-je : « Qu'est-ce qui s'est passé ? Pourquoi utilisez-vous des fontes différentes pour les indices et la ligne principale ? Ceci ne va pas. Ça ne ressemble pas à ce que nous avions avant. » On me répondit : « Les *Monotypes* sont devenues trop chères. Nous avons dû passer à la photocomposition. Personne ne sait plus comment faire fonctionner les *Monotypes*. Les compagnons sont partis et notre équipement a été remplacé par ces nouvelles machines. »

Ces nouveaux photocomposeurs effectuaient convenablement les travaux importants, ceux rapportant de l'argent, comme l'impression des magazines et des journaux. Mais personne ne prenait le soin de les faire bien travailler pour les mathématiques. J'ai rencontré en urgence les typographes d'Addison–Wesleypour voir ce que l'on pouvait faire. Je leur dis : « J'ai choisi de publier chez vous surtout pour la qualité de la composition et de l'agencement. » Addison–Wesley était, en effet, unique parmi les éditeurs techniques, grâce, je pense, à leur composition en interne. Il y avait là une personne, appelée Hans Wolf, qui employait ses propres composeurs et faisait marcher sa propre *Monotype*. D'autres éditeurs, comme McGraw–Hil, sous-traitaient leurs travaux à différents endroits, à des sous-traitants indépendants, mais Addison–Wesley avait son propre département de composition — dans le bâtiment, juste à droite des bureaux éditoriaux. Malheureusement Hans était maintenant à la retraite, et ils ne pouvaient plus continuer cette tradition.

Après avoir âprement débattu, Hans fut d'accord pour essayer d'arriver à comprendre comment utiliser l'équipement de composition photo-optique pour obtenir l'apparence qu'il avait été capable d'obtenir avec la *Monotype* au plomb chaud. Mais il me dit que personne n'avait conçu de fontes pour les symboles mathématiques (appelés « caractères mathématiques »). Personne n'avait adapté les caractères mathématiques classiques de la *Monotype* pour la nouvelle machine ; même pire, les fontes de texte qui avaient été utilisées pour les livres comme le mien, « Monotype Modern 8A », n'avaient pas non plus été adaptées. Elles n'étaient pas disponibles ; Hans me dit qu'il s'agit d'une question légale, de droits d'auteur, pour que de telles fontes puissent être faites. Mais il avait entendu parler d'un endroit en Pologne où on pouvait réaliser des fontes de photocomposition si on leur envoyait les spécimens des caractères que l'on voulait.

Ils ont donc essayé cette voie, en s'y reprenant à plusieurs fois. Mais le résultat était horrible. Quelques-unes des lettres étaient beaucoup plus sombres que d'autres. Quelques-unes étaient légèrement inclinées. Les espaces n'allaient pas. J'étais malade en voyant les nouvelles épreuves.

Je viens juste de me souvenir de ces épreuves ce matin, parce que je dois préparer le discours que je prononcerai à Kyoto. Ces épreuves sont maintenant dans les archives de Stanford ; je suis en train d'en récupérer une pour en faire un transparent à utiliser lors de ma présentation.* Mes hôtes de Kyoto m'ont demandé de donner quelques indications sur les luttes que j'ai eu à soutenir ; l'auditoire comprendra donc que ce ne fut pas un long fleuve tranquille. Ces affreux placards conviennent parfaitement bien à mon propos : je pourrai comparer l'effrayante typographie ayant déclenchée mes recherches sur la typographie à l'élégante typographie de la traduction japonaise du même livre.† Un de mes arguments sera que, si j'avais vécu au Japon, il ne m'aurait pas été nécessaire de m'occuper de typographie, puisque je n'aurais pas eu ce problème. Cependant, ce qui est paradoxal, c'est que les Japonais ont adopté mon système avec enthousiasme ; non pas pour accroître la qualité, mais pour permettre à tout un chacun d'avoir accès à une telle qualité.

Revenons à mon histoire. Ne pouvant pas accepter ces horribles placards, j'étais face à un dilemme. Je ne voulais pas écrire de livres s'ils

---

* Voir le transparent 10 du chapitre 1 de *Digital Typography*. Il montre un extrait du dernier essai fait par Addison–Wesley pour tenter de rectifier des fontes photo-optiques (mars 1977) ; les essais précédents étaient bien pires.

† Voir le transparent 24 du chapitre 1 de *Digital Typography*.

devaient être si disgracieux. Une des joies... Un livre doit être quelque chose dont on est fier, non seulement par son bon contenu technique, mais aussi par son esthétique visuelle. La perspective d'une horrible seconde édition me décourageait. Je ne savais pas ce que j'allais faire.

Pendant ce temps, la vie continuait. Je m'amusais un peu avec l'imprimante graphique de Xerox du laboratoire d'intelligence artificielle ; vous souvenez-vous de cette vieille chose, la XGP (*Xerox Graphics Printer*). Sa résolution variait, de 140 points par pouce en haut et en bas de la page à 240 dpi (*dots per inch*) en son milieu ; elle ne permettait pas de réaliser une grille carrée. Lorsqu'on imprimait le sceau de Stanford, il ressemblait à une ovale au lieu d'un cercle, déformé horizontallement sur le côté gauche de chaque lettre et verticalement au milieu. Aussi avions-nous deux versions du sceau de Stanford, utilisées en fonction de l'endroit où nous voulions le placer sur la page.

En dépit de de sa piètre qualité, on trouvait intéressant d'utiliser cet outil orienté pixel. Les gens disaient : « N'est-ce pas ingénieux, on peut réaliser des styles de lettres différents. » De nombreuses fontes fantaisistes furent créées par des membres du laboratoire pour la XGP.

Nos ordinateurs étaient reliés à des canaux de télévision, aussi pouvions-nous regarder de vieux films. Quelqu'un développa un logiciel pour que, si le titre du film était écrit dans une fonte que l'on aimait, on puisse geler l'image, rogner les lettres et les sauvegarder dans la fonte voulue. Quelqu'un regardait une série TV et capturait ses sous-titres, semaine après semaine, jusqu'à ce qu'il obtienne la lettre 'X' dont il avait besoin pour compléter l'alphabet.

Les gens appréciaient réellement l'imprimante graphique Xerox pour la variété qu'elle permettait. La qualité nous semble maintenant atroce, mais elle était infiniment meilleure que ce que l'on pouvait obtenir avec une imprimante rapide, la façon traditionnelle d'alors d'obtenir les sortie d'ordinateur. La preuve en est, qu'un jour où la XGP ne fonctionnait pas, le parking fut à moitié vide ! Les gens ne venaient pas travailler s'ils ne pouvaient pas utiliser la XGP ; elle était indispensable à leur travail.

J'ai composé notre bulletin de famille de Noël 1976 avec la XGP. Plus tôt dans l'année, j'ai également utilisé la XGP pour imprimer la liste d'*errata* de *The Art of Computer Programming**, tâche exigeant des fontes mathématiques, des exposants, des indices, et ainsi de suite. Mais je ne pensais pas du tout que le style d'impression à la XGP pourrait une jour être considéré comme un substitut à la vraie impression d'un vrai livre. Ce n'était alors qu'une curiosité.

---

* Voir l'article R33 du chapitre 20.

Cependant un jour de février 1977, j'ai vu un placard réalisé sur une imprimante laser à haute résolution. En fait non, pas une imprimante laser — c'était une machine fabriquée par *Information International, Incorporated* (III, Trois-I) ; je pense qu'elle utilisait une espèce de rayon électronique au lieu d'un laser. Mais elle était en tous cas fondée sur un processus numérique entièrement orienté pixel.

J'étais alors membre du comité de réévaluation de la liste de lecture pour l'examen final d'obtention du diplôme. Pat Winston avait écrit un livre appelé *Artificial Intelligence*, et nous essayions de décider s'il serait placé dans cette liste de lecture. Un des étudiants de Pat avait apporté du MIT à Los Angeles les rubans magnétiques contenant l'image des pages, pour imprimer le livre sur cette machine là-bas à III, et il nous envoya une copie des placards. Le *Los Angeles Times* avait commandé à la fin des années 60 à cette entreprise, III, la conception d'une machine pour composer les journaux. (Je crois que l'entreprise a été créée par Ed Fredkin du MIT, ce qui fait que Winston connaissait cette machine.) La même entreprise a également conçu une machine analogue pour faire des copies de microfilms, dans laquelle la résolution était incroyablement élevée.

En tout cas, je ne connaissais pas les détails. Tout ce que je sais est que les placards du livre de Winston semblaient très bons, de façon surprenante, à la façon de la vraie composition ! Il n'y avait absolument aucune différence de qualité entre les placards que je voyais et ceux obtenus à partir des meilleurs caractères en métal que j'aie jamais vu. La qualité de la XGP à laquelle j'étais familiarisé était bien pire que la différence entre la margarine et le beurre ; je pensais donc que même si on pouvait améliorer la XGP avec une meilleure résolution, elle ne pourrait encore donner qu'une pâle imitation d'une vraie impression, à la façon dont le son d'un orgue électronique se compare au son de vrais tuyaux. J'avais pensé que les pixels n'auraient jamais pu remplacer les caractères en métal. Mais là, devant mes yeux, j'avais un exemple de la meilleure qualité ... et je savais que tout ce que je voyais sur cette page était produit par des 0 et des 1. Ce n'était pas fait par un mystérieux procédé de métal ou par un mystérieux procédé photographique ou par un autre procédé qui me soit caché ou effrayant. C'était numérique mais beau.

Le matin suivant je me réveillais donc en sachant que ma vie allait changer. J'avais eu à faire face au terrible problème de réaliser de beaux livres, mais maintenant j'avais la preuve tangible qu'une solution au problème était possible. Tout ce que j'avais à faire était de trouver une façon de placer des 0 et des 1 sur une grille, un 1 représentant de l'encre — et, comme vous le savez, étant assez vaniteux, je pensais que je pouvais faire des 0 et des 1 aussi bien que n'importe qui d'autre au monde. Pas seulement pour cette raison : parce que j'étais à l'aise avec les 0 et les 1, et puisque les 0 et les 1 étaient maintenant clairement destinés à être l'avenir de l'impression, il était de ma *responsibilité* de réfléchir à ce sujet. D'autres personnes devront aussi utiliser la typographie numérique. En tant qu'informaticien, je *devais* travailler à la typographie pour résoudre ce problème, parce que ce n'était pas juste *me* rendre service, c'était également rendre service à beaucoup de gens.

J'ai alors dit à Jill : « Tu sais, chérie, je suis supposé écrire *The Art of Computer Programming*, mais je vais y surseoir pendant un an pour travailler sur l'impression. » Le moment était propice, et je me sentais spécialement prêt à effectuer ce travail grâce à mes années d'expérience de divers aspects de l'impression. En effet, j'avais un acquis unique en ce domaine, mathématique et algorithmique, car quelques-uns de mes étudiants du séminaire avaient récemment résolu la façon d'effectuer la césure d'un texte entre les différentes lignes de façon à ce que les paragraphes soient agréables à regarder.

De plus, mon année sabbatique devait commencer fin 1977. Jill et moi avions plannifié de la passer à Santiago du Chili ; quelqu'un avait commencé à m'arranger une visite à l'une des universités de cette ville. Après ma prise de conscience du fait que j'allais passer mon année sabbatique à travailler sur la typographie, j'ai tout de suite changé mes plans, parce que beaucoup d'équipements spéciaux allaient m'être nécessaires.

J'avais été au *Palo Alto Research Center* (PARC) de Xerox l'année précédente, où j'avais vu des gens travailler dans une des salles que j'avais traversées. Ils avaient un grand 'B' majuscule sur un de leurs moniteurs, et ils étaient en train de raccorder les lignes sur ses bords ; je me souvenais les avoir vu s'affairer sur cette énorme lettre. Je n'y avais pas vraiment alors prêté attention ; mais maintenant je pensais : « Oui..., c'est de cette façon que je ferai mes lettres. J'irai chez Xerox et j'utiliserai leur programme. Je prendrai les lettres de *The Art of Computer Programming*, et je les raccorderai autour des bords ; j'aurai alors une définition mathématique de tous les caractères nécessaires à mon livre. Ceci résoudra le problème. »

Je suis donc allé parler aux gens du PARC de Xerox et je leur ai demandé : « Si je passe mon année sabbatique ici, est-ce que je pourrais utiliser cet équipement ? » Malheureusement il y avait une anicroche. Ils me répondirent : « Oui, bien sûr, mais nous serons propriétaires de tout ce que vous ferez. » Oups — je ne voulais pas m'embarquer dans ces droits de propriété. Je comprenais que je n'avais besoin que d'une description mathématique des lettres ; je ne voulais pas que quelqu'un soit propriétaire de ces formules.

J'ai donc décidé de travailler au laboratoire d'intelligence artificielle de Stanford. Notre équipement était loin de valoir les machines de Xerox, mais nous avions quand même des équipements, par exemple des caméras de télévision. La semaine suivante, je me suis précipité chez Trois-I en compagnie de Les Earnest pour parler de l'opportunité d'acquérir une de leurs machines. Combien coûtait-elle ?

Il s'avéra malheureusement que leur composeur à haute résolution était beaucoup trop cher pour nous. Une autre possibilité était de louer du temps d'utilisation d'une de leurs machines. Le codage interne utilisé était tenu secret, mais ils nous donneraient la permission d'écrire notre propre logiciel qui pourrait produire des fontes dans leur format. Le coût était encore très supérieur à ce que le laboratoire pouvait s'offrir, et il n'existait pas de financement de recherche pour de telles choses.

Tout ceci se passait en février, dans la semaine qui suivit la vue des placards du livre de Winston. Il me fut immédiatement clair que j'allais travailler dur sur ce projet pendant un certain temps ; mais je ne pensais pas que cela allait durer si longtemps. Je pensais qu'un an devait suffire. Je pensais finir par disposer ces 0 et ces 1 en disons 15 mois, les trois mois de l'été plus mon année sabbatique.

L'activité principale prévue pour de cet été était un voyage en Extrême-Orient. Jill, les enfants et moi avions prévu de passer un mois en Chine, un an après la mort de Mao. J'ai continué à travailler à *The Art of Computer Programming* jusqu'à mi avril, moment où j'ai fini d'écrire l'introduction du volume 4. J'ai alors laissé tomber cet ouvrage et j'ai commencé à réfléchir à un langage d'expression des commandes de composition. (Mon journal indique à la date du 14 avril que je « réfléchissais aux cé-su-res. »)

Entre-temps, j'avais beaucoup correspondu avec Addison–Wesley par courrier. Je leur avais dit que j'avais résolu le problème moi-même ; ils pouvaient abandonner le fantasme polonais, qui n'aboutirait jamais. Ils étaient prêts à m'aider autant qu'ils le pouvaient, aussi m'envoyèrent-ils les plaques d'impression originelles utilisées pour photographier la première édition de mon livre.

Je vous ai dit que mon livre avait été composé et imprimé avec une *Monotype*, mais cela n'était pas l'entière vérité. À la fin des annés 60, un livre comme le mien était conçu en plusieurs étapes. La majeure partie de son contenu était composé avec de faux jetons de lettres de *Monotype* ; mais on avait aussi besoin de beaucoup de travail manuel à cause des formules mathématiques. Un technicien fondait les symboles mathématiques à la main, en ajustant au mieux le résultat. Une fois que j'avais corrigé les épreuves, le technicien disposait les caractères en métal sur les pages, et je vérifiais la mise en page des épreuves. Enfin tout était ajusté une fois de plus à la main, et ils imprimaient *une matrice* sur du papier rigide — utilisant un stock de papier très épais, presque du carton.

Cette matrice était photographiée, en utilisant un très grand appareil photo ; puis la photographie était convertie en une plaque d'impression *offset*. Les caractères en métal étaient fondus pour être réutilisés, mais les négatifs photographiques étaient conservés pour le cas où on aurait besoin de plus d'exemplaires. (Le plomb coûte très cher à conserver, et il est usé après l'impression de 5 000 exemplaires. Il vaut mieux ne faire qu'une seule impression avec les caractères au plomb, puis effectuer le reste par *offset.*)

Addison–Wesley avait donc conservé quelques-unes des matrices de la première édition, photographiées après une impression unique avec des caractères au plomb. Ils m'en envoyèrent un paquet, suffisamment pour inclure tous les alphabets que je devais numériser. (L'année dernière, en nettoyant leur entrepôt, ils m'en envoyèrent une autre cargaison.)

Addison–Wesley avait demandé à une entreprise de composition, *Universities Press Ltd.* de Belfast, de taper la seconde édition du volume 2. (À cette époque, *Universities Press* traitait un grand nombre de journaux mathématiques du monde entier.) Le résultat ne me sembla pas bon — c'était la source de ces inacceptables placards mentionnés cidessus — mais au moins avions-nous maintenant tout le texte et toutes les formules enregistrés sur bande papier, codés dans un langage de composition appelé *Cora.* Les entrées des machines de photocomposition s'effectuaient à cette époque avec de telles bandes papier.

J'ai donc commencé mi avril 1977 avec une douzaine de pages parfaitement imprimées de la première édition du volume 1 et une première version de la seconde edition du volume 2 sous forme de bande papier. Nous comptions sur le fait que ces bandes pourraient m'épargner la plus grande partie du travail consistant à retaper entièrement un livre de 700 pages.

*N'aviez-vous aucune information sur les fontes d'origine ?*

Non, Addison–Wesley ne pouvait pas m'en fournir. Bien plus tard, Richard Southall trouva la forme de ces caractères à la bibliothèque des caractères St. Bride de Londres. Il y trouva les épreuves originelles utilisées par l'entreprise *Monotype* en 1907, à partir dequelles a été réalisée la fonte 8A, photographiées en une taille relativement grande. Nous avons donc fini par connaître la vérité pure sur ce à quoi les lettres étaient censées ressembler. Mais en 1977, tout ce sur quoi je pouvais travailler étaient les images utilisées pour faire le volume 1 de 1968 ; c'est tout ce dont disposait Addison–Wesley.

Je ne pensais pas alors à dessiner des polices de caractères ; cette idée ne m'avait même pas effleuré l'esprit. Au début j'avais juste penser devoir copier les polices de caractères nécessaires.

*Pourquoi votre projet a-t-il été appelé* 'TEX' ?

Je n'avais pas alors de projet et encore moins de nom pour lui, bien que le nom 'TEX' me vint rapidement. Fin avril, j'ai pensé à concevoir un langage pour la composition qui serait appelé TEX. Ce nom se transforma en 'TEX' un peu plus tard. J'avais donc un nom ; à la minute où TEX fut nommé, je commençais à y travailler.

Le problème principal, tel que je le voyais alors, était de disposer des 0 et des 1 sur une page, aussi devais-je connaître l'espacement à laisser entre les choses. Je ne pensais pas encore à réfléchir à la forme des caractères. Pour la forme je pensais : « Elle peut être traitée avec quelque chose comme le programme que j'ai vu au PARC de Xerox. J'y viendrai bientôt. » Tout d'abord, je devais avoir un langage pour décrire où placer ces formes.

Je suis allé un jour au laboratoire d'intelligence artificielle et j'y ai rédigé une première esquisse de TEX, y passant toute la nuit jusqu'à cinq heure du matin ; j'ai encore un exemplaire de ce mémoire. Je l'ai imprimé pour la première fois dans le livre sur la typographie numérique, vous savez, le deuxième volume de votre série à CSLI.* C'était la spécification du langage devant décrire *The Art of Computer Programming* tel qu'il devait être composé. Le langage TEX devait seulement être partagé à cette époque entre Phyllis et moi, bien que j'avais déjà essayé de le rendre extensible pour d'autres projets.

Pour cette esquisse, incluant un exemple détaillé, je pris le volume 2 dont je tapais entièrement la page 1. Pour la page 2, je tapais seulement les choses différant vraiment de la page 1, et ainsi de suite, jusqu'à ce que j'aie parcouru entièrement le livre et que j'aie obtenu des exemples des différents types de composition nécessaires au volume 2, produisant ainsi un document de cinq pages.

Entre parenthèse, ce document existe toujours. David Fuchs et moi avons écrit un article dans lequel nous l'avons utilisé comme exemple de

---

* Voir les chapitres 24 et 25 de *Digital Typography*.

notre méthode d'optimisation entre un composeur et un ordinateur.*†
Nous avons travaillé à une belle théorie par laquelle la machine *Alphatype* peut conserver sa vitesse de croisière même lorsqu'elle n'utilise qu'une mémoire réduite pour la description des caractères. On doit lui envoyer l'information de la forme des nouveaux caractères lorsqu'elle n'est pas en train de composer, et elle ne peut se rappeler qu'environ 50 caractères à la fois. Des centaines de caractères différents étaient nécessaires, aussi devions-nous échanger de nouvelles informations avec sa mémoire ; nous devions, d'une façon intelligente, décrire une autre forme pendant que la machine déplaçait le film d'un chouïa. Nous avons fait des essais et nous avons illustré notre méthode avec les cinq pages de mon esquisse de TEX, parce que ces pages montraient une grande variété de situations.

*Quand vous-êtes-vous attaqué au problème de la forme des caractères ?*

Après avoir attaqué le langage TEX, je me suis tourné vers la question des fontes. Le problème consiste à définir un modèle fait de 0 et de 1 pour chaque lettre de l'alphabet de chaque style nécessaire.

Jill m'a aidé pour cela : elle a prit des diapositives 35 mm des matrices que j'avais reçues d'Addison–Wesley, en tenant l'appareil aussi près d'elle que possible pour prendre chaque cliché, à peu près à un mètre de l'exemplaire original. Pour agrandir ces images, nous avons utilisé notre projecteur familial, en le plaçant dans le plus long corridor de notre maison et en projetant les diapositives sur le mur situé huit mètres plus loin. Je me tenais près du mur avec un morceau de papier pour dessiner les contours des lettres. Voilà notre technologie du cru pour agrandir les exemplaires des fontes de la première édition ; assez grossière, car les lettres projetées n'étaient pas du tout nettes, mais je n'avais pas encore conscience du fait que le moindre détail avait toute son importance.

Je m'imaginais que je pouvais me contenter de mesures pas très précises. J'avais, après tout, passé de nombreuses années en voyant des lettres. Une fois obtenu des formes à peu près correctes, je pourrais sûrement juger en regardant quelques pages tests ; mes yeux pourraient me dire ce qui n'allait pas, et je pourrais triturer les modèles jusqu'à ce qu'ils soient corrects. Voilà quel était alors mon plan d'attaque.

Mais lorsque j'ai pris un morceau de papier et que j'ai dessiné les lettres telles qu'elles apparaissaient, floues, sur le mur, j'ai commencé à perdre confiance, jusqu'à ce qu'une idée commence à poindre. J'ai pris en effet conscience que ces lettres avaient été conçues par un être

* Article P105 = chapitre 14 de *Selected Papers on Design of Algorithms.*

† Knuth numérote ses articles sur son site Web. (ndt)

humain, qui avait une idée en tête. Mon travail ne devait pas consister à recopier les lettres telles qu'elles étaient mais de retrouver ce que le concepteur avait en tête lorsqu'il avait dessiné ces lettres. Il y avait une part d'intelligence dans la conception. Il y avait un plan dans tout cela.

Et, en effet, après avoir regardé quelques-unes des lettres, je pouvais prévoir à quoi ressemblait la suivante. J'ai, par exemple, remarqué que la lettre 'i' avait une largeur de cinq unités. La 'h' minuscule avait une largeur de dix unités, tout comme le 'n' minuscule. La lettre 'm' avait une largeur de quinze unités. Le motif devint clair : le 'm' comportait trois traits verticaux ; le 'n' en avait deux ; le 'i' en avait un. Il y avait un principe sous-jacent, un rythme : une petite hampe apparaît toutes les cinq unités. Je prenais conscience, en d'autres termes — ce qui est maintenant bien sûr évident — que le dessin ne s'effectue pas au hasard. La personne avait conçu son alphabet en suivant un système logique.

Il se fit ainsi jour en moi que ce que je devais faire ne consistait pas à seulement copier aveuglément les formes des lettres. Je devais trouver une façon d'exprimer l'intention du concepteur. Je devais, au lieu d'avoir quelques formules pour le résultat, une pour chaque partie de chaque lettre, avoir un moyen de donner définitivement les contraintes auxquelles ces formules doivent obéir.

À ce moment-là, mi mai, Jill et moi sommes allés visiter, avec les amis de la bibliothèque de Stanford, le pays de l'or. Nous sommes allés à Sacramento, où nous avons visité le musée de la typographie, qui contient de nombreux exemples de polices de caractères classiques. Puis nous nous sommes rendus dans les collines, où nous avons vu des presses familiales, sur lesquelles les gens impriment des livres à la main. Nous avons vu que les amoureux des livres de la communauté de Stanford les ont apprécié et ont acquis quelques-unes des belles productions locales. J'ai lu, juste après cette visite, les travaux de Goudy et Zapf, et tout ce que j'ai pu trouver sur la conception des polices de caractères.

Stanford possède une belle collection de matériels d'imprimerie, la collection Gunst, don de la famille de l'un de ces amoureux des livres. J'ai étudié les livres expliquant l'histoire de la conception des polices de caractères, donnant des exemples de comment cela fut fait. Je ne voulais pas faire l'erreur souvent commise par l'ingénieur moyen essayant de résoudre entièrement un problème par lui-même, en oubliant d'y intégrer les choses que les gens ont fini par apprendre au cours des siècles. Je voulais acquérir autant que faire se peut la sagesse du passé. J'ai acquis la certitude que Fred Goudy, s'il était encore vivant, ne se serait jamais approché d'un ordinateur. Mais Hermann Zapf était d'une toute autre nature ; ses livres laissaient entendre qu'il voulait s'adapter comme il faut aux changements, de continuer à progresser.

Ses livres m'ont enseigné que les lettres de 10 points, de 9 points, de 8 points et de 7 points ne sont pas une simple mise à l'échelle d'un modèle unique ; chaque taille présente des différences subtiles lorsqu'on regarde une typographie de bonne qualité. J'avais besoin d'obtenir une façon systématique de représenter ces variations. Il était même nécesaire de faire plus que de créer des lettres de tailles différentes : il fallait des lettres en gras, un style machine à écrire, et ainsi de suite. Je commençais donc à me demander s'il est possible d'avoir une idée générale pouvant s'adapter aux diverses conventions de styles. Les apparences normale et grasse pouvaient-elles être des adaptations d'un même modèle, en ne changeant que quelques paramètres numériques de la spécification ?

Poursuivant cette recherche, j'ai commencé à comparer plus attentivement les différents alphabets, tentant de voir comment ils changent dans les diverses circonstances. Dans la plupart des cas, les changements sont uniquement cosmétiques, les traits devenant plus fins, plus hauts ou plus larges.

Cependant, le 'a' minuscule des fontes *Monotype* de mon livre est l'exemple type où les changements ne sont pas que cosmétiques : le coin supérieur droit du 'a' minuscule gras n'a qu'un empattement normal ('**a**') ; mais la minuscule non grasse a un petit crochet courbé à cet endroit. Lorsque j'ai essayé de placer un tel petit crochet courbé au 'a' gras, les traits étaient si proches les uns des autres qu'ils faisaient une vilaine tache au lieu d'un crochet. Voilà pourquoi les dessinateurs terminent leur 'a' seulement avec un empattement ordinaire dans la version gras.

Ce petit crochet est d'ailleurs la seule différence significative entre le 'a' gras et le 'a' normal. Aucune des autres lettres n'a de tel petit crochet ; je n'avais jamais remarqué ces drôles de crochets placés sous mon nez, sur chaque 'a' mais nulle part ailleurs. Aussi pensais-je : « Bah ! je n'en ai pas besoin. Je n'ai qu'à faire tous mes 'a' minuscules sans crochet courbé. » Je m'imaginais que ce crochet était une réminiscence d'un très ancient alphabet — comme l'appendice qu'on suppose n'avoir aucune utilité chez l'être humain, en quelque sorte comme une relique de l'évolution. Pour vérifier mon hypothèse, j'ai recherché et j'ai fini par trouver des fontes qui, effectivement, ont des 'a' sans boucle.

J'ai donc commencé à effectuer des projets d'un dessin unifié dans lequel toutes les formes changent graduellement avec la variation des spécifications de l'alphabet. Je suis parti des mesures que j'avais prises à partir des projections sur le mur, que j'ai reportées sur du papier millimétré, et de là sur un programme d'ordinateur, obtenant ainsi des lettres dessinées par la machine en juin.

Bientôt, l'ordinateur se mit à produire des formes relativement convenables pour toutes les lettres sauf pour le 's'. J'ai déjà souvent raconté comment j'ai fait pour que mon 's' ressemble à un 's' ; que j'ai été incapable de dormir durant deux nuits avant de finir par trouver une méthode mathématique de description du 's' satisfaisant à la fois dans les styles gras et romain. Ce fut très compliqué de spécifier comment se recourber d'abord à gauche puis ensuite à droite. J'ai ensuite écrit un article sur la lettre 's', expliquant la solution m'ayant permis de me passer de ce crochet.*

J'avais bien sûr grandement sous-estimé la difficulté du dessin de caractères, et j'ai dû tout revoir plus tard. Je me suis vite aperçu, par exemple, que je *voulais* après tout un empattement sur le 'a' ; je devais donc décider où faire la transition lorsque la fonte devenait plus grasse. Mais si je n'avais pas été aussi naïf lors de mes premières réflexions sur la façon de créer les formes, je ne serais jamais parvenu aux idées maintenant intégrées dans MF.

L'étape suivante de mon plan était la mise au point des formes initiales en obtenant des mesures beaucoup plus précises que celles que j'avais obtenues avec les diapositives projetées. J'ai amené les matrices d'Addison–Wesley au laboratoire d'intelligence artificielle et je me suis servi d'une caméra de télévision. J'ai dit plus haut qu'on pouvait y regarder de vieux films et effectuer une capture d'écran ; je pouvais donc y utiliser la caméra de télévision du laboratoire et effectuer une capture d'écran. Je pensais que ce procédé serait simple, comme il m'était apparu lorsque j'avais assisté aux expériences au PARC de Xerox.

Mais beaucoup de problèmes apparurent à cause des distorsions dues à la caméra. Notre caméra de télévision n'était pas suffisamment précise pour de telles mesures et se révéla donc *complètement* inadaptée lorsque j'ai essayé de capturer la forme des caractères. Lorsque je variais juste un petit peu la lumière de la pièce, les caractères doublaient d'épaisseur ! Je n'ai pu faire aucune mesure adéquate ; les captures d'écran obtenues un jour étaient totalement incohérentes avec celles obtenues le jour suivant. Je commençais à comprendre pourquoi on n'avait pas réussi à convertir les fontes d'un support à un autre en Pologne.

Bien que des mesures absolues étaient hors de question avec l'équipement non fiable du laboratoire d'intelligence artificielle, je pouvais faire des mesures *relatives*. Je pouvais voir, par exemple, de combien les

---

* Voir le chapitre 13 de *Digital Typography*.

indices avaient été abaissés par les composeurs qui avaient préparé les pages d'exemple de la première édition. Je pouvais de même mesurer l'espacement entre les lignes, l'espacement entre les mots, et ainsi de suite.

Je pris alors des mesures non seulement sur mes propres livres mais également sur d'autres livres, que j'avais choisis comme représentatifs d'une bonne typographie. Je pris la revue *Acta Mathematica* imprimée à Stockholm au début du siècle. À cette époque, *Acta Mathematica* disposait du plus grand budget dans le monde pour la typographie mathématique ; c'était le chouchou d'un mathématicien de premier plan, Mittag-Leffler, dont la femmeétait fort riche, et qui faisait en sorte que cette revue soit fabriquée avec la meilleure qualité que l'argent pouvait acheter alors. Je l'étudiais donc soigneusement et j'analysais comment les formules étaient imprimées. (Incidemment, il y a deux ans, *Acta Mathematica* a décidé de passer à TEX, ce qui ne pouvait pas me rendre plus heureux.) Un autre standard d'excellence que j'ai mesuré est la revue néerlandaise *Indagationes Mathematicæ*, paraissant depuis 1950, puisque ses imprimeurs faisaient également un travail particulièrement réussi.

J'ai aussi trouvé des livres à la bibliothèque de Stanford sur la composition des mathématiques. Ces livres ne s'accordent pas sur la façon dont l'espacement doit être réalisé ; j'ai comparé ce qu'ils disent avec ce qu'ont fait les professionels. J'ai aussi consulté les rubans de papier de Belfast, parce que l'espacement mathématique y avait été spécifié avec soin par leurs composeurs, en langage Cora. Ils sautaient, par exemple, quatre unités avant un signe dégalité et quatre unités après. (Actuellement, TEX utilise cinq unités, et pas quatre, parce que les pages de 1968 d'Addison–Wesley en utilisaient cinq.) En combinant les recommandations de trois des livres de la bibliothèque et de nombreux exemples de travaux particulièrement bien réussis, représentants de la meilleure pratique, j'ai pu obtenir une idée de la façon dont une composition mathématique convenable pouvait être réalisée.

*Et vous avez alors prévu d'aller en Chine.*

C'est vrai. Mais nous étions alors en juillet, et nous avions ce voyage en Chine qui approchait, aussi ai-je abandonné ce qui concernait les fontes. Mais j'avais obtenu un alphabet qui était un bon début.

L'été était commencé, je demandais à quelques étudiants de travailler à l'implémentation de TEX, à partir des spécification que j'avais dressées. Je m'imaginais que les spécifications étaient presque complètes et donc que la programmation était tout à fait triviale — juste un travail d'été de routine pour deux étudiants. Les étudiants que j'avais choisis étaient Mike Plass et Frank Liang, que vous connaissez.

Jill et moi partîmes pour la Chine ; Mike et Frankn'avaient aucun moyen de me contacter et de me poser des questions s'il y avait le moindre problème avec les spécifications. J'appris plus tard que les spécifications étaient *bourrées* de problèmes. Lorsque je revins et que mon année sabbatique commença, j'ai commencé à écrire le programme final de TEX, et toutes les cinq minutes une question se posait, non résolue par ces spécifications.

Si j'avais été à la place de mes étudiants, en train de programmer pour mon professeur, j'aurais dû prévoir un rendez-vous avec lui chaque fois qu'une question se posait, et j'aurais dû passer vingt minutes à lui expliquer le problème. Il m'aurait alors dit : « Ah, oui ! Faites comme ça » ; et je serais reparti travailler cinq minutes pour tomber sur une autre question, redemander un autre rendez-vous, et ainsi de suite. Je pense maintenant qu'il est impossible de construire efficacement un système de première génération lorsque le concepteur et l'implémenteur sont des personnes différentes. Un concepteur/spécificateur ne voit jamais l'idée d'ensemble. On ne peut pas vraiment se rendre compte clairement du résultat final tant qu'on n'a pas eu à se mesurer avec le programme informatique.

Mike et Frank avaient dû faire face à de nombreux problèmes lorsque j'étais en Chine. Mais ils ont obtenu un programme qui implémentait un mini-TEX. Et ils sont arrivés à imprimer une page, en appliquant leur système à un fichier test qui passa sans encombre l'épreuve du début à la fin, avec quelques lettres tests et une règle horizontale ou quelque chose comme ça. C'était vraiment une victoire d'avoir pu terminer en travaillant de la sorte — bien que ma première réaction fut l'étonnement que tout ne soit pas encore terminé. En regardant leur implémentation, j'ai eu par la suite les idées utiles pour la structure globale du programme final que j'ai écrit plus tard.

À la fin de l'été, alors que mon année sabbatique commençait officiellement, j'ai rendu visite à plusieurs fabricants dans l'espoir de trouver une machine de composition numérique que Stanford aurait pu se permettre d'acheter. La machine d'III, appelée *Videocomp*, était trop chère, comme je l'ai dit ; aussi me tournais-je vers d'autres machines, vendues par *Compugraphic*, *Autologic*, etc. Nous avons finalement décidé d'acquérir soit la nouvelle *Lasercomp* de l'entreprise *Monotype*, soit une machine *Alphatype*, plus petite, moins chère et plus lente mais ayant une meilleure résolution. Avec l'aide d'Addison–Wesley, nous avons finalement installé une *Alphatype*, qui arriva au printemps 1979. (Ce qui mit fin à mon espoir de terminer le projet lors de mon année sabbatique.)

Afin d'être prêt lors de cette arrivée, j'avais besoin de mettre toutes sortes de choses en place, chacune d'elle nécessitant quelque chose d'autre. J'avais besoin, par exemple, du système de composition pour tester les caractères mais j'avais besoin, d'un autre côté, des caractères pour tester la composition.

J'écrivis d'abord les parties fondamentales de TEX, les routines de composition du texte ordinaire sans signe mathématique ; cela a pris un mois. Je ne pouvais pas encore tester le programme, n'ayant pas de fontes avec lesquelles travailler ; mais cela ne me dérangeait pas vraiment, puisque j'utilisais le principe de la programmation structurée et que j'avais une confiance aveugle en la quasi correction du code.

Je me suis alors mis aux fontes. J'ai conçu un alphabet romain, un alphabet italique, quelques symboles mathématiques, la plupart des caractères mathématiques spéciaux et la ponctuation. (On pense seulement en premier aux 26 lettres, fois deux à cause des majuscules et des minuscules ; mais le nombre de formes différentes grossit de plus en plus, et on finit avec environ 500 caractères en tout.) Et chacune d'elles doit être conçue avec les paramètres pouvant la rendre plus ou moins grasse, ou en style machine à écrire et autre. Remarquez que si on traite cinq caractères par jour, le tout prend 100 jours. La lettre 's' nécessite à elle seule une semaine, mais d'autres jours je pouvais traiter une douzaine de caractères. Je devais bien sûr traiter toutes les lettres grecques, etc. ; aussi ne fus-je pas entièrement prêt avec les fontes tests avant mars de l'année suivante [1978].

Je n'avais pas encore de bons outils de mesure. Mais il était possible d'imprimer mes lettres d'essai sur la XGP avec une très grande taille — chaque lettre pouvant avoir soixante centimètres de haut — et je pouvais photocopier le résultat pour en obtenir plusieurs exemplaires. En découpant les lettres ainsi obtenues avec des ciseaux, je pouvais composer à la main, les coller sur une feuille et poser celle-ci sur le mur pour voir ce que cela donnait. Je pouvais en outre utiliser le mode réduction de la photocopieuse pour obtenir des exemplaires de taille de plus en plus petite, afin de voir si cela commençait à ressembler à des poinçons ordinaires.

Voilà la « haute technologie » dont je disposais lorsque j'ai conçu les premières fontes. Je devais me dépêcher parce que je voulais montrer ce travail à la communauté mathématique à la « conférence Gibbs » que je devais donner lors de la réunion nationale de janvier 1978.* Après cette conférence, j'ai mis les fontes en sourdine pendant un mois, pour écrire les parties du mode mathématique de TEX, avant de finaliser les fontes mathématiques et être enfin prêt à faire des tests réels.

En tout cas, je suis resté au laboratoire d'intelligence artificielle durant toute mon année sabbatique, pour écrire ce programme, en appréciant cet endroit car le laboratoire de McCarthy est un merveilleux endroit pour travailler. Une de ses meilleures caractéristiques est que chacun peut voir ce que chaque autre est en train de faire. À moins de dire expressément « Cache mon écran », les autres peuvent voir ce qu'il y a sur votre écran. Je savais, par exemple, que Hans Moravec avait quatre moniteurs sur son bureau, et qu'il en avait toujours un qui montrait ce que j'étais en train de faire. Il aimait me regarder faire, parce que mon écran montrait habituellement les lettres que j'étais en train de concevoir en divers styles. Inersement, je savais que Hans appréciait mes expérimentation de fontes, et ceci me rendait heureux de ce que je faisais.

John McCarthy avait participé à la conception du système d'affichage que nous utilisions. Rappelons que son *DataDisc* avait 32 canaux, l'un d'eux étant le « *Take me, I'm yours* » permettant de s'identifier. Après identification, on travaillait sur son propre écran, ou on regardait la télévision (qui était un autre canal), et on pouvait voir jusqu'à quatre canaux en même temps. Des niveaux de gris étaient possibles si bien qu'on pouvait obtenir 16 nuances de gris.

Il y avait aussi un interphone, si bien qu'on pouvait diffuser un message du type « Est-ce que quelqu'un sait comment travailler sur ce bogue ? » On pouvait même écrire sur l'écran de quelqu'un d'autre : on pouvait lui donner une indication sur ce qu'il fallait faire. Oui, c'était un endroit formidable pour travailler.

J'ai été assis juste à droite du bureau de John McCarthy toute l'année. Il a été très gentil de m'attribuer ce bureau ; les visiteurs se baladaient incessamment à cette époque parce que ... il y avait 35-40 chercheurs au laboratoire, aussi les gens passaient à toute heure. Ils s'arrêtaient devant mon bureau et voyaient ce que je faisais. On finit donc par savoir que je travaillais à la composition, et bientôt il devint clair que je n'allais pas être le seul à y travailler. D'autres personnes voulaient s'y mettre. Et en effet, dans le mois où j'ai réussi à faire tourner TEX, Guy Steelel'a porté sur l'ordinateur du MIT.

---

* Voir le chapitre 1 de *Digital Typography*.

Vous savez que mon année sabbatique s'est terminée bien avant que je puisse dire que mon projet de typographie fonctionne. TEX a connu une longue évolution depuis qu'il a eu des centaines, puis des milliers et, enfin, des centaines de milliers d'utilisateurs. Le système de génération des fontes a entièrement été refait en 1979, étant maintenant interprété et non plus compilé. Le travail le plus difficile de tous a été de rendre réaliste la forme des lettres. Mes premiers alphabets semblaient bizarres, mais je ne savais pas pourquoi. Je devais apprendre toutes sortes de leçons sur les fontes, et les lettres *Computer Modern* n'ont commencé à me plaire qu'après cinq ans de travail acharné.

Je me sentais honteux qu'une tâche apparemment facile m'ait pris autant de temps à s'accomplir. Mais Matthew Carter m'encouragea alors. Il me dit : « Cinq ans est le temps normal pour l'apprentissage d'un concepteur de fontes ». J'en devine la raison, c'est que les yeux des gens leur jouent des farces, et que plusieurs années sont nécessaires à un concepteur pour les entraîner à voir les nuances importantes et subtiles qui conduisent à une fonte réussie.

Durant cette période, je voulais rester en contact avec le monde des artistes en lettres et intégrer leurs connaissances. Heureusement, l'*American Mathematical Society* (AMS) s'intéressa à mon travail : quelqu'un de Rochester qui connaissait Hermann Zapfétait un ami d'un des dirigeants de l'AMS. À cette époque, Zapf venait chaque été à Rochester y enseigner une ou deux semaines la conception des caractères. Ce mathématicien de Rochester l'avait rencontré et pensait que Zapfserait enchanté de me voir. Je n'avais jamais osé contacter ce célèbre artiste allemand par moi-même, mais avec une telle présentation je pouvais le faire. Hermann est venu passer deux semaines avec moi en février 1980 — presque trois ans après mes premiers essais — et nous nous sommes bien entendus. Grâce à lui, j'ai gagné en crédibilité auprès des autres artistes. J'ai fini par pouvoir travailler avec tous les concepteurs de caractères de premier plan d'alors, à l'exception d'Adrian Frutigerqui était malade. J'ai ainsi eu des tuteurs formidables durant mes années d'apprentissage. Ils m'ont montré, en particulier, pourquoi le 'a' minuscule doit avoir un petit crochet (à savoir pour l'équilibre), et ils m'ont montré comment le placer. J'ai en fait appris que le vrai problème avec le 'a' minuscule d'origine ne vient pas du crochet en bas à doite mais du trait supérieur de la boucle en bas à *gauche*.

Chapitre 7

# Enfance

*Commençons aujourd'hui en poursuivant la conversation que nous avons débutée dans la voiture en venant au restaurant.*

Vous étiez en train de me faire part des soucis que vous vous faites à propos de votre fils qui grandit et j'ai dit : « C'est le signe que vous êtes un bon père. » J'entends par là que si vous ne vous en souciiez pas, vous laisseriez passer un moment important de la vie. Bien que de telles choses ne soient pas agréables au moment où on les rencontre, ce sont des expériences indispensables — des choses dont on est content après coup. Sinon vous seriez coupable de ne pas vous sentir coupable !

J'ai, de plus, remarqué sur moi-même qu'à certains moments mon corps me dit de ne pas être heureux, sans toujours en connaître la raison. Je sais que je me sens déprimé, mais je dois quelquefois attendre plusieurs mois pour me souvenir de quelque chose que quelqu'un m'a dit et que c'est cela qui m'a fait me sentir mal. Lorsque j'ai pris conscience un jour comme il est difficile de toujours trouver une raison à un moment de tristesse, je me suis dit : « Attends une minute ! Je parie que cet état a à voir avec quelque chose de chimique, et non causé par des circonstances. » J'ai commencé à penser que mon corps est programmé pour être triste un certain pourcentage du temps, et que les hormones ou quelque chose d'autre sont la véritable raison de mes moments de dépression.

Si c'est le cas, on peut mieux comprendre pourquoi le « pouvoir corrompt. » Lorsque des gens ont beaucoup de pouvoir et deviennent riches, qu'ils se sentent riches mais encore tristes, ils pensent : « Je serais heureux si je pouvais me débarrasser de toute source de tristesse. » Mais l'éviction des ennuis cause quelquefois des abus de pouvoir. J'imagine que je pourrais encore et encore continuer dans cette veine, parce qu'on trouve, dans les pays où il y a une grande différence entre les riches et les pauvres, des gens riches qui ont également des problèmes. Ils ne se disent pas qu'il faut changer leur façon de vivre, exploitant les autres, parce qu'aussi loin qu'ils puissent voir, leur propre vie ne conduit pas au bonheur. Mais s'ils prenaient conscience que leur sort malheureux fait partie intégrante de la façon dont nous sommes faits, et que tout cela est normal, ils ne se fourvoieraient pas à blâmer quelqu'un d'autre pour des méfaits imaginaires.

Il y a dans le journal de ce matin un article disant que des psychologues ont découverts la preuve de ce qu'ils ont appelé le « point de consigne » d'une personne ; c'est la façon pour les psychologues de mesurer le niveau de bonheur. Certaines personnes sont habituellement maussades, d'autres sont naturellement heureuses, et ainsi de suite. Leurs données nouvelles proviennent principalement de l'étude de vrais jumeaux, ayant connus des destins différents mais ayant les mêmes gènes. De tels jumeaux ont cependant généralement le même point de consigne. Cette étude semble confirmer ce que je suspectais ces derniers temps.

J'ai en effet fini par comprendre que c'est une bonne chose que les gens ne soient pas heureux 100 % du temps. J'ai commencé à vivre avec la philosophie pouvant être résumée la phrase suivante : « Le point huit est suffisant », c'est-à-dire « 0,8 est suffisant. »

Vous vous souvenez peut-être du show télévisé des années 70 appelé « Huit est suffisant », contant l'histoire d'une famille de huit enfants. C'est l'origine de ma nouvelle devise. Je ne sais pas si 0,8 est le seuil correct mais je pense que si je ne me sens pas heureux à 100 %, je ne devrais pas me sentir coupable ou en colère, ou penser que quelque chose d'inhabituel est en train d'arriver. Je ne dois pas poser 100 % comme seuil en-dessous duquel il y a quelque chose qui ne va pas. Je dois juste patienter un peu pour me sentir mieux. Je dois seulement ne prendre aucune décision importante lorsque je ne me sens pas bien.

Je suspecte maintenant que, dans un sens, quitter le jardin d'Éden a été une nécessité. Imaginez un monde dans lequel les gens sont tout le temps dans un état d'euphorie. Ils n'auraient aucune motivation à faire quoi que ce soit. Qu'est-ce qui serait fait ? Que se passerait-il ? Le monde entier s'effondrerait bientôt. C'est une bonne création que le point de consigne de chacun soit un peu inférieur à 100 %.

*Le voyage est plus important que le but, plus important que de franchir la ligne d'arrivée.*

Oui, c'est ça la clé. Savourer le chemin, ne pas penser sans cesse à la ligne d'arrivée ! Nous avons bien sûr tous le droit à un peu de bonheur. Mais il ne faut pas se laisser distraire par les choses négatives. Je ne dis pas que la tristesse accroît notre niveau de santé. Mais je pense qu'un petit peu de tristesse est salutaire.

Je suis en train de préparer mon discours de Kyoto ; j'ai commencé par lire les discours des lauréats précédents. L'un d'eux a commencé par parler de l'avenir ; il a comparé la vie au pilotage d'un navire. Il a été capable de faire ressortir cette analogie d'une façon excellente ; puis il a conclu : « Il n'y a aucun moyen de connaître l'avenir. Il n'y en a jamais eu et il n'y en aura certainement jamais. Bien que nous continuions à progresser, je ne peux pas affirmer que dans l'avenir la vie sera facile pour tout le monde. » Bien entendu lorsque j'ai lu ça, j'ai voulu écrire dans la marge : « J'*espère* bien que la vie ne sera pas facile pour tout un chacun », pour les raisons que je viens de développer. La lutte est un des points essentiels de notre vie.

À chaque fois que je dois faire un choix entre quelque chose pouvant rendre la vie de quelqu'un plus facile ou plus difficile, je choisis celui qui la rend plus facile, en dépit de ce que je viens de dire. Je ne suis certainement pas partisan des guerres à seule fin de donner plus de sens à la vie de beaucoup de personnes ! Il existe bien des façons de lutter salutairement contre les difficultés sans avoir à blesser quelqu'un d'autre, sans outrager quelqu'un d'autre.

Je sais que l'attitude « 0,8 est suffisant » est utile lorsque je dirige des thésards. Un directeur de thèse doit aussi être un conseiller, bien que nous n'ayons reçu aucune formation dans ce domaine. Mes discussions avec les étudiants sont bien sûr individuelles ; j'ai eu 28 thésards et ce furent 28 cas différents. Il y a eu beaucoup de larmes. Je me souviens qu'une fois, par exemple, n'ayant aucun moyen de discuter dans mon bureau, nous sommes allés marcher autour du campus. J'ai fini par être convaincu qu'il était bon que l'étudiant lutte un peu durant cette période, bien que cela soit très sérieux pour lui. Plusieurs de mes étudiants ont dû surmonter d'importantes crises dans leurs vies mais ce sont tous des gens brillants. Comme je l'ai dit, j'ai rencontré 28 situations différentes.

Je n'ai pas l'intention d'en parler dans mon discours de Kyoto, mais je dois écrire un paragraphe ou deux pour parler de ma jeunesse. Lorsque j'étais un très jeune enfant, il n'était pas de mode que les parents initient leurs enfants aux choses qu'ils apprendront plus tard à l'école. L'environnement social était très différent de ce qu'il est aujourd'hui ; le concept de « préscolaire » était du jamais vu. Les amis de mes parents les comprenaient mal parce qu'ils me lisaient des histoires lorsque j'avais trois ans. Il existait des livres pour enfant, mais on n'etait pas supposé les avoir avant d'entrer à l'école élémentaire, ou à l'école maternelle. Les gens disaient que la raison en était que « si vous faites cela, il s'ennuiera lorsqu'il ira à l'école. »

Je crois que je vous ai déjà parlé du fait que je pense que cette idée d'ennui est tordue. Lorsque quelqu'un dit à quelqu'un d'autre qu'il s'ennuie, c'est pour moi une déclaration choquante, presque honteuse, ou du moins elle devrait être regardée comme telle. Mon point de vue est qu'il n'appartient pas au monde de nous divertir mais que c'est à nous de voir ce qui est intéressant dans le monde. Je dois reconnaître que certains professeurs de mes premières années d'université dispensaient des leçons ennuyantes. Mais je crois quand même que, même si le professeur est mauvais, l'étudiant est fautif s'il n'y trouve pas quelque chose d'intéressant.

J'avoue que j'ai tendance à faire l'erreur dans l'autre direction : je suis *beaucoup trop* intéressé par des choses de peu de valeur. Mais je pense réellement que s'il y avait une pression sociale plus forte, disant que l'ennui est la faute de celui qui s'ennuie, et non de celui qui ennuie, beaucoup de gens auraient une vie mieux remplie. Si vous vous attendez à ce que des sources externes vous divertissent en permanence, vous manquez beaucoup de choses.

La clé est d'apprendre le plus tôt possible comment trouver un intérêt par soi-même, comment poser des questions intéressantes sur ce qu'on vit. Si on doit, par exemple, attendre un bus dans la rue, on peut compter le nombre de Volkswagens qui passent, ou s'il y a plus de voitures allant au nord ou au sud, ou peu importe. Il y a toujours quelque chose d'intéressant à faire, me semble-t-il.

Je vais certainement trop loin dans cette attitude, en en faisant beaucoup trop, parce que j'ai tendance à être très intéressé par le premier chapitre du moindre livre que je lis. Je fais tellement de choses que je n'ai pas le temps de regarder le dernier chapitre. Lorsque j'ai, par exemple, étudié l'analyse à l'université, le premier chapitre parlait de la fonction valeur absolue, avant d'aborder les choses plus étoffées comme la dérivation. Je rencontrais pour la première fois la fonction valeur absolue ; c'est le genre de choses sur lesquelles d'habitude les gens passent très vite pour aller aux choses difficiles mais moi j'étais fasciné par elle. J'ai passé plusieurs semaines à réfléchir à différentes constructions faisant intervenir la fonction valeur absolue. Je parcours de façon générale très lentement les prémices de tout ce que je fais, quoi que j'étudie, acquérant ainsi une bonne connaissance des fondamentaux ; mais je ne résous pas souvent de problèmes à la limite du domaine. J'ai plutôt tendance à consolider les compétences de base, parce que je trouve cela intéressant en soi-même.

C'est peut-être pourquoi j'ai abordé la typographie — la conception des lettres : je voyais non seulement les mots intéressants du premier chapitre, je voyais aussi les lettres intéressantes dont ils étaient faits ! Je conserve ce regard sur les choses de plus bas niveau. Je ne suis pas du type vision de haut, pinceau large.

J'ai bien conscience du don qu'ont les généralistes ; mais on doit rapprocher la différence entre eux et des gens comme moi de notre discussion ci-dessus sur les mathématiques nationales. Henri Poincaré est l'un des plus grands mathématiciens de tous les temps, mais je suis incapable de comprendre une seule chose de ce qu'il a écrit. Il vivait dans un univers complètement différent. J'ai cependant trouvé un jour un livre sur la théorie des nombres qu'il avait écrit et dont je pouvais comprendre quelques parties. Ce fut une énorme surprise.

Cette technique de se poser des questions est quelque chose que je ne sais pas comment enseigner, mais j'ai essayé de l'encourager en cours. Je dis : « Voilà la situation, posez une question intéressante à son propos. » Je suis sûr qu'il y a un moyen d'écrire un livre sur la façon de trouver des choses intéressantes dans les situations quotidiennes mais je laisse à quelqu'un d'autre le soin de le faire.

*Pouvez-vous m'en dire un peu plus sur votre enfance ?*

La première chose, comme je l'ai dit, est que mes parents me faisaient la lecture lorsque j'étais très petit. Mais je ne me souviens pas m'être jamais ennuyé à l'école. mes parents ne m'ont jamais fait sauter de classe. Je suis né en janvier ; à Milwaukee à cette époque, je serais allé à l'école une année plus tôt si j'étais né en décembre. J'ai donc presque toujours été le plus âgé de ma classe. mes parents ont eu l'occasion de me faire sauter une classe, mais sagement ils ne l'ont pas fait. Et cela ne veut absolument pas dire que je me suis ennuyé, parce qu'il y avait toujours quelque chose à faire.

À la vérité, je crois me souvenir avoir eu un problème de comportement en troisième. Je m'asseyais au fond de la classe et je ricanais avec mes amis, ce qui n'était pas bien. Mais au moins je ne m'ennuyais pas.

J'ai toujours voulu être enseignant. Lorsque j'étais à l'école élémentaire, je voulais être instituteur. Lorsque j'étais au lycée, je voulais être professeur de lycée, et ainsi de suite, jusqu'à ce que je sois à l'université ; alors je voulais être professeur des universités. J'étais bon dans certaines matières et, bien sûr, mauvais dans d'autres.

Parmi les matières dans lesquelles je n'étais pas bon, il y avait le sport et la calligraphie. En sport c'était carrément un désastre ; je n'ai jamais pu, par exemple, lancer correctement une balle de baseball. Je la lançais comme une fille, ce qui est encore le cas d'ailleurs. Je n'ai probablement jamais appris comment lancer une balle de baseball. Mais ce n'était pas un problème grave. Certains grands m'ont battu, à l'école élémentaire et au collège, mais j'ai surmonté ça.

La seule fois où je me souviens avoir été vraiment contrarié a été lorsque je fus en colère contre ma maîtresse de CE2. Je ne me souviens plus à quel propos, je me souviens juste que j'étais contrarié. À la fin de chaque cours nous passions tous devant son bureau pour dire « Au revoir ». Un jour j'ai dit « Au *r'voir* » ; elle a dit : « Donald, reste après le cours et écrit 100 fois "Je ne dois pas ... ' », peu importe.

L'un dans l'autre, ma scolarité a été agréable. Les enseignants nous donnaient toujours du travail supplémentaire. En musique, par exemple, on essayait un chant en trois parties et je devais être le seul dans l'une des parties. Ausssi loin que que je me souvienne, je n'avais pas d'ennemis dans la classe, nous nous entendions tous bien. Nous avions une espèce de club. Nous allions les uns chez les autres. J'ai commencé un bulletin d'information pour la classe lorsque j'étais en sixième. Je le faisais avec une machine à alcool. Vous souvenez-vous de ces machins violets ?

*Comme la machine qu'avait votre père ?*

Non, lui, il avait une machine à ronéotyper. Là, c'était une machine à alcool, une chose malodorante. J'ai appris à m'en servir en colonie de vacances.

Je suis allé en colonie de vacances six ou sept semaines chaque année, de l'âge de sept ans à 14 ou 15, à la campagne près de Wautoma, Wisconsin. Une des choses que j'aimais vraiment bien en colonie, c'était la nature, les fleurs. (Des fleurs sauvages, certes, mais elles étaient très belles.) J'apprenais les noms latins de toutes les fleurs sauvages, mais lorsque je revenais l'été suivant je les avais oubliés, je recommançais donc à les apprendre. Finalement, à 11 ou 12 ans, j'ai écris un livre pour les campeurs dans lequel j'ai dessiné chacune des plantes communes autour du camp, en donnant leurs nom latins. C'était un petit manuel qui a été distribué aux enfants de la colonie pendant des années. Je l'ai fait avec une machine à alcool — nous avions le modèle de luxe, à deux couleurs. On pouvait utiliser le rouge et le violet à la fois, j'ai donc dessiné les fleurs en deux couleurs. J'ai utilisé une machine à écrire pour inscrire les noms.

Je maîtrisais donc la machine à alcool lors de mon entrée en sixième et j'ai été encouragé par les enseignants à écrire un petit bulletin d'information racontant ce qui se passait au collège. (J'y ai aussi fait figurer des blagues plutôt malvenues que j'avais sans doute trouvées dans des livres.) Il y avait tellement de choses à faire que je n'avais pas le temps de me distraire, bien que n'ayant sauté aucune classe.

Mon père possédait aussi un magnétophone à fil — c'étaient les machines d'avant les magnétophones à bande — enregistrant la voix sur un fil magnétique. Mes amis et moi écrivions des scripts pour des émissions de radio de fiction ; je les reproduisais avec la machine à alcool et j'en donnais des copies aux autres gamins ; chacun pouvait ainsi enregistré sa partie sur le magnétophone. Ainsi bien des activités parascolaires me permettaient d'être toujours occupé.

À l'école secondaire (luthérienne de Milwaukee), je jouais du piano pour accompagner le chœur. Nous avions une très bonne chorale. Je pense que les meilleures voix sont celles des enfants du collège avant que leurs voix muent ; ce fut donc un plaisir de jouer du piano pour en accompagner certains. Je travaillais aussi à l'annuaire.

J'ai continué des activités analogues au début de l'université, à Case à Cleveland. Case a conçu un système de mesure des activités extra-universitaires de chacun. Lorsqu'on appartient à telle association étudiante, on obtient un ou deux points ; dans un orchestre, quatre points ; il y a aussi des points pour l'atelier de composition et ainsi de suite. Si on travaille au journal ou si on rejoint une association étudiante, on peut gagner un nombre donné de points d'honneur. La règle était alors que si on avait 50 points d'honneurs à la fin de la dernière année, on recevait la clé d'honneur, la clé d'honneur de Case. J'avais accumulé plus de 80 points d'honneur dès la première année ! Le système de notation correspondait donc bien au genre de choses que je voulais faire.

*Je crois que votre père était instituteur.*

Oui, mais il a toujours pris soin de ne pas m'avoir dans sa classe. C'était l'instituteur des CE1 et CE2 lorsque j'étais en CP. Il changea pour CM1 et CM2 quand je suis entré en CE1. L'école venait de s'agrandir et ils embauchèrent deux nouveaux enseignants pour CE1 et CE2. Pour le CM1 et le CM2, j'étais dans la même classe mais pas avec mon père, qui avait alors commencé à enseigner au collège.

Lorsque je suis entré en sixième, j'avais déjà vu ce qu'on y enseignait, parce que cela avait déjà été enseigné l'année précédente. Cela aurait pu être l'année où j'aurais pu m'ennuyer, s'il y en avait eu une. Mais c'est l'année où j'ai commencé à travailler au petit bulletin d'information.

Lorsque je suis entré au collège, papa passa à l'équipe de direction. Il avait toujours un train d'avance sur moi. Il ne voulait pas m'avoir dans sa classe.

Le revers de la médaille de ma réussite est que Papa sentait qu'il n'avait pas aussi bien réussi que moi. Lorsque j'ai soutenu ma thèse, il aurait voulu avoir également une thèse. C'était le genre de personnes qui aide toujours son entourage : lorsqu'il avait une possibilité d'aider quelqu'un, il le faisait. Il consacra sa vie à ces activités altruistes. Mais peut-être qu'en lui-même il pensait aussi que s'il avait pu réussir quelque-chose, il aurait dû le faire aussi ?

Le comique de la situation est que, durant toutes ces années, j'ai toujours été confronté à des défis ; il y avait toujours quelque chose que d'autres faisaient mieux que moi, aussi n'ai-je jamais eu l'impression d'être le premier. Je travaillais dur parce que je croyais que j'étais un peu en deça de la bille 8 du billard américain. Le proviseur adjoint du lycée m'a fait appelé pour une courte entrevue avant d'entrer à l'université et m'a dit : « Don, vous avez bien réussi ici mais vous allez échoué à l'université. C'est trop difficile pour vous. » Je ne sais pas pourquoi il m'a dit cela, mais il m'a dit que je devais me préparer à cet échec ; voilà le conseil qu'il m'a donné.

Dans mon lycée, le proviseur prenait en compte le pourcentage plus que la moyenne des notes, on avait donc un nombre et non une lettre sur notre carnet. Je ne me souviens plus très bien, mais 'A' correspondait à 92 ou plus, 'B' à un certain intervalle de nombres, et ainsi de suite. Ma moyenne générale au lycée tournait autour de 97 et 98, ce qui était le record historique du lycée. Je savais donc que je réussissais et que je pouvais me permettre de participer à de nombreuses activités parascolaires ; mais je savais aussi que dans d'autres domaines, des gens faisaient bien mieux que moi, aussi n'ai-je jamais arrêté de travailler.

En fait, j'étais presqu'une machine à cette époque. Je ne ressentais rien, je faisais juste des choses. Je réussissais aux examens. J'obéissais aux ordres. Je trouvais intéressant ce que je faisais, mais je n'avais aucune émotion. J'ai commencé à mûrir assez tard, lorsque j'ai rejoint une association d'étudiants et durant la période finale d'examens.

Mon horizon s'est un peu élargi lors de ma première année sabbatique, à l'âge de 30 ans, lorsque, pour la première fois, j'ai commencé à lire les classiques qu'on ne m'avait pas donné à lire à la maison. Je commençais à lire des livres que je choisissais moi-même, et non des livres qu'un enseignant me donnait à lire. J'ai parcouru le rayon fiction de Harvard. J'ai appris que j'aimais Tolstoï mais que je haïssais Dostoievski. J'ai aimé Dickens, *David Copperfield*, *Oliver Twist*, ... tous les classiques, *Jane Eyre*, les plus grands romans. Mais je n'ai commencé à les lire que relativement tard, lorsque je suis devenu plus humain. Oui, je pense que j'étais presqu'une machine lorsque j'étais étudiant.

*Quelles étaient vos activités en dehors de l'école ?*

J'aimais la musique. Je suis sorti avec des filles. (J'ai eu de grands béguins pour plusieurs filles à l'école et en colonie de vacances ; mais je ne peux pas dire que c'était réciproque.)

Peut-être n'y mettais-je pas assez de sentiments. Mais parce que j'aimais ce que je faisais, je ne passais pas de temps aux réflexions à long terme. Je n'ai pas connu non plus de crise m'ayant fait m'arrêter un peu pour réfléchir. Aussi ai-je reporté à plus tard cette partie de ma vie.

J'étais inconscient des ennemis ou des manœuvres politiques. J'aurais pu me concentrer sur cela, mais je ne l'ai pas fait. J'étais pris par d'autres choses.

J'ai pris des leçons de piano à partir de sept ans. Mais, comme je faisais un tas d'autres choses, je n'avais pas le temps de m'exercer au piano chaque jour. Résultat, je suis juste suffisamment bon en lecture à vue pour pouvoir faire illusion.

Lorsque j'étais enfant, la période la moins heureuse de l'année était Noël — non pas le jour de Noël mais sa préparation — parce que toutes les activités dans lesquelles j'étais impliqué arrivaient à leur point culminant durant cette période de Noël. La chorale donnait des représentations supplémentaires, et toutes les autres activités passaient aussi à la vitesse supérieure. Lorsqu'on avait cinq activités, c'est comme si on en avait dix en décembre.

J'ai toujours pensé que je devais faire mes preuves. Est-ce un complexe d'infériorité ? J'ai en permanence pensé que je devais faire mieux. Lorsque je suis entré à l'université, j'étais le premier de mon lycée à aller à Case, aussi ne savais-je pas me comparer aux personnes, venant de tout le pays. C'était la première fois que j'étais dans une institution de renommée internationale. J'avais jusqu'alors appartenu à de petites communautés mais maintenant j'étais dans un lieu imposant. Le doyen de Case nous a averti dès le départ. Juste avant le début des cours, il nous a dit : « Regardez à votre gauche, à votre droite, l'un de vous trois ne sera plus ici l'année prochaine. » J'avais peur de ne pas réussir. J'étais suffisamment confiant pour rester heureux, mais je ressentais un besoin constant de prouver que je pourrais réussir.

*Aviez-vous une pression de la part de votre mère et de votre père ? Je me demande jusqu'à quel point les parents essaient de diriger leurs enfants.*

Parce que vous êtes pour l'égalité sociale. C'est effectivement une question importante. Plusieurs de mes thésards ont souffert d'une présence parentale lourde.

J'ai toujours voulu obéir à mes parents, mais je ne me suis jamais senti coupable de ne pas être exactement comme eux. En ce qui concerne mes enfants, vous savez qu'ils ont beaucoup en commun avec Jill et moi, mais nous ne leur avons jamais mis la pression pour qu'ils soient comme nous. Je sais que ma fille n'aurait pas oser prendre un cours d'informatique à l'université Brown, par crainte de ce qu'ils s'attendent à ce qu'elle réussisse. Mon fils est un très bon enseignant de mathématiques mais il n'aime pas les ordinateurs. Ils ne sont donc pas exactement pareils à nous mais ils ont beaucoup de caractères communs avec nous. Par contre mon fils est un athlète de niveau international ; je ne sais pas d'où lui vient ce talent.

En ce qui me concerne, enfant, je ne ressentais nul besoin de rebellion. Je suis béni d'avoir eu des parents habiles. Cela ne nous a pas empêché d'avoir quelques désaccords.

*Vous avez grandi durant les années de crise.*

Oui, il y avait des difficultés financières à gogo. Mon père gagnait à peine de quoi nous nourrir. Travailler pour le système scolaire luthérien était une vocation, pas une profession à proprement dit. L'église n'avait pas suffisamment d'argent pour bien rémunérer ses enseignants. Je ne me souviens pas de la somme exacte, mais le principal de l'école lui a dit un jour qu'il était dans l'obligation de diminuer son salaire de 12 $ par mois à 10 $, il devait donc apprendre à être économe. Il a dû trouver du travail supplémentaire à temps partiel pour améliorer son salaire.

Papa voulait un piano, aussi a-t-il commencé à donner des leçons de piano. Avec l'argent qu'il gagnait ainsi, il payait les intérêts de la somme qu'il avait empruntée pour acheter son piano. (J'ai toujours ce piano.)

De plus, ma mère a commencé à travailler dès que ma sœur est allée à l'école. Elle a réussi à être mère à plein temps et secrétaire à plein temps, puis elle a progressé et est maintenant dans les affaires immobilières depuis 50 ans — elle n'a pas encore pris sa retraite, à 83 ans ! Je ne peux pas m'empêcher de mentionner qu'elle a été la première femme à devenir membre de la *Building Owners and Managers Association* des États-Unis. Cette organisation était entièrement masculine jusqu'à ce qu'elle en devienne déléguée nationale, à la fin des années 1950. (C'est là qu'elle a rencontré Khrouchtchev : lors de sa visite à leur congrès en Iowa, elle lui a serré la main !)

Maman travaillait donc. C'était inhabituel pour une américaine à cette époque ; l'opinion dominante était que les femmes qui travaillaient avaient renoncé à leurs responsabilités familiales. Aussi se sentait-elle certainement si coupable qu'elle nous faisait des plats compliqués à tous les repas, et tout le reste à l'encan. En tous cas, son travail lui rapportait suffisamment pour que nous ayons pu nous offrir une voiture lorsque j'avais 11 ans. Jusqu'alors nous utilisions des bicyclettes. Puis maman et papa furent capables d'acheter une vieille Chevrolet, aussi avons-nous pu aller en voiture chez mes grands-parents au lieu de prendre le train.

C'est alors, comme je l'ai dit plus haut, que papa a commencé son travail d'imprimeur à temps partiel dans la cave, passe-temps qui a donné une autre source de revenus. Plus tard, dans les annés 60, il est devenu intendant du lycée ; le lycée avait beaucoup de mal à payer les salaires ; il arrêta donc d'émettre les chèques qui lui étaient destinés. Il travailla pour rien afin d'aider à équilibrer le budget de l'école. Je ne pense pas qu'il ait dit à quiconque ce qu'il était en train de faire.

mes parents n'ont jamais été riches ; ils travaillaient dur pendant ces années de crise. Ils étaient continuellement volontaires pour effectuer des tâches dont seule une poignée de gens pouvaient alors apprécier leur dévouement. Mais, peu à peu, ils se sont faits beaucoup d'amis à vie.

Laissez-moi mentionner une autre chose, avant que je l'oublie, que je prévois de placer dans mon discours de Kyoto. mes parents m'ont raconté une histoire intéressante, supposée survenue lorsque j'avais cinq ans. On m'a inscrit l'été 1943 à l'heure de lecture pour les enfants de la bibliothèque, située au centre ville de Milwaukee. C'était à une demi-heure de tramway de notre maison. Milwaukee était à l'époque une ville sûre, sans problème de drogue ; aussi mes parents m'ont-ils laissé un jour, moi gosse de cinq ans, prendre le tramway seul. (Je ne m'en souviens plus, mais ils l'ont fait.) Ils disent que je suis allé au rayon pour enfants, que j'y ai été captivé et que j'ai commencé à lire, oubliant l'heure. Lorsqu'on a éteint les lumières, j'ai pris un livre que je suis allé lire à la fenêtre, et personne ne s'en est aperçu. Je ne suis donc pas revenu à la maison ; ils se firent du souci puisque j'étais supposé revenir seul. « Où est Donny ? » Ils téléphonèrent à la bibliothèque. Quelqu'un de l'équipe de nuit a répondu au téléphone et a dit : « Je n'ai vu personne mais je vais aller jeter un coup d'œil » ; et il me trouva, assis, en train de lire. Je pense que cet incident est une sorte de prophétie de ma vie future.

*Étiez-vous fils unique ou aviez-vous des frères et sœurs ?*

Ma sœur Paula est née lorsque j'avais trois ans et demi ; nous étions deux. Elle était trois ans derrière moi à l'école, aussi était-elle étudiante de première année lorsque j'étais en licence. Hélas, pour une raison que je ne connais pas, elle s'est toujours sentie inférieure à son frère. C'est un effet indésirable de mon succès universitaire. Elle a été major de promotion au lycée mais elle ne s'est jamais sentie numéro un. Elle a toujours pensé que nos parents s'attendaient à ce qu'elle fasse exactement la même chose que faisait un enfant normal comme moi.

Nous nous voyons assez souvent — , la dernière fois, le mois dernier. Elle est allée à l'université du Wisconsin, puis à l'université du Minnesota pour son master ; elle s'est spécialisée en Économie familiale. Elle a rencontré en master l'homme avec qui elle s'est mariée peu après, un Canadien spécialiste du contrôle agronomique. Il vient d'une ferme, et a gagné de nombreuses récompenses pour ses recherches agronomiques, sur les plantes. Il vient juste de prendre sa retraite cette année ; ils ont déménagé la semaine dernière. Ils ont un terrain en Colombie Britannique près d'une station de ski ; ils y ont construit une maison de rêve. Pendant des années ils ont vécu à Beaverlodge*, petite ville à 500 kilomètres au nord d'Edmonton, à l'est des Montagnes Rocheuses, un petit peu au sud de l'autoroute ALCAN. Il y fait très froid : jusqu'à $-40°$ en hiver, la température la plus *élevée* de la journée. C'est plutôt moins 50 mais cela peut se réchauffer à moins 40. Cependant, quel que soit l'endroit où on se trouve sur terre, il y a le même nombre d'heures annuelles de jour. La différence est que la distribution journalière varie d'autant plus qu'on est au nord**. Les habitants de Beaverlodge ont des jours très courts et des jours très longs ; le mari de Paula a déterminé les cultures croissant bien dans ce type de climat. Paula enseigne également la musique ; elle a beaucoup d'élèves, la plupart étudiant la flûte, mais aussi d'autres instruments. Elle a quatre enfants. mes parents ont donc six petits-enfants en tout.

*Avez-vous entièrement grandi à l'écart de la politique* ?

Vous pensez certainement au Parti Progressiste, né dans le Wisconsin, ou à Upton Sinclair, qui a vécu à Chicago. Eh bien non, des sujets comme ça n'étaient pas sur mon écran radar lorsque j'étais jeune.

Le maire de Milwaukee d'alors était Frank Zeidler, sans étiquette. Il était juste de Milwaukee. Il était si bon qu'il a été réélu cinq ou six fois. Il ne s'intéressait qu'à notre ville, et était totalement apolitique. Voilà l'atmosphère dans laquelle j'ai grandi. Nous ne connaisions pas grand chose à la politique.

Marty Schreiber, un de mes pas tout à fait camarades de classe, qui était un an devant moi, entra en politique et devint le numéro deux

---

* Dans la province canadienne d'Alberta (ndt).

** Dans l'hémisphère boréale (ndt).

(*Lieutenant Governor*) de l'exécutif du Wisconsin ; lorsque le gouverneur mourut, Marty fut gouverneur pour un temps. Son père était adjoint au maire de Milwaukee.

Mais je n'ai jamais suivi la politique de près ; comme je l'ai dit, je suis une sorte de machine. Je vis dans un environnement suffisamment heureux. Je ne me soucie aucunement du reste du monde.

*Lorsque je parlais de politique, j'entendais par là de la politique personnelle, des cas où vous avez dû régler des problèmes entre personnes, des affrontements entre groupes.*

Oui, je vois ce que vous voulez dire. En fait j'ai toujours esquivé les controverses. Le département d'informatique de Stanford a heureusement échappé à de telles disputes. George Forsythe a donné le ton pour cela, minimisant les conflits. Des désagréments sont bien sûr survenus, mais lorsqu'il y a eu un vrai problème, nous avons tous travailler ensemble.

Je sais que je ne suis pas bon dans la résolution des disputes. Aussi suis-je content de savoir qu'il y a des gens qui ont des compétences politiques. Le monde serait épouvantable sans conciliateurs.

Je suis de même content qu'il y ait des gens qui comparent les prix d'un magasin à l'autre, parce que cela m'évite de gaspiller mon temps à le faire moi-même. Je me concentre sur ce que je sais bien faire ; et je souhaite bonne chance à ceux qui ont un talent véritable pour les choses que je ne fais pas bien. Je n'aime pas m'atteler à des choses que je ne fais pas bien, à moins que *personne* ne sache le faire.

## Chapitre 8

# Imprimerie (suite)

*Changeons de sujet ! Revenons à quelque chose dont nous avons déjà parlé. En repensant à ce que vous m'avez dit la semaine dernière, j'aimerais plus de détails sur le début — sur les* Monotype *et les* Linotype *dont vous avez parlés.*

La *Linotype* et la *Monotype* ont été toutes les deux inventées dans les années 1880 ; les deux firmes ont récemment changé de technique, passant du plomb chaud à la composition numérique, ce qui peut facilement prêter à confusion. Mais les *Linotype* et *Monotype* d'origine étaient très différentes l'une de l'autre.

Une *Linotype* réalisait chaque ligne (« line o' type ») indépendamment l'une de l'autre, en envoyant des moules matriciels à une machine, la ligne étant alors coulée dans du plomb en fusion. La ligne était alors définitivement composée ; pour corriger un caractère on devait refaire toute la ligne. Au contraire, la *Monotype* coulait chaque lettre individuellement, à la demande ; les caractères pouvaient être retirés ou insérés si nécessaire.

On opérait en deux phases sur la *Monotype*. L'opérateur perforait d'abord un ruban de papier en utilisant un énorme clavier pneumatique. (J'ai compté le nombre de touches ce matin, parce que je le mentionnerai dans mon discours de Kyoto : il y en avait 284, sans compter les touches de majuscules.) Le clavier avait l'analogue de quatre claviers de machine à écrire et, en plus, beaucoup d'autres touches particulières ; l'air les maintenait relevées. Lorsqu'on pressait une touche, une ligne de trous était perforée sur un large ruban de papier.

L'opérateur récupérait alors ce ruban de papier et le plaçait sur la machine à couler, il en ressortait un caractère de métal pour chaque ligne de trous du ruban, qu'il rangeait soigneusement dans des lignes de caractères mobiles. Cette caractéristique était extrêmement importante pour la composition mathématique, parce qu'une seconde personne pouvait regarder et effectuer toutes les choses difficiles à la main. Elle pouvait y placer les $\sum$, les signes $\int$, les grandes parenthèses et divers symboles spéciaux. Lorsque je récupérais mes placards, c'était toujours Eric qui s'était servi du clavier et Joe qui avait effectué le travail à la main. J'ai rencontré Eric une fois ; je n'ai jamais rencontré Joe. Les deux étaient sans cesse occupés par un travail complexe.

Le groupe d'Hans Wolf avait modifié la *Monotype* d'Addison–Wesley, ce qui la rendait plus sophistiquée qu'ailleurs. Un livre célèbre de Chaundy, Barrettet Batey a été publié par Oxford University Press au milieu des années 50. C'est l'un des livres que j'ai le plus consulté en développant TEX ; il explique comment composer des mathématiques avec une *Monotype*, mais leur méthode exige plus de travail manuel qu'avec celle d'Addison–Wesley. Hans Wolf savait composer par demi ligne alors qu'Oxford travaillait toujours sur une ligne complète.

Lorsqu'on composait une ligne de base 12 points à Oxford, toutes les lignes sortant de la machine à couler étaient constituées de caractères de 12 points de hauteur. Alors que chez Addison–Wesley ils pouvaient avoir des caractères de 6 points de haut seulement, la moitié inférieure d'une lettre y dépassant la base de 6 points. On remplissait en général la moitié inférieure par un espace de 6 points, mais on pouvait aussi manipuler facilement des indices et des exposants si nécessaire. Chez Addison–Wesley on travaillait les lignes en deux phases, une pour les lettres ordinaires et les exposants, la suivante pour les espaces et les indices. Voilà ce qu'était l'autre demi ligne.

Pour accomplir cela, Eric devait connaître la largeur de chaque lettre ; il comptait pour insérer le bon nombre d'espaces afin que les indices apparaissent là où il fallait. C'était donc une opération en deux phases alors que, je pense, le système d'Oxford nécessitait plus de travail à la main. Je ne suis absolument pas sûr des détails, mais j'ai décrit ce que j'ai compris de ce que l'on m'a montré lorsque j'ai visité Addison–Wesley dans les années 60.

Eric effectuait cela à une vitesse surprenante. C'est le composeur le plus rapide que j'ai jamais vu, même Phyllis ne tapait pas aussi vite avec sa machine à écrire ; il m'a dit que cette rapidité était due aux touches étonnantes du clavier pneumatique.

Eric passait ses jours à composer des livres de mathématiques ; le jour où je suis allé le voir, il travaillait à un livre d'arithmétique de CM1. Il y avait de grands caractères et il fallait aligner soigneusement des tableaux de nombres pour montrer, par exemple, comment diviser 316 par 2. Lorsque j'ai vu ce qu'il était en train de faire, je me suis rendu compte, à ma grande surprise, que la composition d'un livre de mathématiques de CM1 est bien plus complexe que ce dont j'ai en général besoin pour *The Art of Computer Programming*, parce que toutes sortes d'alignements délicats doivent être pris en charge. Je m'étais imaginé que mes livres étaient ce que les composeurs avaient jamais rencontré de plus difficile, mais il s'avère que les manuels du primaire sont encore plus difficiles.

J'ai commencé à lui parler ; Eric avait le plus fort accent de la banlieue est de Londres que j'ai jamais entendu. Il avait effectivement grandi au sud de Londres, il n'avait certainement pas appris le calcul différentiel et intégral, mais c'était le responsable de la composition des mathématiques les plus avancées. Je fus désolé pour lui lorsqu'il perdit sans doute son travail avec la disparition des *Monotype* cinq ou six ans plus tard.

La *Monotype* a été inventée aux États-Unis par un certain monsieur Lanston, qui n'a pas obtenu suffisamment de soutien financier pour la construire en grande quantité. Il rencontra une femme riche lors d'un voyage en bateau en Angleterre, lui vendit son idée et construisit une grosse usine de *Monotype* à Redhill, près de l'actuel aéroport de Gatwick. La compagnie britannique créa une filiale américaine, *Lanston Monotype*, qui s'est fortement développée dans les années 20.

Les *Monotype* étaient en général utilisées pour de l'impression haut de gamme : pour des livres, pas pour les journaux. Les journaux n'ont pas besoin d'aller au-delà du tout venant. Je n'ai aucune idée de combien de milliers de *Monotype* ont été fabriquées, mais à une époque elles étaient partout. Lorsque j'ai visité Redhill en 1977, on m'a dit que 14 machines avaient été vendues au Pakistan cette année-là, mais qu'on s'attendait à ce que ce soit les derniers exemplaires produits.

Il existe encore quelques *Monotype*, dans la fonderie MacKenzie–Harris que nous avons visité avec la classe MF en 1984. Ils en ont certainement encore une ou deux. Cette fonderie a maintenant été rachetée par Andrew Hoyem, qui dirige *Arion Press* et imprime de beaux livres pour les bibliophiles. On nous a dit en 1984 que c'étaient les dernières *Monotype* de San Francisco.

*Je me souviens que le bulletin de notre université était composé sur une* Linotype.

Oui, c'était le cas aussi à Case. J'ai dû aller une fois au bureau du centre-ville, où il était imprimé, parce que nous devions faire une correction de dernière minute. J'étais l'éditeur du bulletin ; un article avait mentionné que mon association d'étudiants avait proposé des grogs lors de notre réunion de Noël. Quelqu'un avait fait remarquer à la dernière minute que c'était illégal d'y servir des boissons fortes ; je fis donc un saut en centre-ville et changeais la phrase en « popcorns »*. On avait seulement besoin de changer une ligne.

Dans mes souvenirs, j'ai vu une *Linotype* pour la première fois alors que j'étais au lycée. Je n'ai jamais eu la chance d'en faire fonctionner une, bien que j'en ai souvent vues. Je sais, par exemple, que la ligne supérieure du clavier dit ETAOINSHRDLU, représentant les douze lettres les plus communes en anglais : 'E' est la plus commune, puis vient 'T', et 'A', et ainsi de suite. La machine fonctionne plus rapidement grâce à cette disposition, parce que les matrices pour les lettres communes n'ont pas beaucoup à se déplacer. J'ai remarqué il y a un an que le *Oxford English Dictionary* fait quelques citations bien choisies à l'entrée 'etaoin shrdlu'.

Un certain Mergenthaler a inventé la *Linotype* presqu'au même moment où Lanston a inventé la *Monotype*. Auparavant, la composition était difficile et lente, parce qu'on devait placer à la main des caractères préfabriqués dans un composeur. Après 1890, la *Monotype* devint la méthode dominante pour la composition des livres et la *Linotype* pour les journaux. Vers 1900 la moindre petite ville d'Amérique a son propre journal, composé par une personne locale ayant acheté une *Linotype*. Il était facile d'avoir des informations quotidiennes sur qui a rendu visite à qui, ainsi Jill et moi en avons beaucoup appris sur la vie de nos grands parents.

La situation était différente en ce qui concerne les mathématiques. Les méthodes manuelles ont perduré jusque dans les années 1930, jusqu'à ce que quelqu'un imagine la bonne façon de s'y prendre avec une *Monotype*.

J'ai déjà dit que Joe, qui effectuait les ajustements finaux à la main après qu'Eric ait tapé la plus grande partie d'un livre de mathématiques, était également responsable de la mise en page. Il insérait les espace nécessaires à l'affichage des formules et décidait de l'endroit où passer d'une page à la suivante.

J'ai essayé, ce matin, de compter le nombre de personnes au monde ayant les compétences acquises par Eric et Joe. J'ai d'abord considéré que le nombre total de pages ayant des caractères mathématiques faites chaque jour est d'au plus 2 400. Si un opérateur seul peut terminer dix pages par jour, il doit y avoir 240 personnes qui savent les faire. Vingt douzaines. Il s'agit d'une estimation haute ; le vrai nombre doit

---

* Dans la version originelle, Don substitue « hot buttered popcorn » à « hot buttered rum » (ndt).

être autour de l'ordre de la centaine. En tous cas, ils ont certainement tous appris leur métier auprès de quelqu'un d'autre. Alors que maintenant presque tout le monde peut le faire. Je suis cependant particulièrement heureux de remarquer que la traduction hongroise de *The Art of Computer Programming*, trois beaux volumes publiés en 1987, a été entièrement réalisée avec les méthodes traditionnelles sur *Monotype* datant des années 1930.

*Je me souviens que la photocomposition a été inventée dans les années 50 mais que les machines au plomb fondu ont évidemment continué à survivre jusque dans les années 70.*

Oui, ces machines coûtaient chères ; les gens les achetaient avec l'idée qu'ils pourraient en amortir le coût en 20 ans.

*Mais la plupart des passages aux caractères froids a eu lieu dans les années 1960.*

Bien sûr la part de l'impression de mathématiques était vraiment infime. Les gens avaient donc peu de raisons de conserver une *Monotype* alors que tout le reste pouvait maintenant être effectué sur un type de machines beaucoup moins cher.

Malheureusement, si les nouvelles machines avaient un coût inférieur, elles étaient égalementune qualité de production inférieure. Le produit paraissait toujours médiocre, et en mathématiques il était horrible.

Je pense que la meilleure façon d'étudier ce qui s'est passé dans les années 1960 est de consulter *The Penrose Annual*, une étonnante publication paraissant chaque printemps et présentant les meilleures productions de l'année. Les premiers exemples de photocomposition publiés en 1959–1960 étaient magnifiques. Ils étaient tout à fait semblables à ce qui était fait au plomb fondu. Mais apparurent alors un grand nombre d'imitations bon marché de la machine originelle, les fabricants ne prenant pas soin des espacements. Les clones bon marché étaient conçus par des gens ne se souciant que de la vitesse ; ils commencèrent par classer les machines en mesurant quelque chose d'inadéquat. La qualité de l'imprimé est bientôt entrée dans une spirale descendante. Presque tous les livres que vous voyez, imprimés à la fin des années 60 en photocomposition, ont une esthétique désastreuse. Vous pouvez, en ouvrant une page au hasard, presque toujours vous apercevoir de l'année d'impression : « Oh, oui, c'est du 1966. »

*Je suppose que, maintenant,* TeX *est devenu la méthode prédominante de composition mathématique.*

Oui, TeX est en tête pour la qualité, mais pas pour la facilité d'utilisation.

J'ai eu une heureuse surprise dans un courrier d'hier, provenant de chercheurs universitaires *non* concernés par les mathématiques. Il s'agit d'`EDMAC`, paquetage développé ces dernières années pour les littéraires effectuant des éditions critiques érudites de livres. Avec ces macros, ils ont trouvé comment TeX permet la manipulation de façon élégante des systèmes complexes de notes de bas de pages, tout en employant plusieurs langues et alphabets ; par exemple il existe un outil facilitant le commentaire en sanskrit d'un texte grec. `EDMAC` a permis la publication de beaucoup de beaux livres qui n'auraient pas existé sans lui. Et c'est ce qui me rend si heureux.

C'est un récit édifiant. Les auteurs disent dans leur préface qu'ils ne pouvaient pas obtenir de crédits pour ce travail de pionnier avec les traditions académiques habituelles. Ils font de la recherche absolument de pointe pour le bénéfice futur de tous les chercheurs en sciences humaines, mais `EDMAC` n'est pas considéré comme une publication !

J'ai entendu parler d'autres cas où des gens ont fait un très bon travail d'érudition, par exemple des présentations multimédias d'œuvres classiques, mais n'ont pas obtenu de poste.

Tout le monde fait des erreurs, bien sûr, mais ce manque de vision est amené à changer. Espérons que les universitaires se rendront bientôt compte où est la vraie érudition. Je pense que les gens comme les auteurs d'`EDMAC` font un travail héroïque, combinant un magnifique savoir avec le sens de ce que l'avenir demande aux personnes de leur domaine.

Chapitre 9

# Voyages

*En nous apprêtant à déjeuner, nous avons parlé de voyages et de vos premières aventures à l'étranger. Continuons.*

Ah oui, Jill et moi étions jeunes. Nous nous sommes mariés fin juin 1961, peu après l'obtention du DEUG de Jill ; je venais d'obtenir ma maîtrise. Le pécule de notre voyage de noces était la somme princière de 5 500 $ que j'avais gagnée l'été précédent en écrivant un compilateur ALGOL pour le Burroughs 205. Nous avions lu le guide de voyage intitulé *L'Europe pour cinq dollars par jour*. Nous avions convenu avec le club automobile de prendre une voiture en Allemagne. Notre voyage de noces commença à Toledo (Ohio) et à Detroit, suivi d'un vol court-courrier jusqu'à Montréal. (C'était la première fois que Jill prenait l'avion.)

Après Montréal nous sommes restés sur le plancher des vaches. Nous sommes allés en Europe et nous en sommes revenus avec la compagnie maritime *Greek Line* : deux voyages de six jours, avançant ou retardant nos montres d'une heure chaque jour. (Les paquebots étaient intéressants, mais pas si romantiques qu'on pouvait l'imaginer, à cause du *mal de mer** !). À l'aller le bateau partit de Montréal et nous débarqua à Cobh, en Irlande.

Nous avons été impressionnés en Irlande par le fait que les trains étaient à l'heure. Nous avons aimé la verdure qui lui a valu le nom d'« Île émeraude ». Nous n'avons pas eu le temps de l'explorer en détails, mais nous avons vu les principaux sites de Dublin avant d'attraper un ferry pour l'Angleterre *via* Holyhead au Pays de Galles.

La chose principale dont je me souvienne en arrivant à Dublin est l'eau : tous les guides que nous avions lus étaient unanimes à ce sujet, « Ne buvez pas d'eau du robinet en Europe ; achetez des bouteilles d'eau pure et fraîche ». Aussi sommes-nous allés dans un magasin pour demander une bouteille d'eau, et nous avons rencontré des regards étonnés.

* En français dans le texte (ndt).

L'eau dans tout Dublin est claire comme du cristal ; personne n'avait jamais demandé une telle chose auparavant !

Au moment de prendre le ferry, nous avions dépensé toutes nos billets irlandais, mais nous avions encore 12 pences en monnaie ; à cette époque, les pièces britanniques et irlandaises étaient interchangeables. Notre plan était d'échanger des chèques de voyage en Angleterre, puisque tout notre liquide était sous forme de chèques de voyage *American Express*. La scène était maintenant prête pour l'épisode qui ressort le plus fortement dans mon esprit à propos de ces jours.

Nous sommes descendus du train dans une petite ville appelée Crewe, dont nous avons appris plus tard qu'il s'agit d'un celèbre nœud ferroviaire ; nous avions prévu de prendre plus tard dans la soirée une couchette dans un train de nuit de Crewe à Glasgow. C'était un samedi après-midi. Nous n'avons vu aucun endroit pour changer un chèque de voyage dans la gare. Mais, en regardant à droite, nous avons vu un terminal de bus, avec des bus pour la ville coûtant seulement 1½ pence chaque. « OK, » avons-nous pensé, « cela coûtera 3 pences pour aller en ville, où nous pourrons retirer quelques livres britanniques et où nous trouverons quelque chose à manger ». (Nous n'avions pas pris de nourriture depuis le petit-déjeuner, plusieurs heures auparavant.) « Ainsi avec les trois pences du retour, nous aurons au pire dépensé 6 pences. »

Les vendeurs des boutiques de Crewe furent très aimables, et intéressés en voyant nos chèques de voyagen, expérience complètement nouvelle pour eux ; mais ils ne pouvaient pas bien sûr nous donner de l'argent en échange de ces pittoresques petits morceaux de papier. Nous sommes donc allés à une station de bus et nous avons demandé au préposé si c'était bien l'endroit poour attendre un bus qui nous ramenerait à la gare. Il nous répondit en abondance avec un fort accent du Midland, dialecte que je n'avais jamais entendu auparavant ; j'ai cru que sa réponse était en gros positive.

Nous avons pris le bus, mais nous trouvions qu'il semblait toujours aller du mauvais côté. « Bien », pensions-nous, « il suit son circuit, nous verrons lors de la seconde partie du circuit ». Eh bien non ; bientôt nous étions en pleine campagne. Je suis allé parlé au conducteur, qui arrêta le bus sur la nationale et nous dit de revenir en arrière. (C'est, du moins, ce que j'ai cru comprendre.)

Nous avions encore dépensé six pences. Lorsqu'un autre bus arriva, pour retourner à Crewe, son conducteur nous dit que le prix du billet était de 1½ shillings ! Bien plus que ce que nous pouvions payer.

Entretemps, la faim m'avait gagné, et je n'avais aucune idée de ce que je pouvais faire. Je me suis en quelque sorte effondré dans l'allée et j'ai commencé à pleurer. Heureusement une charmante dame assise à l'avant a eu pitié de nous ; elle a payé nos tickets et, de plus, nous a donné six pences. Nous l'avons remercié chaleureusement et nous lui avons raconté notre histoire, que nous étions en voyage de noces en route de Dublin à Glasgow, etc. Nous lui avons aussi montré nos chèques de voyage, dont elle pensa que c'était une charmante nouveauté.

Ce n'était pas une expérience traumatisante, bien que je fusse en larmes ; je n'ai jamais été menacé ou quelque chose comme ça. (Vous avez entendu parler des ces histoires horribles de touristes s'étant fait voler. Rien de tel ne m'est jamais arrivé.) Toutes les personnes que nous avons rencontrées furent extrêmement gentilles et nous ont aidés.

De retour à la gare de Crewe, j'ai regardé cette fois à gauche et j'ai vu les lumières d'un hôtel ! (Il commençait à faire sombre.) Nous sommes allés au restaurant de l'hôtel et nous avons montré nos chèques de voyage à la jeune serveuse. Elle aussi n'en avait jamais vu auparavant; mais sa réponse fut : « OK, combien en voulez-vous ? » Nous avons donc eu un excellent et relaxant repas lors de notre première soirée en Angleterre. (Je me souviens avoir regardé une épisode de Perry Mason à la télé, en attendant l'arrivée du train couchette. Un autre fait me revient à l'esprit : nous avons été mordus par une punaise dans le train cette nuit-là.)

Nous sommes allés à l'église à Glasgow, mais nous avons eu peu de temps pour autre chose d'autre en Écosse parce qu'on n'y avait prévu qu'un court séjour. Nous sommes allés très vites à Londres, où nous avons vu tout ce qu'il y avait à voir (le Palais de Buckingham, la Tour de Londres, etc.).

Nous avons alors pris un bateau pour traverser la Manche et aller à Cologne (Köln) pour récupérer notre camping-car Volkswagen, minibus transformé en camping-car. Je crois me souvenir que mes 5 500 $ comprenait le coût de ce véhicule, de l'ordre de 2 000 $. (Rappelons que c'était en 1961.)

Nous avons obtenu les papiers du véhicule à quatre heures. Il nous restait donc une heure pour acheter de la nourriture, des ustensiles et un réchaud. Nous avons trouvé intéressant le fait de communiquer dans une langue étrangère par gestes, en désignant les choses. Nous n'avons jamais étoffé notre vocabulaire mais nous avons appris à dire les nombres dans tous les pays où nous sommes passés ; nous avons également appris à dire « merci » et « c'est tout ». Ces mots étaient suffisants pour les achats.

La première nuit avec notre campoing-car, nous sommes allés dans un camping au bord du Rhin à Cologne. Des gens qui vivent à Cologne m'ont dit qu'ils connaissaient ce camping, qui existe encore. C'est là que Jill fit la cuisine pour la première fois pour moi, depuis notre mariage, puisque nous avons commencé notre voyage de noces juste après la cérémonie. Elle s'en souvient parfaitement : comment elle s'y est prise pour faire fonctionner le réchaud alors que toutes les instructions étaient en allemand. Après une heure ou deux, sans qu'aucune des compétences enseignées à l'école ne l'aide, elle a réussi à préparer de la sauce tomate avec des boulettes. C'était vraiment très bon, c'est peut-être le meilleur repas que j'ai jamais eu. En tout cas, c'était le repas inaugural de notre vie de couple.

Nous étions en camping et vivions relativement chichement. C'était très agréable. Le logement revenait à deux ou trois dollars par nuit, mais l'essence était beaucoup plus chère que ce que nous pensions et nous devions également payer les diverses entrées aux musées. Nous n'avions pas d'eau chaude mais nous commencions à apprécier les douches froides. Au début nous avions été surpris de se baigner dans de l'eau froide et non au moins tiède, mais après quelque temps les douches froides furent revigorantes, à part un matin en Suisse où elle était vraiment trop froide. De l'eau glaciale ! (D'après les lois de la physique, l'eau ne peut pas se trouver en dessous de la température de congélation, mais il nous a semblé que l'eau de Zermatt était plus froide que cela.) À part cela, nous appréciions les douches froides et la vie au camping en général. Nous sommes allés en voiture d'Allemagne aux Pays-Bas et nous avons campé près d'Amsterdam et de Rotterdam. Nous avons voyagé lentement, traversant la Belgique, pour aller à Paris puis dans le Val de Loire au pays des châteaux. Puis en Suisse : Genève et les environs du Matterhorn, puis traversant un tunnel pour aller en Italie.

Cependant, nous étions déjà à court d'argent à Paris. Nous avons essayé de voir comment faire venir de l'argent de l'Amérique d'un de nos comptes en banque de là-bas. On nous a dit que c'était impossible, juste avec un passeport et sans aucune sécurité ; mais nous avons trouvé une filiale de la *Bank of America* à Paris. Le guichetier de la banque avait une maîtrise du MIT et j'ai pu le convaincre que le risque était limité, puisque je venais d'une université analogue d'Amérique. Il nous donna donc quelques centaines de dollars en chèques de voyage. Il nous restait trois quatre semaines avant l'embarquement sur notre bateau.

En Italie nous sommes d'abord allés à Florence (Firenze), campant en haut d'une colline avec vue sur la ville. Nous y avons acheté un miel délicieux, qui a malheureusement coulé dans la voiture et a créé un bazar innommable ; mais les fourmis locales ont tout nettoyé. Nous sommes allés au lac de Garde, où je me suis baigné. Ce fut le bain le plus agréable que j'ai jamais eu. Nous avons poursuivi par Venise, Bologne, Rome et Pompéi ; notre bateau de retour est parti de Naples et nous a ramené à New York en traversant la Méditerranée avec une escale à Lisbonne, avec notre camping-car VW à bord. Notre voyage de six semaines nous a donné une vue d'ensemble de l'Europe de l'Ouest.

Tous nos autre voyages ont été faits à l'occasion de conférences. Non, en fait, j'ai passé une semaine en Angleterre en mai 1965, pour une consultation chez IBM sur un langage de programmation, connu plus tard sous le nom de PL/I. À part cela, Jill ou moi ne sommes pas retournés en Europe avant 1967, mais 1967 fut une grande année. Je vous en dirai plus là-dessus plus tard, mais nous avons pris deux fois l'avion pour l'Europe en 1967. Nos enfants sont alors restés à la maison avec leurs grands parents. Jenny avait moins d'un an et John un peu moins de deux ans.

Je me suis lié d'amitiés avec deux informaticiens européens, dont le mathématicien Maurice Nivat dont j'ai parlé l'autre jour. Comme je vous l'ai dit, il était particulièrement content que je lui envoie des commentaires, parce que personne en France n'avait lu ses travaux.

J'ai appris un peu de français en lisant deux ou trois thèses à cette époque. C'est-à-dire que j'ai appris à *lire* un peu de français ; je ne peux pas comprendre complètement ce qui est *dit*. Mais je suis devenu capable de le lire très bien lorsque c'est technique, mathématique, bien que je n'ai jamais appris le français. À l'aide d'un dictionnaire, et sachant que cela fait sens, je pouvais en deviner suffisamment pour lire une thèse. De plus, mon expérience d'une semaine à Paris, en regardant les publicités sur les panneaux d'affichage et dans le métro, m'a donné une assez bonne base. Je connais encore très peu de vocabulaire et de grammaire, mais pour une thèse c'était suffisant, contrairement à ce qui aurait été pour lire un livre. Maintenant, lorsque je regarde une notice dans un musée ou ailleurs, j'arrive à comprendre ce qu'elle dit, même s'il n'y a pas de mathématiques ; mais c'est tout ce que je peux faire dans cette langue.

Maurice était notre hôte à Paris en 1967. J'ai fait un séjour à l'Institut Blaise Pascal et j'ai rencontré ses amis de la Rive Gauche. Jill et moi y sommes allés à des soirées, où il y avait des liqueurs à boire ; nous n'avions jamais goûté aux liqueurs auparavant. (J'avais 29 ans à cette époque et Jill 27.) J'ai fait plusieurs *faux pas**, comme la nuit où j'ai commandé de la soupe et que j'ai cru que je devais finir tout le contenu de l'énorme soupière qui fut apportée à notre table. Nous avons également eu l'expérience d'une « grève générale », le jour où nous avons

---

* En français dans le texte (ndt).

rendu visite à Marco** Schützenberger et à sa femme chez lui. Nivat nous a alors conduit en voiture à Grenoble pour une autre réunion, où j'ai parlé de mes idées sur les grammaires à attributs avec Louis Bolliet.

De Grenoble nous nous sommes envolés en Hollande, où j'ai passé un jour à une réunion d'un groupe de travail international sur le développement du langage ALGOL 68. Nous avons alors poursuivi vers notre destination principale, la Norvège, où il y avait une confèrence d'une semaine sur la simulation. J'avais conçu un langage de programmation appelé SOL, « Simulation-Oriented Language », ce qui était intéressant. Il a été amélioré pour fournir d'autres langages, comme SIMSCRIPT conçu pour simuler les systèmes discrets. Lorsqu'on a un modèle d'un certain processus, on veut le décrire à l'ordinateur pour que celui-ci puisse le simuler et dire comment le modèle se comporte. On veut, par exemple, modéliser un système d'autoroutes ou tout autre moyen de transport ; c'est ce qui est appelé une simulation d'événements discrets. J'ai été invité à cette conférence en Norvège grâce à SOL.

Nous sommes tombés amoureux de la Norvège. Il nous a semblé que la Norvège a juste la bonne taille et que tout y fonctionne bien : les gens y ont de bonnes valeurs, un bon équilibre d'idées, un bon style de vie, aussi avons-nous réellement pris plaisir à assister à cette conférence. Nous étions fascinés par la Norvège, aussi n'est-il pas surprenant que nous ayons décidé d'y passer une année entière en 1972–1973 et que nous y sommes souvent retournés depuis.

Nous nous sommes liés d'amitiés avec diverses personnes lors de notre première semaine à Oslo, particulièrement avec le professeur Ole-Johan Dahl. Il m'a initié, durant la conférence, à sa façon favorite de jouer du piano, « à quatre mains ». C'est un très bon pianiste ; il amenait des partitions de musique de piano à deux au centre de conférence, en disant « Est-ce que quelqu'un ici aime lire à vue ? » Je ne l'avais pas fait depuis des années, mais nous nous sommes assis et nous avons joué des morceaux de Mozart et de Brahms que je n'avais jamais entendu auparavant. Ils étaient beaux et d'un style de musique complètement différent de ce dont j'avais l'habitude, le style musique de chambre. Bien que mon père ait été professeur de musique dans le Midwest américain, j'avais surtout connu des styles de musique populaire, type « les dix meilleurs succès de Mozart ». Je ne connaissais rien à la musique de chambre que l'on peut maintenant entendre à Palo Alto, ou qu'on pouvait trouver partout en Europe. Cela me fut une révélation, connaître la musique de chambre et la vraie musique classique, au lieu de la musique

** Surnom amical de Marcel-Paul Schützenberger(ndt).

classique régurgitée, réchauffée, modernisée et éditée sous différentes formes. C'était là l'essentiel.

Après la conférence, nous avons été invités à aller encore plus au nord, à l'université de Trondheim, près du Cercle polaire. Cette université préparait une nouvelle formation et voulait m'interroger à propos de celle-ci. Je ne sais pas pourquoi ils voulaient m'interroger, je ne pense pas qu'ils savaient que j'étais en train d'écrire *The Art of Computer Programming*, mais je fus heureux de pouvoir les aider en quoi que ce soit. Ils avaient également invité un autre informaticien pour les conseiller : Peter Naur. Peter et moi avions correspondu par courrier sur ALGOL, parce que c'était un gros bonnet dans la communauté des langages de programmation, mais je ne l'avais jamais rencontré en personne. Nous nous sommes rencontré dans la petite ville historique de Røros, à la suggestion de nos hôtes, puis nous sommes allés ensemble à Trondheim. Durant nos discussions sur le programme de la formation, nous avons eu tous les deux au même moment la même idée. Peter et moi étions certainement alors les deux seules personnes au monde à avoir écrit sur tous les aspects de l'informatique, telle qu'elle existait alors. Ce qui est incroyable, c'est que nous avions travaillé indépendamment l'un de l'autre mais que nous en étions arrivés à presque la même table des matières pour nos livres respectifs.

*Dites m'en plus sur 1967.*

Ce fut l'année la plus active de ma vie, une année incoyablement chargée. J'ai d'abord eu un entretien pour obtenir un poste à Stanford. L'offre pour Stanford est arrivée en février 68 ; mais en 67 j'ai eu des entretiens à Stanford, Cornell, Harvard et Berkeley. J'ai aussi découvert de nouvelles directions de recherche, que je n'ai pas eu le temps d'explorer. J'ai eu principalement deux idées, sans rapports l'une avec l'autre : une qui a conduit à ce qui est maintenant appelé l'algorithme de Knuth–Bendix, l'autre qui a conduit aux grammaires à attributs. Je n'ai pu publier qu'un ou deux articles pour lancer ces deux sujets ; après quoi ils ont été développés par de nombreuses autres personnes, qui les ont considérablement approfondis. Ces deux idées me sont apparues en 1967, alors que je n'avais pas assez de temps pour les approfondir, bien que j'en ai écrit les articles séminaux.

En février j'ai été conférencier national de l'ACM, appelé à donner 17 conférences sur 10 campus différents sur une période de deux semaines. Le début du parcours était amusant mais cela devint vite une charge d'avoir à me répéter ; je fus donc content d'annuler l'une des étapes à cause d'une tempête de neige dans le sud-est. J'ai eu, cependant, des discussions mémorables sur les grammaires à attributs en visitant la glaciale Cornell et Stanford ensoleillé.

J'ai passé une semaine à une conférence à Chapel Hill, en Caroline du nord, y rencontrant de nombreux mathématiciens. En mai, j'ai fait une conférence à Madison, dans le Wisconsin, en route pour la France et la Norvège. Durant toute cette période, mon « temps libre », lorsque je n'enseignais pas, a été entièrement consacré à lire les placards et les épreuves du volume 1 et à écrire la seconde moitié du volume 2. (Et, bien sûr, à aider Jillavec deux bambins.) Je fus de plus appelé à être l'organiste de mon église en juin.

La pression me gagna en juillet, lorsque je fus atteint d'un ulcère gastrique.* Ce fut un tournant décisif de ma vie ; j'ai drastiquement diminué mon nombre d'heures de travail et, entre autres choses, je me suis démis de mes fonctions éditoriales des publications de l'ACM. Mon médecin m'a sommé de ne travailler que cinq heures par jour le mois suivant.

Ce mois-là fut en fait un autre mois de voyage en Europe. J'ai donné des cours durant une semaine à une école d'été au Danemark, introduisant de nouvelles méthodes d'analyse syntaxique descendante. Puis nous avons rendu visite durant plusieurs jours à Klaus et Nani en Suisse ; je me suis brièvement arrêté à Stuttgart pour une consultation chez IBM ; et nous avons passé une semaine à une conférence à Oxford. C'est là que j'ai présenté ce qui est maintenant appelé l'algorithme de Knuth–Bendix (ayant écrit l'article à mes moments perdus durant le voyage). Une fois encore, Jill et moi n'avons pas pu faire de tourisme ; mais nous avons rencontré du monde et nous nous sommes faits des amis. L'un des plus grands bénéfices pour moi de ces voyages des annés 60 a été de mettre des visages sur des noms et de voir comment les gens pratiquent dans différentes parties du monde.

*Avec la publication du volume 1 en 1968, je me serais attendu à ce que vous commenciez à avoir plus de chances d'aller visiter d'autres pays, sans avoir à payer la facture vous-même.*

---

* Plus de détails sont donnés au chapitre 19 de *Selected Papers on Computer Languages* [traduit en français comme chapitre 7 de *Éléments pour une histoire de l'informatique* (ndt)]. À l'époque de l'attaque de cet ulcère je travaillais au corrigé des exercices 4.5.2–20 de *Seminumerical Algorithms*, événement que j'avais commémoré en le listant sous « Brute force » dans l'index de ce livre.

Oui ; mais juste avant de venir à Stanford, je travaillais sur la cryptanalyse à Princeton, et une des contraintes était que je ne devais pas me déplacer à l'étranger. Mes employeurs m'avaient dit que si je voyageais, je risquais d'être kidnappé, parce que je savais des choses. Je devais donc obtenir l'approbation du gouvernement avant d'entreprendre le moindre voyage. J'ai donc arrêté d'accepter la plupart des invitations.

La première exception a eu lieu en 1970 lorsque j'ai obtenu la permission d'aller à Nice au Congrès International des Mathmaticiens. J'avais été invité à y donner une conférence, et les gens disent qu'une telle invitation ne se produit qu'une fois dans la vie. Jill ne fut pas du voyage.

J'y ai connu des désagréments pour la première fois lors d'un congrès. L'organisation avait été vraiment négligée : une fois que les participants avaient fait une queue de deux heures et arrivaient en tête de la queue, ils avaient la permission d'aller faire une autre queue. Enfin il y eut une grande confusion pour le logement. Il n'y avait pas assez de chambres pour tous les participants ; étant conférencier invité, il y aurait dû y avoir une réservation pour moi, mais elle avait été oubliée. À la fin, ils me donnèrent le nom d'un endroit en dehors de la ville, et quelques-uns d'entre nous prirent un bus pour nous y rendre, après avoir attendu plusieurs heures. Lorsque nous sommes arrivés, le concierge était en train de manger. Une vingtaine de personnes étaient en train d'attendre lorsque nous sommes sortis du bus. Nous avons rejoint la queue ; mais, à la fin, lorsqu'il ne restait plus que quatre ou cinq d'entre nous, le concierge regarda sa montre et dit : « Il est temps de retourner à la maison ». Il ferma alors son registre et nous sommes restés là, sans lieu où aller. Voilà qu'elle fut son attitude. Je me souviens aussi avoir appris lors de ce voyage ce geste des Français consistant à hausser les épaules, signifiant : « Je n'y peux rien ».

Il était alors assez tard dans la soirée. Une des personnes du groupe prit l'initiative de nous faire retourner en ville en bus pour trouver une chambre dans un hôtel incroyablement malodorant près de la gare, avec des gens hurlants toute la nuit dans la chambre d'à côté. Ça puait vraiment. C'était vraiment incroyable mais pas très cher. Les choses se sont arrangées le lendemain. J'ai eu la chance de visiter brièvement Cannes et Monte Carlo. J'ai été étonné de voir des plages avec des galets, et non du sable.

Puisque nous parlons de voyages, laissez moi vous raconter l'histoire de notre grand périple en 1971 au congrès de l'IFIP à Ljubljana, en Slovénie, immense conférence d'informaticiens. Là encore, j'étais conférencier invité, et j'ai obtenu la permission d'y aller, bien que la Slovénie fut de l'autre côté du Rideau de fer. Jill vint cette fois avec moi.

Ljubljana est un lieu vraiment charmant. Je suis vraiment heureux que la Slovénie n'ait pas connu les mêmes épreuves que la Bosnie. La Slovénie a été épargnée et j'en suis heureux car les gens ont été tellement formidable lors de cette conférence, tout particulièrement les jeunes. Les plus âgés semblaient tristes mais les jeunes étaient enthousiastes, plein de vie, heureux et avaient beaucoup d'esprit. Ils n'avaient pas souvent l'occasion de voir des étrangers. Ils portaient des uniformes spéciaux — des costumes de saut — et parlaient couramment plusieurs langues. Tous les participants étaient très contents. Quel contraste avec mon séjour sur la Riviera en 1970 !

Le congrès de l'IFIP se tenait alors tous les trois ans. Ce fut la première fois que j'ai donné un conférence à plus d'un millier de personnes, dans un énorme amphithéâtre. L'acoustique était si mauvaise que je ne sais pas si quelqu'un a compris ma conférence, mais il y avait du monde. Les organisateurs avaient même obtenu la permission que je puisse essayer l'orgue de la cathédrale principale. Nous avons également eu l'un des plus délicieux repas que j'ai jamais eu, des morceaux d'agneau rôti sur de grandes brochettes ; nous sommes allés au très bel hôtel du lac de Bled.

La semaine suivante, j'étais à un autre congrès international, à Bucarest. Cette fois sur la logique, la méthodologie et la philosophie, organisé par Pat Suppes. Nous y sommes allés en train depuis Ljubljana *via* Belgrade et une partie de la Roumanie — pas l'Orient Express, cependant ; il passe plus au sud. Nous avions une couchette pour la nuit, ce qui a fait du voyage une aventure agréable.

J'y ai en quelque sorte donné des exposés diamétralement opposés. À la première conférence, à Ljubljana, mon exposé portait en gros sur les beautés de l'informatique alors qu'à la seconde conférence j'ai parlé des dangers de l'informatique. Je me suis rendu compte alors que, quel que soit le sujet dont je voulais parler, je pouvais toujours me citer.

La chose principale que j'ai retenue de ce voyage en Europe de l'Est est que le communisme n'était pas partout le même. Chaque pays avait sa propre variante, toutes très compliquées et différentes. (Nous sommes allés plus tard en Pologne, en Russie, en Ouzbekistan et en Chine, les variantes étaient encore différentes de celles de Slovénie et de Roumanie et entre elles.) Comme je l'ai dit, les jeunes de Ljubljana avaient cette lueur en eux que n'avaient pas les plus âgés. En Roumanie il m'a semblé que c'était le contraire : les jeunes semblaient maussades et les plus âgés contents. Tout au moins cela fut mon impression.

C'est à cette époque que j'ai rencontré un grand nombre de personnes des autres pays d'Europe de l'Est, parce qu'ils ne pouvaient venir que là, ne pouvant pas voyager à l'Ouest. Je m'y suis ainsi lié d'amitiés avec quelques Polonais et quelques Russes. Mais la chose la plus inoubliable lors de ce séjour en Roumanie a été l'excursion d'un week-end que nos hôtes avaient préparé pour nous deux. Mon hôte était Dragoș Vaida, un des influents professeurs d'informatique de Bucarest. Sa femme, Constanța, était architecte. Étudiante, elle avait étudié l'architecture des églises du secteur de Bukovina, au nord de la Roumanie, à la frontière de l'Ukraine. Ces églises avaient des fresques magnifiques, datant du début du XVI^e^ siècle. Les murs, tant intérieurs qu'extérieurs, sont couverts d'icônes racontant une histoire. Ces peintures rendent possibles au peuple illettré de prendre contact avec leur religion. Ces œuvres d'art sont stylisées et très belles.

Dragoș et Constanța nous y ont emmenés en voiture pour rendre visite à George, un ami de Constanța, vivant dans un village situé près du monastère de Suceavița. Nous sommes allés dans cette petite ville où il n'y avait ni electricité, ni eau courante, et où chacun vivait dans la maison en bois qu'il avait construit lui-même. Aucune route n'allant au village, la voiture prit une petite piste de terre. Des dizaines d'enfants sont venus à la rencontre de la voiture quatre kilomètre avant le village et nous ont chanté des chansons tout le long du trajet, des oies courant également à notre côté. Je ne pense pas, contrairement à Jill, que ces gens savaient lire et écrire. Nous avions entendu dire qu'il était inhabituel à cette époque que les Roumains poursuivent au-delà de l'école élémentaire, mais je pense même qu'ils n'y allaient pas jusqu'au bout dans les petits villages comme celui que nous avons visité.

Vous avez certainement lu que Ceaușescu avait décidé de détruire des milliers de ces villages. Sur les 15 000, il en avait effacé 8 000 avec des bulldozers. Je ne suis pas sûr du nombre mais j'ai entendu de telles histoires. Il devait penser que son pays était trop arriéré et qu'il devait le moderniser.

D'un autre côté, Jill et moi avons vécu deux jours dans un de ces villages, et ce fut une expérience fantastique parce que nous nous sommes sentis remonter en arrière dans l'histoire. Ce devait être la façon dont les gens vivaient il y a quelques siècles. Sauf que George et sa femme avaient des sortes d'images colorées collées sur les murs, découpées dans des magazines ; leur cabane en rondins était décorée avec ces œuvres produites en masse, décolorées. À part cela, ils vivaient avec toutes sortes de choses faites à la main. Ils avaient une façon intelligente d'utiliser du lait aigre et du fromage, en les conservant sans réfrigérateur. Ils ont tué un poulet en notre honneur pour le servir au dîner et ils ont insisté pour que nous dormions dans leur lit. C'est le couple le plus heureux que j'ai jamais rencontré de ma vie, riant tout le temps. Je n'ai jamais rencontré quelqu'un qui avait plus de *joie de vivre** que ces deux personnes vivant dans un village extrêmement primitif. Le dimanche, tout le monde s'est habillé en costume folklorique pour aller à la messe et danser toute la journée dans les champs.

Je rappelle que j'avais dû obtenir une permission spéciale du gouvernement des États-Unis pour aller dans les pays de l'Est, parce que je travaillais sur des projets secrets. Un homme était venu de Washington à Stanford pour me mettre au courant de ce que je devais faire si, par exemple, je rencontrais une espionne ! Il m'a donné des numéros de téléphone pour appeler en cas d'ennuis. Je ne devais donner aucune information à part mon nom, mon rang et mon numéro de série, ces sortes de choses. J'avais ces numéros de téléphone dans mon portefeuille ; mais toute idée de sécurité ou de danger potentiel m'était alors complètement sortie de l'esprit, parce que je m'amusais beaucoup.

De toutes façons, nous étions ici dans un petit village dont j'étais ravi. Je trouvais que ce serait amusant de porter moi-même un des ces costumes folkloriques, aussi ai-je demandé : « Est-ce que quelqu'un en a un de rechange que je pourrais utiliser ? » La réponse fut positive ; ils pensaient à un de leurs voisins qui avait une tenue supplémentaire, qui avait appartenu à un défunt neveu et qu'il avait conservé quelque part. Je suis donc parti avec George et nous avons marché dans les bois un petit moment pour arriver à la maison en question. Nous avons rencontré l'autre famille qui nous dit : « Oui, nous allons vous l'apporter ». L'homme me dit de m'asseoir et alla dans une autre pièce. Évidemment, tout le monde parlait roumain, et je n'avais aucune idée de ce qui se passait. Jill n'était pas avec moi.

Cinq minutes plus tard, l'homme revint, habillé avec un uniforme militaire. Il me vint soudainement à l'esprit : « Ça alors. Je suis séparé de ma femme ; je suis dans un lieu loin d'elle, je n'ai aucune idée à quel endroit ; il n'y a pas de téléphone ; je suis sur le point d'être kidnappé. Ce soldat va m'amener quelque part. Comment diable vais-je téléphoner à l'ambassade ? comme on me l'a dit ». C'est incroyable mais j'en étais là.

Il se trouve en fait qu'il était postier et qu'il avait enfilé son uniforme parce qu'il était sur le point de faire sa tournée. Une minute plus tard il m'apporta le costume, je l'ai acheté, nous sommes retournés à la maison et tout est bien qui finit bien.

---

* En français dans le texte (ndt).

Mais c'est à Bucarest que j'ai eu vraiment peur. J'étais en train d'y marcher un jour, me promenant au hasard et ne regardant pas très bien où j'allais, lorsqu'un homme me fit face avec un révolver et me dit : « Va-t-en ». J'étais apparemment dans une rue dans laquelle je n'étais pas supposé être. Plus tard, au moment de quitter notre hôtel, on me sépara de Jill et on me raconta une espèce d'histoire louche comme quoi elle aurait volé un peigne. C'était absurde, mais ils l'ont retenue alors que j'étais parti et que je ne savais pas où elle était. Nous ne pouvions pas nous empêcher d'avoir très peur, à part dans ce petit village.

Lorsque notre avion décolla enfin, nous ramenant à l'ouest, nous nous sommes sentis soulagés d'un lourd fardeau sur nos épaules. C'est difficile à décrire, et nous ne savons pas exactement pourquoi, mais cétait comme ça.

Je dois aussi mentionner que, deux jours avant d'aller dans le village paysan de Bukovina, nous avons eu une expérience complètement différente de la culture. J'ai en effet parlé au président Nicolae Ceauşescu et je lui ai serré la main.

*Comment diable est-ce arrivé ?*

Il est traditionnel que, lors d'une conférence internationale, le maire, ou un autre dignitaire politique, vienne au dîner de gala. Dans ce cas particulier, le dîner de gala avait lieu au quartier général du parti communiste, et Ceauşescu lui-même a décidé d'en être l'hôte.

Il était pratiquement impossible de trouver de la bonne nourriture dans un restaurant ordinaire de Bucarest. Quel que soit l'endroit où on allait, on se retrouvait avec un menu de 30 plats ; mais lorsqu'on en commandait un, on répondait : « Désolé monsieur, mais pourquoi ne pas essayer les cornichons ? » Il n'y avait que des espèces de saucisses et des cornichons partout, exactement les mêmes, *à part* au quartier général du parti communiste, où la nourriture était vraiment excellente. Cela vaut le coup d'y voir les invités en train de s'y gaver ! Les Russes y commandèrent un énorme plateau de *hors d'œuvres**. Ils n'avaient pas beaucoup de roubles à dépenser, et ils voulaient les dépenser à autre chose, cette soirée était donc l'occasion d'avoir un bon repas.

Les gardes à la porte ne voulurent pas au début laisser entrer Jill. Notre invitation n'était pas suffisamment claire sur la présence ou non de nos femmes, mais elle a fini par entrer. De plus, elle portait une robe à dos nu, or les Roumains sont très stricts sur l'habillement. Les gardes ont peut-être pensé qu'il était trop choquant pour un invité de

* En français dans le texte (ndt).

montrer ainsi sa peau. La Roumanie n'a rien d'un pays musulman, mais elle est encore très strict sur ce point, beaucoup plus que la Slovénie par exemple.

Une fois entré, on allait dans une grande pièce où on pouvait manger de la bonne nourriture. Là, tout à coup, il y eu une énorme foule, chacun essayant de se rapprocher d'un homme au centre. Il y avait d'intenses lumières, les caméras de télévision enregistraient la moindre syllable de ce que disait Ceaușescu. Il était puissant et tout un chacun essayait de lui être associé d'une façon ou d'une autre, peut-être même d'assimiler un peu de son énergie ou de son influence. Je n'avais jamais vu une telle attention à une personne. La chose la plus amusante fut une dame relativement âgée qui avait réussi à entrer dans la pièce sans être congressiste ; elle commença à lui parler et se plaignit du fait que des scientifiques refusaient d'admettre qu'elle avait inventé le mouvement perpétuel. Elle prétendait que sa machine à mouvement perpétuel avait résolu un problème séculaire, mais qu'elle essuyait un refus de la part des universitaires. En dépit de toute cette sécurité, une « excentrique » était devenue le centre de l'attention.

Dragoș me présenta à Ceaușescu et, comme je l'ai dit, nous nous sommes serrés la main et il m'a dit : « J'espère que vous appréciez notre pays ». Je lui répondis : « Oh oui. C'est ma première visite, mais j'espère qu'il y en aura d'autres ». Voilà l'intégralité de notre conversation, mais je suis peut-être passé à la télévision roumaine.

À l'époque de cette conférence, Ceaușescuvenait juste d'initier un programme d'amélioration des recherches scientifiques en Roumanie, particulièrement en informatique. Il avait subventionné la publication de nombreux livres ; de fait, il était prévu dès 1974 que *The Art of Computer Programming* soit publié en roumain, avant qu'il ne soit traduit et publié en aucune autre langue. Il affectait des fonds pour créer des revues techniques roumaines, en fait pas particulièrement bonnes à cause de l'inexpérience et du manque de réferés, mais c'était un début.

J'ai vu plus de librairies à Bucarest que probablement dans aucune autre ville où je suis allé. C'était une des conséquences de l'opinion de Ceaușescu selon laquelle l'éducation changerait fondamentalement le pays. C'était une bonne idée, mais cela ne pouvait pas se faire en un tour de main. Il y avait beaucoup de librairies et de nombreux livres, mais ils n'avaient que l'apparence de livres de science, pas le contenu. Ça ressemblait à de la science, ils utilisaient des mots scientifique, mais ce n'en était pas ; la Roumanie disposait d'une demi-douzaine de scientifiques d'une trempe internationale mais ils étaient trop occupés pour passer du temps à autre chose que leurs recherches. C'était évidemment un gros problème. En tous cas, Ceaușescu voulait promouvoir la science, y compris l'informatique, et c'est certainement pour cela qu'il était venu en personne à cette conférence. Je n'avais jamais à l'époque rencontré quelqu'un de son importance dans aucun autre pays ; je ne m'imaginais pas le Président des États-Unis à un tel rassemblement. (Bien que j'ai eu l'opportunité de rencontrer le Président Carter, parmi de nombreux autres scientifiques, à la Maison Blanche, lorsque j'ai reçu la Médaille Nationale des Sciences quelques années plus tard.)

Comme je l'ai déjà dit, mon exposé en Roumanie portait sur les dangers de l'informatique, les dangers de l'informatique théorique, et ce de façon en partie ironique. Mais j'avais également un but sérieux. J'ai donné une dizaine d'exemples de la façon dont des gens ont mal interprété ce que signifient vraiment certains théorèmes, et qu'à cause de cela nous avons une situation pire qu'avant que le théorème ait été prouvé. Certains pensent à tort que certains résultats théoriques peuvent résoudre des problèmes qui n'ont en fait rien à voir avec ces théorèmes, et cela a conduit à un recul plutôt qu'à une avancée. J'ai donné une dizaine de tels exemples, parce que c'était une conférence sur la méthodologie et la philosophie des sciences. Mais après l'exposé, le professeur Schützenberger m'a dit : « Don, c'était un exposé brillant, mais peut-être pas donné dans le bon pays. C'est maintenant qu'ils ont le plus de chance d'avoir des subventions ; vous êtes en train de leur raconter que c'est plus dangereux de faire de la théorie que de ne pas en faire ».

Voilà comment j'ai rencontré Ceaușescu. Je pense qu'il avait de bonnes idées sur la façon de moderniser son pays. Mais pour réussir de tels changements ambitieux, on doit faire extrêmement attention à la dignité des gens, et se soucier de la façon dont les générations vont s'adapter, et ainsi de suite ; la façon qu'il utilisait s'est avérée plutôt chaotique.

Nous avions appris, par exemple, qu'il venait juste de changer les règles pour que tout Roumain aille à l'école jusqu'à douze ans au lieu de sept, ou un autre âge. Mes hôtes pensaient que cela était épouvantable ; leur attitude était « Que vont faire ces gens de cette éducation ? » « Tous ces gitans, que vont-ils faire, pourquoi leur enseigner des choses dont ils ne se serviront jamais ? » Ils avaient peut-être raison, on doit donner des emplois, pas seulement l'éducation, bien que je pense toujours qu'il était raisonnable de penser à améliorer l'éducation.

Les Chinois ont maintenant le même problème mais ils le traitent avec plus de modération. Bien que le chaos y règne encore, ils semblent mieux maîtriser le changement.

Nous sommes passés par de nombreux autres villages avant de parvenir à ce village primitif. Ces endroits ont l'électricité et, malheureusement, tout le monde a installé une affreuse antenne de télévision sur son toit. Ils vivent dans des immeubles à la soviétique, produits en masse ; à l'extérieur de chaque maison, il y a un énorme câble allant jusqu'à une énorme antenne sur le toit. Il était clair que personne ne s'intéressait à la pollution visuelle.

Je suppose que je suis réactionnaire, parce que je n'aime pas non plus les fils téléphoniques de chez nous. C'est ma bête noire. Je suis bien content de pouvoir vivre sur le campus de Stanford où nous en sommes épargnés. Lorsque j'ai vu toutes ces affreuses antennes de télévision, je me suis mis à penser que les banlieues de Bucarest avaient terriblement vendu leurs âmes à la technologie plutôt qu'à la beauté.

Ceaușescu avait le terrible problème de faire progresser le pays de plusieurs siècles en peu de temps. Je suis partagé sur ce but, mais je crois qu'il avait raison. Même si les gens que j'ai rencontrés étaient bien contents, je ne pourrais jamais vivre de cette façon moi-même. Je pense que tout le monde doit faire partie du monde moderne, mais il doit y avoir une manière raisonnable d'y arriver.

*Comment allez-vous les faire rester à la ferme, après qu'ils aient vu Paree** ?

Je pense qu'il n'y a pas de bonne façon de maintenir un pays de personnes analphabètes mais heureuses vivant sans aucune des choses modernes comme le téléphone, la plomberie et les voitures. Si on accepte que l'ancienne façon de vivre continue, c'est difficile de voir comment effectuer le changement tout en préservant le respect de soi-même, le plein emploi et la beauté dans la vie de tout un chacun.

Je suis sans doute très naïf. J'ai seulement quelques jours d'expérience de seulement un ou deux pays en voie de développement. Je ne suis jamais allé, par exemple, à São Paulo ou un endroit analogue où les gens vivent actuellement dans des bidonvilles parce qu'ils pensent que c'est une opportunité pour leur avenir, parce qu'ils pensent qu'un travail de misère est préférable à la vie dans la jungle. Mais en Roumanie, là où j'ai eu la chance d'observer un style de vie authentique en action, je ne pouvais pas m'empêcher de penser que c'était une honte d'essayer de changer la façon de vivre que j'y ai vu.

Leur culture s'est formée sur une longue période de temps, système connaissant bien les autres parties du système et s'ajustant au fur et à

---

* Écriture phonétique américaine de Paris. (ndt)

mesure. Lorsqu'on le change de façon drastique, on doit savoir comment changer les autres parties afin de tout garder en équilibre. Les gens doivent savoir à tout moment ce qu'ils doivent faire, comment s'intégrer, comment se rattacher aux autres, au passé et à l'avenir. C'est évidemment délicat à faire, et certainement impossible à faire à partir d'un contrôle central, avec quelqu'un prenant toutes les décisions. Je pense qu'il doit y avoir un contrôle distribué, avec de nombreuses personnes faisant des erreurs, découvrant leurs erreurs et mettant tout cela en commun. Le système dans son intégralité doit en quelque sorte tout changer ensemble ; je ne vois pas comment une seule personne pourrait tout diriger et être capable de comprendre les ramifications de chaque chose. Je ne vois pas non plus comment faire de tels changements en moins d'une ou deux générations, si ce changement doit vraiment être fait. Mais je pense que nous devons accepter le fait que le monde est plus ramassé ; il n'y a aucune de chance de vivre comme les gens le faisaient il y a mille ans.

Des groupes comme les Amish en Amérique ont fondé des communautés solides dans lesquelles ils peuvent vivre le genre de vie qu'ils veulent. De nombreuses tensions existent entre leur monde et le monde extérieur. La vie a énormément changé lors des derniers siècles. Mais il semblerait qu'ils aient trouvé une façon viable de vivre dans un style démodé dans le nouvel environnement. Il existe assurément de nombreux critères pour juger d'un succès, pas un critère unique ; un contrôle centralisé a tendance à n'en voir qu'un.

Chapitre 10

# Pourquoi l'informatique ?

*Comment avez-vous décidé de devenir informaticien ?*

J'ai commencé par des études de mathématiques. Il n'y avait pas d'informatique à l'époque.

Non, revenons en arrière : j'ai en fait commencé par des études de physique. C'est mon enseignant de physique-chimie [Edward Stoll] que j'aimais le plus au lycée, et lorsque j'ai postulé pour les universités, j'en ai choisi principalement deux. J'ai restreint mes choix à deux endroits où je voulais aller.

L'un était l'université de Valparaiso (Indiana), avec une majeure en musique. Durant ma dernière année de lycée, j'ai fait pas mal de musique, en en composant un peu, en arrangeant surtout certains morceaux, en en plagiant d'autres, en apprenant la façon de faire de compositeurs. En tous cas, j'ai préparé plusieurs morceaux pour notre groupe (aucun d'eux n'a jamais été joué), et j'ai joué au piano pour le chœur.

L'autre choix était l'Institut de Technologie de Case, avec une majeure en physique. Case (Cleveland) m'avait été recommandé par la famille de ma mère, qui vivait à Cleveland. Le consensus était que Case était une université extrêmement sélective, avec des exigences très élevées, et donc que ce serait dur de réussir à Case.

Je crois avoir choisi Case par défi ; cela semblait également l'endroit où je pourrai le plus apprendre. Lors de ma visite à Valparaiso, il m'avait semblé que les étudiants que j'y ai rencontrés étaient plus intéressés par les divertissements que le travail soutenu.

La décision principale était de savoir si je prendrai ma majeure en musique ou en physique. J'ai choisi la physique qui, avec le recul, est en fait la plus facile des deux branches. J'ai appris plus tard que les carrières en musique sont extrêmement hasardeuses, avec des compétitions incroyables et beaucoup de travail, exigeant beacoup de talent. Lorsque, plus tard, je suis venu à Stanford en tant que professeur, j'ai pu apprécier le meilleur de ces deux mondes. J'ai pu goûter la musique, à la fois en tant qu'exécutant amateur et en tant qu'auditeur ; j'ai pu participer à la soutenance de thèse détudiants en musique, en tant que candide que Stanford incorpore traditionnellement à une telle soutenance, admirant et apprenant beaucoup des gens qui ont choisi une carrière en musique.

En d'autres termes, je pensais à l'époque que j'empruntais la route la plus difficile, mais c'était en fait la plus facile au regard des mes capacités, et parce que la société n'accorde pas aux musiciens autant d'honneurs qu'aux scientifiques.

*Est-ce que vos parents vous ont encouragé à choisir l'une ou l'autre des majeures* ?

Je ne me souviens pas qu'ils aient exprimé une préférence. Mon père était bon musicien. Il jouait toujours de l'orgue le dimanche à l'église et en dirigeait le chœur. Plusieurs de mes cousins du côté de sa famille avaient leurs propres groupes, ils étaient plutôt musique. Au contraire, du côté de ma mère on ne trouvait aucun piano. Ma mère aime chanter, mais on ne joue pas d'un instrument dans sa famille.

Je crois que le facteur clé de ma décision fut les exigences de Case. Ils m'avaient envoyé des informations terrifiantes. J'ai retrouvé leurs brochures et leurs lettres il y a quelques années ; j'ai été très impressionné par leur excellente façon de recruter. Ils disaient clairement qu'il fallait travailler dur et aimer ça.

Comme je l'ai dit, mon enseignant favori au lycée était celui de sciences. Mais nous n'avions pas un programme très lourd en sciences, surtout en comparaison de ce qu'il y avait dans les écoles publiques ; les écoles luthériennes étaient compétentes en sciences, sans être exceptionnelles. Notre école était plutôt remarquable pour la grammaire anglaise ; l'enseignement que j'y ai suivi à ce sujet était bien meilleur que celui de la plupart de mes condisciples à l'université.

En tous cas, je suis allé à Case et j'y ai réussi tous les examens. Je pouvais faire les exercices de physique mais je savais qu'au fond je n'y comprenais rien. Je lisais ce qu'il y avait dans les livres et je repérais ce qui y était nécessaire pour répondre aux questions, mais je n'avais aucune idée de la façon dont j'aurais pu le découvrir s'il ne s'était pas trouvé dans les livres.

J'ai choisi des modules de physique de master alors que j'étais en licence, des modules de mécanique quantique, mais je n'arrivais à les comprendre que « localement ». J'arrivais à suivre l'enchaînement des arguments, mais je n'avais aucune vue globale de ce que nous étions en train de faire.

De plus, lorsque nous avons étudié la physique des couleurs, j'ai demandé à mon professeur : « Où est le brun dans le spectre ? » mais il n'a pas su me répondre. Lorsque je me posais des questions ne figurant pas dans le livre, je ne disposais pas d'enseignants suffisamment bons pour y répondre.

En deuxième année, j'ai pris un cours appelé Mathématiques fondamentales. Je ne me souviens plus la raison pour laquelle je l'avais choisi ; peut-être que les étudiants de physique y étaient encouragés, ou peut-être l'ai-je choisi comme cours optionnel parce que mon enseignant de première année favori était celui de calcul différentiel et intégral.

Revenons un peu en arrière. Je n'avais jamais abordé le calcul différentiel et intégral avant l'université. De nos jours les gens choisissent souvent deux années de calcul différentiel et intégral au lycée, mais à l'époque il n'était pas du tout inhabituel de ne pas en voir du tout, et je doute que personne à Case l'ai étudié au lycée. Lors de ma première année à Case j'étais dans la « section d'honneur », programme expérimental dans lequel 30 d'entre nous prenaient tous les mêmes modules, supposés être enseignés par les meilleurs enseignants de Case : le meilleur enseignant de physique, le meilleur enseignant de mathématiques, le meilleur enseignant de chimie, le meilleur enseignant d'anglais. Nous avions tous le même emploi du temps.

Les enseignants étaient tous sympathiques et très intelligents. Mais l'enseignant de chimie ne semblait connaître que la chimie, celui de physique que la physique et la chimie. Mais Paul Guenther, l'enseignant de mathématiques, les coiffait tous au poteau : il semblait connaître les mathématiques, la physique *et* la chimie. De plus il était impossible de l'impressionner. Je travaillais donc beaucoup le module de calcul différentiel et intégral, je commençais à avoir peur de ne pas réussir à l'examen. (Je vous ai raconté l'autre jour comment le principal du lycéem'avait chaudement parlé de l'échec à l'université.)

L'enseignement au lycée avait été à coup sûr moins pousé en mathématiques qu'en toute autre matière. Les enseignants ne comprenaient pas tout ce qui était dans le livre ; j'avais cru trouver une façon de démontrer que $+1 = -1$ mais ils n'ont pas pu m'aider à déceler la faute. C'étaient de bons joueurs d'échecs, l'un d'eux était un bon entraîneur d'athlétisme, mais mon éducation mathématique a été chétive jusqu'à mon entrée à l'université.

À Case, comme je l'ai dit, j'ai eu un très bon enseignant de mathématiques mais il m'effrayait. Nous avions un livre de cours terrifiant, le *Calcul différentiel intégral* de Thomas, qui m'a servi de modèle pour les livres que j'ai moi-même écrits plus tard. (Mon fils utilise un descendant de ce livre de cours dans sa classe de lycée.) C'est certainemnt le livre de calcul différentiel et intégral le plus célèbre. Thomas était professeur au MIT, ami de ceux qui ont fondé Addison–Wesley. Addison–Wesley a vraiment pris son essor avec le livre de Thomas, vers 1950 ; ce fut une étape importante dans l'histoire de la composition mathématique de grande qualité. Addison–Wesley a aussi publié mon livre de cours de physique, un autre grand succès.

Mais je m'écarte du sujet. À la fin du livre de Thomas, il y a ce qui est appelé des problèmes supplémentaires, 500 ou 600. C'étaient des problèmes intéressants ; ils ne servent qu'à s'exercer en demandant, par exemple, « Combien font 2 et 2 ? » Ils posent une situation dont on veut connaître la réponse.

Comme travail à la maison, on nous demandait en première année de faire un petit nombre d'exercices de la partie principale. On devait faire, par exemple, les exercices de numéro pair. Mais j'ai fait *tous* les exercices ainsi que tous les exercices *supplémentaires*. J'avais peur et je voulais apprendre la matière, aussi ai-je travaillé très dur.

Et c'est la meilleure chose que j'aie jamais faite. Avoir peur fut merveilleux. Si je n'avais pas eu peur, si j'avais été trop confiant et que je ne m'étais pas senti inférieur, je n'aurais jamais travaillé ces exercices supplémentaires. Je crois qu'en début de premières année, durant plusieurs semaines, j'ai travaillé plus qu'aucun autre de mes condisciples, en tous cas par le temps passé en travail à la maison. Je n'ai pas eu beaucoup le temps de jouer au ping pong ou au bridge, contrairement aux autres. Mais à la fin de l'année je pouvais faire les exercices *et* les exercices supplémentaires plus vite que quiconque d'autre dans la classe ... parce que j'avais appris à résoudre les exercices ! J'avais appris comment affronter cette matière. Je suis en vitesse de croisière depuis lors.

*Apparemment votre talent mathématique lalent n'avait été cultivé ni au lycée, ni chez vous.*

On dit que lorsque quelqu'un révèle un talent particulier, on devrait lui faire sauter une classe, or mes parents ne l'ont jamais voulu. Mais lorsque je fus vraiment prêt, je l'ai developpé. J'ai travaillé dur et j'ai été, comme vous le savez, un homme heureux. Je ne peux pas dire qu'il y ait quelque chose de mal dans la façon dont les choses se sont déroulées, après avoir commencé doucement.

L'exemple extrême d'une situation analogue est arrivé en biologie : nous avions un châton et un nouveau né ; le chat est resté loin devant notre enfant pendant longtemps. Mais l'enfant l'a rattrapé et s'est montré plus malin que le chat après un certain temps.

Revenons à mon histoire. Bien que j'ai travaillé très dur pour mon professeur de calcul différentiel et intégral de première année, je ne suis jamais parvenu à l'impressionner. J'ai alors choisi le cours de Mathématiques fondamentales en seconde année. L'enseignant était le Professeur Louie Green ; il avait la réputation d'être l'enseignant le plus exigeant de l'université parce que, l'année précédente ou celle d'avant, personne n'avait réussi l'examen. Il mettait 'F' à tout le monde. Il pensait que les futurs ingénieurs de cette promotion particulière ne pouvaient comprendre cette matière ; c'était quelqu'un d'intransigeant.

*Il ne croyait pas à la répartition des notes en courbe de Gauss ?*

[Rires] Certainement pas. Il était très excentrique.

Il avait écrit son propre livre de cours pour les Mathématiques fondamentales. Celui-ci couvre les sujets fondamentaux qu'il faut connaître ; il tapait ses notes de cours à la machine et nous les distribuaient. Je ne me souviens pas pourquoi j'avais choisi son cours mais, en tous cas, je l'ai choisi et beaucoup de mes amis de la section d'honneur de l'année précédente l'avaient également choisi.

Il nous a dit au début du cours qu'il nous donnerait un problème et que si quelqu'un en trouvait la solution, il aurait automatiquement 'A' en note finale. Qu'importe ce que l'étudiant faisait par ailleurs dans le cours, il pouvait par exemple ne plus y assister, du moment qu'il avait résolu ce problème, ce qui était faisable. (Ce n'était pas seulement excentrique, c'était presque stupide ; je n'aurai jamais fait une telle offre à mes étudiants.)

Le problème qu'il nous donna est difficile à décrire littéralement mais je vais essayer. Ayant un certain nombre de variables dans une formule mathématique, de combien de façon peut-on les combiner, en regroupant deux choses adjacentes à la fois ? Son problème se trouve être équivalent à un problème important, maintenant bien connu, d'informatique, à savoir dénombrer les arbres binaires. Il existe de nombreuses autres formulations équivalentes, extrêmement importantes an analyse combinatoire ; par exemple, de combien de façons peut-on trianguler un polygone ?

Il nous le présenta comme problème qu'il ne savait pas résoudre. Aussi, naturellement, aucun d'entre nous n'essaya de le résoudre. Nous nous imaginions que si Louie Green nous donnait un tel problème, il n'y avait aucun espoir, qu'on n'avait aucune chance. D'autant plus si, comme récompense, on obtenait automatiquement 'A'.

J'étais supposé prendre le bus avec l'équipe de football un samedi matin. J'étais le joueur de tuba de la fanfare et le match se déroulait hors de la ville ; j'avais donc prévu de passer toute la journée avec l'équipe. Mais je suis arrivé trop tard et j'ai manqué le bus. Je suis donc resté, découragé. J'ai alors décidé de jeter un coup d'œil au problème impossible de Louie Green.

J'avais, à cette époque, un bureau au centre de calcul parce que je devais travailler en première année pour abonder ma bourse. J'étais obligé de travailler à temps partiel, et j'avais obtenu un travail au centre de calcul. Ma première affectation consistait à faire fonctionner une machine de tri électronique. Je ne pense pas que Case avait un calculateur électronique en 1956 ; les calculs étaient faits à la main. Mais il y avait des trieurs de cartes, je les faisais fonctionner et je recueillais ainsi des statistiques à partir desquelles je dessinais des graphiques. Peu après ils ont eu un ordinateur, un IBM 650, et je pourrais vous raconter pendant des heures comment j'ai passé l'été entre la première et la seconde année à apprendre l'informatique d'alors et à devenir accroc à la programmation.

J'étais toujours en physique, mais j'avais suivi le cours de mathématiques, j'avais un samedi à tuer, et j'avais un bureau au centre de calcul.

Je m'y rendis et me collais au problème et voilà, j'ai trouvé une solution. Je crois même que le problème a été traité explicitement dans le célèbre livre de William Feller sur la théorie des probabilités, livre que mes condisciples m'avaient dit impossible à comprendre. L'*Introduction to Probability Theory and Its Applications* de Feller est maintenant considéré comme le meilleur exposé élémentaire jamais écrit de cette matière, mais à cette époque il nous semblait désespérément obscur. Je n'avais donc jamais lu ne serait-ce que la première page et je ne m'y étais jamais mis sérieusement. Je n'ai en fait osé le lire que cinq ans après ma thèse et j'y ai alors découvert plein de bonnes choses.

Il était facile d'établir une relation de récurrence pour le problème de Green, à partir de laquelle les réponses pouvaient être calculatées rapidement pour les petites valeurs. Deux variables ne peuvent être associées que d'une seule façon, trois variables de deux façons, quatre variables de cinq façons, et ainsi de suite. J'avais donc quelques données pour commencer.

Il y avait plusieurs livres de mathématiques sur les étagères près de mon bureau, j'en ai ouvert un au hasard. Euréka ! il y avait une relation de récurrence dans le livre de Fellerressemblant fort à la mienne. En cherchant mieux dans ce gros livre, j'ai eu une petite idée de la façon de résoudre un tel problème en utilisant les « séries entières », que j'avais apprises en analyse en première année. Si on établit la série entière représentant la somme de toutes les façons possibles d'associer les variables, le produit de celle-ci avec elle-même représente la somme de toutes les façons de les associer ensembles, deux par deux.

En d'autres termes, j'ai trouvé un indice dans le livre de Feller, sans avoir le désir ou la capacité d'en lire une partie substantielle. Je me suis rendu compte que la somme de toutes les solutions, multipliée par elle-même, redonnait quasiment la somme de toutes les solutions, puisque les solutions sont soient l'une d'elles avec une seule variable ou qu'elles proviennent de deux autres solutions.

C'est une idée vraiment simple, que les étudiants d'aujourd'hui considèrent comme évidente, parce que les enseignants insistent maintenant sur l'importance de la méthode des séries entières, appelées « fonctions génératrices ». C'est également proche de ce que j'ai rencontré souvent plus tard dans l'étude des langages algébriques, ou dans beaucoup d'autres parties des mathématiques.

Je n'ai jamais eu l'occasion de demander à Green s'il savait qu'il existait une bonne solution. J'ai appris plus tard que ce problème classique avait déjà été résolu au dix-huitième siècle, indépendamment en Chine et en Russie. De plus George Pólya en a donné une solution vraiment élégante, en utilisant une version des séries entières qu'il a appelé « écriture d'image », dans l'*American Mathematical Monthly* de 1956, revue que Green lisait certainement, tout au moins aurait-il dû. Il est donc possible qu'il nous l'ait donné intentionnellement.

Quoi qu'il en soit, j'écrivis la solution et la lui montrais le lundi suivant ; il a dit « Oui, c'est correct. Vous avez votre 'A' automatique. » J'ai séché le cours le reste de l'année et j'ai pris part à de nombreuses activités extra-universitaires ; il m'a donné le 'A' promis, et même deux puisque le cours s'étalait sur deux semestres.

*Est-ce que l'année suivante s'est passée de la même façon ?*

Je me suis senti coupable d'avoir obtenu un 'A' en ayant séché les cours, grâce à cette offre insensée. J'ai donc accepté de corriger les devoirs à la maison pour lui l'année suivante. J'ai donc appris le reste de la matière en corrigeant les copies.

*Mais votre matière principale était toujours la physique.*

Laissez moi vous raconter mon expérience de la physique en seconde année. Tous ceux ayant choisi la physique comme matière principale devaient faire des travaux pratiques sur des sujets tels que la soudure. Ce fut mon premier cours universitaire où il n'y avait qu'à manipuler des choses. Je ne suis pas du tout agile de mes mains. En première année, lors des séances de travaux pratiques, je brisais les tubes à essai et j'étais toujours le dernier à terminer les expériences. C'était la catastrophe en travaux pratiques. Je me suis empoisonné plusieurs fois et je me suis même asphyxié une fois. Je pourrais vous raconter un grand nombre d'histoires d'horreur durant les travaux pratiques de chimie, comme lorsque j'ai mis le feu à du soufre et que je me suis dit dit « Je vais souffler dessus ». Le feu ne s'est pas éteint. J'ai pris ma respiration, afin de le souffler pour de bon, et je me suis penché dessus.

Les travaux pratiques de physiques furent pires. Je devais faire de la soudure ; une des instructions était de prendre une plaque de métal et un boulon. Nous devions lier le boulon à la plaque par brasage. Pour tester si je la jointure était bonne, on devait placer une vis filetée dans le boulon et la plaque devait être percée avant que la soudure ne lâche. Lorsque j'ai essayé de tester la mienne, la soudure a lâché si rapidement que l'instructeur m'a dit que j'avais eu de la chance que le boulon n'ait pas traversé la pièce.

La soudure n'était pas du tout ma tasse de thé. Pour faire de la soudure, j'ai d'abord dû enlever mes lunettes afin de mettre les lunettes de protection, devenant alors pratiquement aveugle. Ensuite, toutes les soudures se faisaient sur une table ; mais elle était construite pour des gens d'une taille d'un mètre cinquante. Non seulement je ne pouvais pas voir mais je devais travailler éloigné de l'endroit où je pouvais le plus contrôler les choses. Je devais tenir ces dangereuses baguettes sous une tension de milliers de volts, créant des étincelles bondissant d'un fragment à l'autre. Mais on exigeait cela des physiciens.

Par ailleurs, dans le cours de mathématiques j'avais obtenu un 'A' en résolvant un problème que l'enseignant croyait ne pas être résoluble. Je pris donc les mathématiques comme matière principale. Je crois qu'il n'y avait dans ma classe que cinq personnes ayant choisi les mathématiques comme matière principale contre 40 ayant choisi la physique. Les mathématiques étaient rarement prises comme matière principale.

Bien entendu, l'informatique n'était pas alors une matière principale : il n'y eut de cours universitaire s'y rapportant qu'une dizaine d'années plus tard.

Purdue et Michigan disent qu'ils ont été les premiers à proposer des cours d'informatique, celui de Purdue de 1962 étant certainement le plus proche de ce que nous appelons maintenant ainsi. Stanford a certainement été la première université à créer un département d'informatique, en 1965. En tous cas, j'ai dû choisir ma matière principale de licence avant, en 1957 ou 1958. Je travaillais à temps partiel à programmer, pour vivre, mais j'avais choisi les mathématiques comme matière principale car cela pouvait conduire à un emploi. Je savais que je voulais devenir enseignant mais je n'avais absolument pas idée que je pourrais enseigner l'informatique un jour.

Je vous ai dit l'autre jour que j'ai eu beaucoup d'activités extra-universitaires pendant ces années. Je n'appartenais pas seulement à la fanfare, j'étais aussi le gestionnaire de certains sports ; j'ai donc obtenu cinq ou six notes, notes comptant pour la moyenne, tout en ne pratiquant aucun sport. J'étais un bon marqueur. J'ai même été le meilleur marqueur de basket-ball que l'université aie jamais connu, parce que j'ai utilisé un programme informatique pour m'aider.

*En quoi consistait ce programme de basket-ball ?*

Je pensais qu'il n'était pas juste que tout le crédit soit donné à ceux qui avaient marqué le plus de points dans le jeu. On peut avoir une autre vision du basket-ball, en disant que détenir le ballon vaut quelque chose. Supposons, par exemple, que la détention du ballon donne un point à l'équipe qui l'a. Alors si quelqu'un fait un tir qui vaut deux points, son équipe gagne deux points au tableau mais perd la détention, alors que l'autre équipe la gagne ; le résultat brut est donc nul.

Pour continuer avec cet exemple, supposons qu'on arrive dans un stade de basket-ball à un moment où le score est 47 à 45, mais que l'équipe qui a 45 détient le ballon. Disons que l'équipe A a 47 points, que l'équipe B en a 45 et que l'équipe B détient le ballon. Il n'est pas déraisonnable de considérer que le « vrai » score est 47 à 46, et donc que l'équipe A n'a une avance que d'un seul point. Si l'équipe B fait un panier, c'est 47 à 47 ; mais l'équipe A a maintenant le ballon, elle a donc toujours un point d'avance.

Mais alors quand le score change-t-il vraiment ? (J'avais supposé qu'il n'y avait pas de buts valant trois points ; il n'y avait rien de tel dans les règles lorsque j'étais à Case.) Le changement survient si une équipe manque un tir et que l'autre équipe obtient le rebond, ou si quelqu'un double dribble, ou si quelqu'un vole le ballon. Avec la façon traditionnelle de compter, les joueurs ne perdent pas de points pour un double dribble, ils n'en perdent pas non plus en manquant un but, et ils gagnent quelque chose en obtenant le rebond.

J'ai donc essayé de trouver une formule décrivant la véritable contribution de chaque joueur au jeu. Je ne crois plus vraiment à ma formule, mais je l'ai couchée sur papier.* Elle était fondée sur l'idée que, une fois la partie finie, on pouvait tenir compte du fait que détenir le ballon valait vraiment disons 7/10 de point. Si un joueur tirait et manquait le panier, il y avait un certaine chance pour que son équipe obtienne un rebond et une certaine chance pour que l'équipe adverse l'obtienne ; on pouvait donc arriver à calculer de combien pénaliser un joueur ayant râté un but. Lorsqu'un joueur tire, on le crédite du gain net réel pour l'équipe, fondée sur la perte de la détention. Faire une faute coûtait quelque chose ; de même que voler le ballon ; toutes ces actions entraient dans ma formule. Ce qui en résultait était un nombre représentant approximativement le nombre total de points ou de fractions de points de chaque joueur pour sa contribution réelle au jeu, comme somme de tous les gains et pertes. Bien sûr la contribution nette d'un joueur était quelquefois négative.

Afin d'obtenir ces statistiques, j'avais développer une manière particulière d'enregistrement de toutes sortes de détails microscopiques de ce qui se passait durant la partie. En fait, on avait besoin de tant de statistiques que j'avais été obligé de prendre un observateur me rapportant continuellement ce qui se passait ; je les entrais rapidement sur une feuille spéciale de données, tête baissée. Une fois la partie terminée j'enregistrais les données sur des cartes perforées, puis j'appliquais ma formule.

L'entraîneur aimait bien ce système. Il pensait qu'il était bon que les joueurs fassent au mieux pour ce classement, et non juste pour le nombre de buts obtenus. Notre équipe marcha très bien cette année-là et, bien sûr, je m'en attribuais tout le mérite. Mais nos athlètes étaient vraiment bons, et le fait que Case fasse une bonne saison ne fut certainement pas qu'une coïncidence.

En tous cas l'équipe des relations publiques de Case eut vent de mon système et en parla à des journalistes de Cleveland. Il parvint au magazine *Newsweek* et c'est même paru dans le *Sunday Evening News* de Walter Cronkite : une vidéo de moi prenant les données, courant vers l'ordinateur et obtenant les sorties sur imprimante. Cette activité m'a permis d'avoir une note en basket-ball comptant pour le diplôme, grâce au pointage.

J'avais donc obtenu cinq ou six points au lycée sans avoir vraiment fait de sport. De nos jours on aurait dit que j'étais un « sportif virtuel » !

*Dites m'en plus sur votre passage à la télévision.*

---

* Voir le chapitre 23 de *Selected Papers on Fun and Games.*

Eh bien, le reportage durait une minute en tout. IBM avait commandé la préparation d'un court « documentaire », lui donnant un peu de publicité bien qu'il n'ait pas parrainé le spectacle. Un très grand logo 'IBM' se trouvait sur la machine lorsque l'ordinateur apparaissait dans l'une des scènes.

Cette expérience me permit de comprendre la dure vie que doivent avoir les stars du cinéma. Nous avons été obligés de refaire la prise de vue cinq ou six fois pour ce petit film, même si la plupart du temps je n'avais qu'à courir d'un endroit à un autre ou à mettre les cartes perforées dans le lecteur de cartes. Comment Audrey Hepburn aurait-elle fait cela ?

Le côté agréable est que ma tante et mon oncle de Floride ont pu me voir à la télévision. Ce fut l'une des rares fois où je suis paru dans les « mass média ».

*Vos parents ont dû être très fiers de vous.*

Les articles dans les journaux et le show télévisé m'ont apporté de la crédibilité aux yeux de ma famille. Heureusement les histoires n'étaient pas trop flatteuses, elles étaient écrites avec une pointe d'humour.

*Revenons à l'été entre votre première et votre seconde année, moment de votre rencontre des ordinateurs.*

J'ai travaillé à plein temps au centre de calcul durant l'été et à temps partiel durant l'année universitaire, afin de subvenir à mes besoins. À la fin de la seconde année, les enseignants m'ont fait des lettres de recommandation pour une bourse plus élevée, je n'avais donc pas besoin de revenus supplémentaires. J'ai cependant garder le travail de programmeur parce que je voulais faire des économies et aussi l'utiliser pour mes rendez-vous avec Jill.

Jill était à *Western Reserve*, campus situé près de Case. Les deux institutions n'avaient pas encore fusionné. Je l'ai rencontrée lorsque j'étais en seconde année et elle en première année. J'avais fréquenté sa camarade de chambre. Mais je crois que je vous ai déjà raconté cette histoire.

*Non. Racontez-la moi, s'il vous plait. Cela semble palpitant et intéressant.*

D'accord. Lors de ma première année, j'ai rejoins une association et je suis allé à ce qu'ils appelaient la « semaine d'enfer » au début de l'été. La semaine d'enfer était ... ce qui est appelé maintenant bizutage ; c'est illégal. Voyez-vous, les membres actifs avaient des pagaies en bois qu'ils balançaient sans faire attention à nos extrémités arrières, que nous fassions quelque chose mal ou non, jusqu'à ce que nous disions « Oui, monsieur » exactement le nombre de fois voulu. En gros, avec peu de sommeil, nous étions forcés de faire tous les travaux de nettoyage les plus répugnant nécessaires pour garder la maison bien propre, travaux qui n'étaient pas très amusants. Et nous le faisions avec des « sergents » surveillant chaque mouvement que nous faisions, et nous utilisant pour s'entraîner à la batte. Il y avait beaucoup de pleurs, etc. Rétrospectivement, je crois... après tout, que cela en valut l'effort qu'il a fallu fournir. J'ai fortement gagné en maturité durant cette semaine d'enfer.

DEK à la fin de la « semaine de l'enfer », 1957.

En tous cas, en seconde année j'étais prêt à aborder des filles. J'ai donc fréquenté trois filles. L'une était catholique, une autre juive et la dernière luthérienne, je crois. La luthérienne était la plus jolie ; elle venait d'Estonie et était en mathématiques à *Western Reserve.* Je la trouvais énormément attirante mais elle ne m'aimait vraiment pas du tout. Je ne sais même pas si elle a accepté le moindre rendez-vous avec moi ; peut-être une fois mais c'est tout. Mais j'en ai eu plusieurs avec Becky, la juive, et Betsy, la catholique ; je les aimais toutes les deux. Elles avaient des personnalités appréciables et toutes les deux étaient jolies.

Peu après, cela devint plus sérieux avec Betsy, la catholique. Et mon camarade de chambre et moi fréquentions deux camarades de chambre : mon camarade fréquentait Jill et moi Betsy. Nous allions ensemble à nos rendez-vous et c'est comme ça que j'ai connu Jill. Une fois cela devenu un peu plus sérieux, j'ai commencé à me demander ce que Betsy pensait réellement de moi. De plus y allait-il y avoir un problème à cause de nos religions différentes ?

J'ai donc pris rendez-vous pour un déjeuner avec Jill, pour lui poser quelques questions sur ma relation avec Betsy. Je ne me souviens pas vraiment de l'opinion qu'elle me donna. Mais ce fut une très bonne opinion et j'ai, après cela, commencer à fréquenter Jill.

(Mon camarade de chambre fut alors furieux après moi parce qu'il aimait beaucoup Jill. Elle ne tenait pas vraiment à lui ; il lui a fallu un peu de temps pour surmonter cela. En fait il a commencé à boire ; notre association avait un peu de bière en stock pour les réunions et il savait où elle se trouvait. Quelqu'un qui ne se contrôle pas peut facilement dérailler ; je me sentais très mal à cause de son problème de boisson. Mais cela a passé avec les années et il est maintenant un des professeurs les plus renommés de l'université d'état de l'Ohio, excellent mathématicien professionnel ayant édité des revues de renom. J'ai vu sur le Web qu'il a fait plusieurs innovations pédagogiques importantes ces derniers temps. Comme moi, il est passé de la physique aux mathématiques à Case.)

En tous cas voilà comment cela a commencé avec Jill. Jill étudiait l'art. Il y avait un programme commun entre l'université de *Western Reserve* et l'institut d'art de Cleveland, ce qui était un bon contrat.

Jill était méthodiste et j'ai commencé à aller avec elle le dimanche matin au cours sur la Bible. Jusque là j'allais à la messe le dimanche mais à rien d'autre ; j'ai été élevé dans des écoles luthériennes dans lesquelles nous avions des cours de religion le lundi, le mardi, le mercredi, le jeudi et le vendredi, aussi prenions-nous notre temps le dimanche. Mais pour elle, le dimanche était un jour entièrement consacré à la religion, y compris les cours sur la Bible. Naturellement, voulant passer le plus de temps possible avec elle, je l'ai accompagnée et j'ai découvert ce qu'étaient les cours sur la Bible ... qu'il y avait plein de chose à apprendre sur la religion, au-delà de ce qui avait été dit à l'école élementaire et au lycée.

Je crois qu'en fait tout jeune adulte traverse plus ou moins une crise religieuse à un certain moment, lorsqu'il commence à décider ce qu'il croit réellement au lieu de ce qu'il est censé croire. J'ai connu, moi aussi, cette crise. Plusieurs de mes professeurs à l'université étaient athées, je devais donc m'habituer à ce fait et j'en suis venu à une meilleure compréhension de Dieu. Lorsque je revenais à la maison j'avais des discussions avec mon pasteur de Milwaukee, ce qui était très important pour moi, pour m'aider à comprendre les compromis et les choses. J'ai lu beaucoup de livres à l'époque, en essayant de trier les points de vue que je pensais les plus extrêmes, d'un côté comme de l'autre.

En fait chacun est extrême : on ne peut pas être neutre sur la religion. Ou, lorsqu'on est neutre, on prend un point de vue extrême de neutralité. J'ai bien sûr continué à apprendre et à interroger. Je crois que j'avais la volonté d'accepter ce que j'allais apprendre de mes lectures ou d'autres observations, mais ce que j'ai appris m'a convaincu que je resterai conservateur en religion et libéral en politique.

*Comment Betsy a-t-elle pris la chose ?*

Je ne crois pas que Betsy tenait vraiment à notre relation. Elle s'est mariée quelques années plus tard et est malheureusement décédée d'un cancer un peu après ses trente ans. Notre relation n'était pas allée bien loin bien que je sois allé chez elle et que j'ai rencontré ses parents. Elle vivait près d'Akron, à une heure au sud de Cleveland ; j'ai un peu connu sa famille. Ni Betsy ni moi n'a eu le cœur brisé par cette séparation. Platonique était le mot d'ordre. Nous aimions la personnalité de l'autre.

*Quelle a été votre relation avec les ordinateurs ?*

Bien, revenons aux calculs. Comme je l'ai dit, j'ai travaillé à temps plein au centre de calcul, dirigé par un homme extraordinaire appelé Fred Way. Il permettait aux étudiants de contribuer au fonctionnement du centre, leur confiant la création de nouveaux utilitaires, l'écriture des manuels et leur laissant faire ce qu'il pensait être de bonnes idées. Case était pratiquement l'exception à cette époque en ce que Fred et son équipe n'attribuaient pas tous les postes à des professionnels. Stanford, comme beaucoup d'autres lieux, faisait le contraire ; Stanford embauchait des gens pour écrire tous les systèmes dont nous avions besoin sur le campus. Mais à Case, Fred permettait aux étudiants de le faire, bien qu'il savait que nous allions bientôt obtenir notre diplôme et nous en aller. Avec cet encouragement j'ai d'abord écrit des assembleurs puis des compilateurs.

Pour la machine 650 [d'IBM], mon assembleur « Case SOAP II » était sans conteste le meilleur au monde de l'époque. Mes amis et moi avons alors écrit un compilateur, « RUNCIBLE », tâche beaucoup plus difficile. Je crois que c'était aussi le meilleur jamais écrit pour l'IBM 650. Fred Way nous donna, à nous les jeunes, l'opportunité d'écrire des logiciels de classe internationale, ce qui était bien mieux que les concours que nous avions à l'université du Michigan, à Purdue et à Carnegie Tech.

J'ai donc appris que j'avais un don pour la programmation. Par ailleurs, la programmation professionnelle était à cette époque pionnière en fait bien pitoyable, si bien que presque *tout le monde* était capable de faire mieux, dans un certain sens. Mon optimisme sur ma compétence en programmation était largement fondée sur une comparaison avec des hommes de paille. Cependant, heureusement, il s'est révélé que j'avais un peu plus qu'un don minime pour ce travail.

Je fus appelé en dernière année comme consultant chez Thomson–Ramo–Wooldridge Corporation (TRW). Des personnes de la filiale de Cleveland de TRW voulaient écrire un compilateur. Ils avaient envoyé un projet à *Burroughs Corporation*, pour écrire un compilateur ALGOL pour la machine 205, un des premiers ordinateurs. Ils savaient comment écrire un projet, et ils avaient entendu dire que je savais ecrire des compilateurs ; ils me mirent donc de la partie, à condition que je travaille pour eux, pour écrire un compilateur l'été entre ma dernière année à Case et ma première année ailleurs. J'ai commencé à me préparer en apprenant le langage machine du Burroughs 205.

Je crois que le projet proposé à Burroughs prévoyait 50 000 $ pour le compilateur, montant considéré comme une bonne affaire en ces jours pionniers du logiciel. (Avec l'inflation, 50 000 $ de 1960 correspondent à 500 000 $ d'aujourd'hui.) Je ne me souviens pas quelle en devait être ma part ; certainement de l'ordre de 5 000 $. Mais la question ne se posa pas puisque Burroughs dit non. TRW n'obtint pas le contrat avec Burroughs.

Ce refus arriva en mai, au moment où j'avais tout prévu pour passer l'été à écrire ce compilateur. J'écrivis donc à Burroughs, disant : « Regardez, je peux vous écrire un tel compilateur pour seulement 5 000 $, mais je n'aurais pas le temps d'implémentet le langage complètement ; je ne pourrais pas m'occuper des procédures ALGOL. » Ils me répondirent : « Non, Don, vous devez nous donner le langage complet ou rien ». Je dis alors : « D'accord mais pour 5 500 dollars ». Ce montant, bien que très peu élevé pour un logiciel, était considéré comme un salaire d'été astronomique. Ils acquiécèrent.

J'ai donc passé l'été 1960 à écrire un compilateur ALGOL pour Burroughs. (Je ne suis cependant pas parvenu à le déboguer complètement avant la fin de l'année.) C'est ceci qui a financé notre lune de miel l'année suivante, que je vous ai racontée la semaine dernière.

J'ai candidaté en master à trois endroits : Caltech, Berkeley et Stanford. (Vous pouvez vous rendre compte comment les vacances en famille en Californie m'ont influencé, puisque je n'ai candidaté à aucune école en dehors de cet état.)

Je fus admis aux trois endroits, avec une bourse ; j'ai choisi Caltech parce que mon futur directeur de thèse, Marshall Hall, m'avait été chaudement recommandé par un de mes professeurs de Case. L'analyse combinatoire me semblait être mon point fort en mathématiques et Marshall Hallétait certainement la personne la plus à même de diriger mon travail, en tous cas en Californie. Je choisis donc d'étudier avec lui au Caltech.

*Avoir obtenu votre maîtrise en même temps que votre licence a dû vous aider à obtenir les écoles que vous vouliez. Pouvez-vous me raconter comment vous avez obtenu ces deux diplômes en même temps ?*

J'avais commencé à prendre des cours de maîtrise à Case. Je crois vous avoir dit, par exemple, que j'avais pris un cours de mécanique quantique. J'y ai pris de même plusieurs autres cours, la raison n'étant pas aussi louable qu'on pourrait le penser, c'était même le contraire en fait. La vérité est que j'avais fait une étrange découverte : les cours de maîtrise de Case étaient plus faciles que les cours de licence, parce que Case avait un taux de pression faible pour l'admission en maîtrise, contrairement à ce qui se passait pour la licence. Les enseignants de maîtrise étaient donc obligés de faire beaucoup de rappels. Je n'avais pas beaucoup de concurrence dans ces cours ; il était donc plus facile d'être dans les premiers et d'avoir plus d'activités extra-universitaires, comme appartenir à des associations et faire des publications pour les étudiants.

Les enseignants n'ayant pas compris ma stratégie, ils pensaient qu'il était assez étonnant qu'un étudiant de licence fasse tout ce travail de maîtrise. Bien que ne les connaissant pas, certains enseignants ont fait circuler une pétition demandant quelque chose qui n'avait jamais eu lieu, à savoir délivrer la maîtrise en même temps que la licence. Et ce fut une grande surprise. L'ensemble des enseignants a voté cette exception aux règles habituelles, et ils m'ont fait une ovation debout lors de la remise des diplômes. Le président de Case, T. Keith Glennan, a retiré son chapeau ! Heureusement que personne ne s'est souvenu de mon cours de soudage.

*Vous avez alors passé votre été à écrire seul un compilateur.*

Je me suis aperçu très vite que le projet serait beaucoup plus difficile que je ne l'avais imaginé, parce qu'il fallait écrire une bibliothèque d'exécution, à savoir un ensemble complet de sous-routines pour la trigonométrie et les logarithmes en nombres flottants et d'autres choses comme ça. De plus je devais le faire avec un ensemble d'instructions très primitif parce que Burroughs n'avait pas d'assembleur pour son 205. Puisqu'il n'y avait aucun logiciel pour écrire des logiciels, ma première tâche a été d'écrire un assembleur avec lequel je pourrai produire les autres programmes. J'appelais mon premier assembleur EASY, acronyme pour « *Elegant Assembly SYstem* » (c'était très court). J'en ai également conçu un autre, MEASY, pour « *Most Elegant Assembly System Yet* ». Je ne l'ai écrit que pour mon propre usage, mais il a été d'une grande aide.

Burroughs voulait que je fasse quatre ou huit versions de mon compilateur, selon les configurations matérielles possédées par les clients. Par exemple, les clients ne pouvant pas s'offrir un lecteur de cartes [perforées] pouvaient utiliser un ruban de papier à la place. L'utilisation du ruban de papier était assez horrible : il était beaucoup plus lent que les cartes perforées, et c'était un procédé incroyablement maladroit parce que le ruban se répandait sur tout le sol. J'ai lu il y a un jour ou deux dans les *Annals of the History of Computing* que quelqu'un a récupéré mon compilateur chez Burroughs et que cela lui a pris un jour entier pour l'introduire dans la machine avec un ruban de papier.* Son lecteur de ruban de papier faisait régulièrement sortir le ruban de la piste ; il devait alors tout recommencer depuis le début. La technique du ruban de papier était mauvaise mais c'était la seule façon d'introduire des logiciels dans le 205 lorsqu'on avait la version la moins chère de cette machine.

Je me souviens être allé un jour de fin 1960 à Pasadena chez Burroughs pour essayer de déboguer mon compilateur sur leur propre système 205. Différentes parties de la machine tombant régulièrement en panne, je devais travailler entre chaque panne en rafistolant diverses choses à la main. C'était à la limite du travail direct avec des 0 et des 1 ; je me sentis vraiment le maître de la machine ce jour-là.

*Votre compilateur a-t-il beaucoup été utilisé ?*

Non, tout au moins pas en Amérique, Burroughs ayant supprimé graduellement le 205 en 1960. Ils commençaient à livrer leur nouvelle machine, la 220. Case avait, par exemple, reçu une 220 cet été-là, juste un peu avant que je le quitte et que je parcours le pays en voiture.

Par contre, j'ai appris que mon compilateur a été largement utilisé en Amérique du Sud, surtout au Brésil. Plusieurs ordinateurs d'occasion y ont alors été expédiés, en des endroits ne pouvant pas se payer des machines derniers cris.

L'écriture de ce compilateur a amélioré ma vie personnelle de trois manières. D'abord, je me suis fait un tas d'amis chez Burroughs, qui était un bon endroit pour travailler. (J'ai continué à y être consultant durant huit ans, tout le temps où j'étais à Caltech.) Deuxièment, j'y ai gagné suffisamment d'argent pour me marier et avoir une agréable

---

* Voir *Annals of the History of Computing* **9** (1987), 81.

lune de miel. Troisièment, je savais maintenant comment écrire un compilateur, et cela m'a conduit directement à *The Art of Computer Programming.*

Aucun livre n'existant alors sur la façon d'écrire un compilateur, un des conseillers d'Addison–Wesley [Richard Varga] me suggéra d'essayer de signer avec eux pour un tel livre. Leur représentant dans l'Ouest m'invita à déjeuner en janvier 1962 et me demanda si j'aimerais écrire un livre pour eux.

Je crois vous avoir dit qu'Addison–Wesley avait publié mes livres de cours favoris, et bien d'autres livres de mathématiques que j'avais eu plaisir à lire. Vous savez aussi que j'aime écrire, depuis mes expériences de publications au lycée et à l'université. Il n'avait donc pas besoin de faire beaucoup d'efforts pour me convaincre : oui, j'aimerais écrire un livre sur les compilateurs.

Cependant, je ne voulais pas n'écrire *seulement* que sur les compilateurs. Dès le premier jour j'ai fait un plan de douze chapitres, les premiers chapitres devant parler des techniques de base applicables à tous les logiciels, pas seulement aux compilateurs. Le dernier chapitre, le chapitre 12, devait être l'application des onze chapitres précédents au problème de la traduction d'un langage de haut niveau en langage machine, et ce devait être le point d'orgue du livre.

Je n'avais aucune idée de ce que j'y mettrais lorsque j'ai fait cette promesse en 1962. Le « livre » a pris la forme d'une suite de livres, non encore terminée. Nous sommes en 1996 et je suis en train de travailler au chapitre 7, n'ayant encore terminé que six chapitres. Mais la saga de *The Art of Computer Programming* est un sujet de dicussion pour un autre jour.

*Vous étiez alors en mathématiques au Caltech, en première année de troisième cycle.*

Oui, et c'est un point crucial, parce que je cloisonnais ma vie avec deux sujets. La plupart du temps, j'étudiais l'analyse combinatoire, excellent sujet que j'espérais enseigner un jour. Le reste du temps, souvent le soir, j'écrivais des programmes et j'étais consultant chez Burroughs, gagnant ainsi ma vie. (J'avais refusé les bourses de la *National Science Foundation* et de la *Woodrow Wilson Foundation*, parce que cela m'aurait interdit de travailler à l'extérieur.) Mon travail professionnel était les mathématiques et mon autre travail la programmation. Ces deux mondes n'avaient pratiquement rien en commun.

En fait, j'ai utilisé deux styles de pensée assez différents : j'avais deux attitudes différentes, une lorsque je portais ma veste de mathématicien et l'autre mon chapeau de programmeur. Dans le bâtiment des mathématiques, la logique et les preuves formelles étaient mon pain quotidien. Dans les installations de Burroughs, au contraire, je magouillais des programmes jusqu'à ce que je ne puisse plus les mettre en échec, j'utilisais mon intuition, ne m'imaginant à aucun moment que les raisonnement mathématique pourrait m'aider de manière formelle. Je n'établissais donc aucun lien entre ces deux aspects de ma vie.

*En tant que candide, je pensais que les mathématiques étaient le cœur de l'informatique.*

Il n'y a que peu de personnes qui le voit ainsi aujourd'hui ; en tous cas ce n'était pas mon attitude à ce moment-là. Nos contemporains ont tendance à revenir au point de vue erroné que j'avais eu d'abord sur les relations entre les mathématiques et la programmation. Les informaticiens sont passés de l'opinion selon laquelle les mathématiques n'ont rien à voir avec la programmation, vers 1960, à celle où les mathématiques étaient reconnues comme le cœur essentiel de notre discipline, vers 1980, et maintenant certaines personnes s'interrogent sur la valeur des mathématiques en programmation.

Au début des années 60, seules quelques personnes, notamment Bob Floyd, voyaient un lien entre les preuves et l'écriture des programmes. Les autres n'avaient jamais imaginé que la correction d'un programme puisse être prouvé rigoureusement. Une telle notion époustouflante, étrange, ne nous était pas venue à l'esprit.

Bob Floyd m'a initié à cette idée révolutionnaire fin 1962, la première fois que je l'ai rencontré. Il m'a montré comment les mathématiques et la programmation pouvaient vraiment se compléter, pouvaient coexister. Les programmeurs des méthodes de tri savaient que leur code étaient bons mais quelquefois faux, mais pas de façon formelle, seulement de façon intuitive. Comme je l'ai dit, Bob et quelques autres personnes ont changé tout cela, et nous enseignèrent l'importance extrême de la vérification des programmes. Je n'aurais certainement jamais écrit ni TEX, ni MF, ni d'autres choses si j'avais conservé la philosophie prévalant en 1960. Malheureusement beaucoup de nos étudiants disent encore que les preuves n'ont pas ou peu d'importance en programmation.

Avant de rencontrer Bob, j'avais en fait eu quelques étincelles entre le lien possible entre les deux parties de ma vie, au moment où j'ai appris la théorie des langages. J'avais utilisé implicitement cette théorie lors de l'écriture des compilateurs, parce que les langages évolués sont, bien sûr, des langages. C'était une partie de la programmation dans laquelle les raisonnements du type mathématiques pures semblaient aider.

J'avais vu un exemplaire du célèbre livre *Syntactic Structures* de Chomskydes années 1960. Je n'avais pas encore eu le temps de le lire, parce que jétais étudiant à plein temps, outre mes autres engagements. Mais je l'ai amené avec moi lors de ma lune de miel, en supposant qu'il y aurait des moments pendant lesquels je pourrais réfléchir à la théorie des langages. Et en effet, comme je l'ai dit l'autre jour, nous y sommes allés en bâteau, aller et retour, pour traverser l'Atlantique, et comme Jill a eu le mal de mer, j'ai eu quelques jours avec rien d'autre à faire que de m'asseoir dans le salon pour lire Chomsky. C'était la première fois que je vis un lien possible entre les mathématiques et la programmation.

*Je me suis aperçu que les mathématiques sont importantes pour l'informatique en discutant avec un de vos étudiants, John Hobby, dont vous m'avez dit qu'il était un de vos meilleurs étudiants.*

Le tri de Hobby *incarne* bien l'idée que les mathématiques sont le cœur de la programmation. Son père était un mathématicien bien connu. John était ici avec nous au début des années 80, au moment où se répandit l'idée que les mathématiques et l'informatique étaient les deux faces d'une même pièce.

D'un autre côté, paradoxalement, les mathématiques et l'informatique sont des domaines assez différents ! Le don mathématique recouvre en fait trois ou quatre types de dons, au moins, différents les uns des autres. Il y a le don géométrique, le don algébrique, le don logico-combinatoire et le don vision globale ; je suis désolé de ne pas avoir de meilleure description pour l'instant. Certains mathématiciens sont vraiment excellents dans la visualisation de la quatrième dimension, ou dans la compréhension de la façon dont la transformation de Fourier simplifie l'étude des ondes, ou pour traiter sans peine des choses qu'il m'est difficile de comprendre. Certains mathématiciens sont excellents sur les structures intrinsèquement infinies, qui ne servent pas vraiment en informatique. Il y a donc beaucoup de types de dons ; on ne peut donc pas tous les réunir en une seule notion appelée « don mathématique ». Malheureusement nous ne possédons qu'un seul adjectif pour toutes ces aptitudes, tellement différentes. Mais si l'on n'a aucun de ces dons alors on ne peut pas programmer correctement.

Le domaine des mathématiques discrètes, par oppositions aux mathématiques continues, utilisant plus les distinctions de cas que les transitions régulières, s'applique mieux à la programmation. L'analyse combinatoire et la logique sont des exemples de mathématiques discrètes ;

l'informaticien que je suis a plus tendance à parler plus facilement aux combinatoriciens ou aux logiciens qu'aux spécialistes des espace de dimension infinie.

J'ai vu il y a quelques jours une citation astucieuse, je ne me souviens plus où. Quelqu'un disait que, étudiant, il avait étudié les espaces de dimension infinie ; et que plusieurs années après il s'était rendu compte que les espaces de dimension infinie les plus importants semblaient être ceux qui n'étaient que dénombrablement infini, c'est-à-dire du plus petit infini possible. Et encore plus tard, il a trouvé que les exemples les plus importants étaient en fait fini, comme cas particulier des notions infinies. L'informaticien utilise en général l'infini seulement comme modèle simplifiant quelque chose de fini mais ayant un très grand nombre d'éléments, mais il ne l'imagine pas vraiment comme étant infini. Par contre, le mathématicien pur a tendance à penser l'infini comme son pain quotidien. Ce sont deux points de vue différents.

Je suis maintenant prêt à résumer tout ceci en revenant à votre question originelle : comment ai-je décidé de devenir informaticien ?

Comme je l'ai dit, je vivais dans deux mondes lorsque j'étais au Caltech. Je « me préparais à être mathématicien », à devenir professeur de mathématiques enseignant des cours de mathématiques pures. J'avais aussi une autre occupation, en dehors des mathématiques, comme consultant chez Burroughs et comme chroniqueur de programmation dans les plus grands journaux du domaine. J'étais également en train d'écrire une suite de livres, *The Art of Computer Programming*, accumulant de nombreuses pages manuscrites. Ce second aspect de ma vie professionelle eut bientôt un nom : « l'informatique ».

L'informatique et les mathématiques commençaient à avoir plusieurs aspects en commun, bien que restant distinctes. Les problèmes informatiques non résolus me mettaient en émoi, et mes dons informatiques étaient plus importants que mes dons mathématiques. Ainsi, lorsque j'ai eu à choisir entre plusieurs possibilités de devenir professeur, j'ai choisi l'université Stanford... et donc en informatique.

Chapitre 11

# Habitudes de travail, résolution de problèmes

*En venant ici vous m'avez parlé d'un problème vous ayant tenu éveillé jusqu'à 2h30 du matin. J'aimerais que vous parliez aujourd'hui de vos habitudes de travail.*

Bonne idée. En fait, j'ai essayé d'étudier mes habitudes de travail pour voir comment les améliorer. J'ai essayé de connaître ce qui est le plus efficace et le moins efficace dans celles-ci. De temps en temps cela se détériore et je fais quelque chose de totalement irrationnel.

Je suis enclin à penser que ceci arrive la plupart du temps après une période durant laquelle je n'ai pas été capable de créer quelque chose, par exemple de résoudre un problème nouveau. Après une telle période non productive, j'ai un pic de créativité et je commence à reprendre mes recherches, cherchant un problème à résoudre, n'importe quel problème. Je commence à travailler sur le premier problème que je trouve.

C'est certainement ce qui est arrivé la nuit dernière en revenant du cinéma de Stanford. J'y ai vu Audrey Hepburn et Gary Cooper dans un des grands films de Billy Wilder, *Ariane* [*Love in the Afternoon*]. J'y suis allé parce que je me suis rendu compte que je suis en général plus efficace après avoir vu un film plutôt qu'en restant constamment à la maison à travailler.

Juste avant de me coucher, j'ai décidé de tester une petite idée survenue en regardant le film. L'esprit travaille quelquefois sur une chose sans y penser. Deux heures et demi plus tard j'ai trouvé que l'idée ne marchait pas comme prévu et qu'il fallait la mettre de côté. Mais j'avais alors dépassé l'heure de me mettre au lit, Je n'aurais pas dû être debout si tard. Je n'ai donc pas beaucoup dormi cette nuit.

Je ressens ce besoin de temps en temps. Je me souviens que la première fois ce fut dans les années 70, restant debout toute la nuit pour résoudre une dizaine de problèmes de l'*American Mathematical*

*Monthly.* Je venais juste d'aborder les problèmes publiés, à la façon d'un étudiant passant à nouveau ses examens. Une sorte de compulsion, peut-être quelque chose de chimique, me disait de le faire ; quelque part dans mon cerveau on me disait : « Don, tu dois résoudre un autre problème ».

Comme je travaille maintenant au volume 4, je sais que j'ai passé presque tout mon temps à écrire ce que d'autres ont fait. Et je sais qu'il est plus important pour moi de terminer ce livre que de résoudre d'autres problèmes. D'autres peuvent les résoudre aussi bien que moi. La partie créative du livre que je suis en train d'écrire est d'une autre nature : par la conception des exercices, par le plan et en trouvant une façon élégante de présenter les sujets. Je me suis définitivement résigné à ne jamais me pencher à nouveau sur un problème ouvert dont la résolution me prendrait plusieurs jours.

Je me suis offert, cependant, quelques fois le luxe de mettre de côté la rédaction de *The Art of Computer Programming* pour travailler sur des problèmes mathématiques très difficiles, problèmes exigeant une concentration soutenue et intense, qui m'étaient destinés. C'était passionnant d'explorer des terres vierges. C'est terminé mais je me souviens de ces jours avec tendresse.

Je me souviens tout particulièrement des deux dernières fois où je me suis embarqué dans de grands sujets de recherche ; à chaque fois je sentais revivre mes années d'étudiant de troisième cycle. En faisant ces travaux je savais que je ne serai plus capable de recommencer, parce que nous n'avons qu'une seule vie et que j'avais plein d'autres choses à faire. Je savourais donc chaque minute de réflexion sur ces problèmes et je ne pouvais pas m'y détacher. Chaque découverte amenait de nouvelles questions et j'estimais qu'il serait difficile d'en finir. Un de ces projets a donné lieu à une monographie de 120 pages et l'autre à plus encore : un numéro complet d'une revue lui a été consacré, un article intitulé « La naissance d'un composant géant », dans lequel mes coauteurs et moi avons jeté une lumière considérable sur le processus par lequel un graphe aléatoire traverse un moment de « big bang ».* Nous l'avons appelé l'Article Géant à cause de sa longueur : 125 pages.

J'ai travaillé à la monographie de 120 pages en étant à Singapour en train d'attendre que mon livre *3:16* soit imprimé. J'ai commencé à réfléchir un peu à ce problème dans l'avion m'y amenant, et plus sérieusement en attendant le démarrage de l'impression. J'ai attendu toute une semaine, quelquefois dans mon hôtel et le plus souvent dans

---

* Voir *Selected Papers on Discrete Mathematics*, chapitre 41.

des jardins publics. J'ai démontré l'un des théorèmes principaux assis à l'ombre d'un arbre exotique du jardin botanique de Singapour. Je me promenais chaque jour en y réfléchissant ; puis je m'asseyais et je couchais sur un gros bloc de papier ce que j'avais trouvé. Cet ensemble de théorèmes s'est retrouvé dans une monographie, plus tard publiée chez Springer dans leurs *Lecture Notes in Computer Science*, sous le titre *Axioms and Hulls*.

Je n'ai pas reproduit cette monographie dans la série de *Selected Papers* parce que c'est un livre en lui-même, avec son index propre. Ce travail appartient à un domaine très étudié appelé géometrie algorithmique, que je n'ai pas eu le temps de l'approfondir bien qu'il soit difficile et très beau. J'ai heureusement trouvé une façon d'en explorer une bonne partie de façon logique et de faire une histoire instructive de cette recherche.

J'ai beaucoup apprécié cette dernière aventure, cette dernière occasion de passer beaucoup de temps sur un travail charnu et substantiel. Cependant, depuis lors, lorsque je pense que je ne peux pas résoudre rapidement un problème, je l'explique à quelqu'un d'autre. J'ai eu ma part de plaisir provenant de telles percées ; désormais mon plaisir provient des façons améliorées de décrire les percées d'autres chercheurs.

*Pouvez-vous revenir rapidement sur le problème sur lequel vous avez travaillé la nuit dernière jusqu'à 2h30 du matin ?*

D'accord, excusez moi de contourner un peu votre question. La meilleure façon de comprendre comment une personne comme moi travaille est de décrire une journée donnée usuelle et de regarder à quoi je passe mon temps.

Le problème ayant attiré mon attention la nuit dernière est assez simple ; c'est un problème de la vie courante ayant pris naissance dans un club de bridge du Michigan, non encore résolu. Il y a douze couples dans ce club, et ils se rencontrent huit fois par an. Lors de chaque rencontre, ils font trois parties. (Les joueurs de bridge les appellent des « *rubbers* », mais je les appellerai des « parties ».) Puisqu'il y a huit rencontres et trois parties chaque fois, chacun joue donc 24 parties chaque année. Ils se rencontrent dans une maison de trois pièces ayant chacune deux tables de bridge. Les douze couples sont répartis de façon à ce que quatre couples aillent dans chacune des pièces et y restent toute la nuit. Une des pièces peut, par exemple, recevoir les couples A, B, C et D. Ils y jouent trois parties : d'abord A contre B à une table, et C contre D à l'autre table ; puis A contre C et B contre D ; et enfin A contre D et B contre C. La fois suivante, les couples sont encore répartis en trois groupes de quatre, mais d'une façon différente.

Le club veut imaginer un système tel que les 24 parties s'étalent uniformément, chaque couple jouant avec chaque autre couple à peu près le même nombre de fois. Il est impossible d'équilibrer chaque chose parfaitement, puisqu'il y a 11 autres couples face à vous et à votre partenaire, or 24/11 n'est pas un nombre entier. Mais il y a peut-être une façon de faire dans laquelle chacun joue deux fois avec neuf autres couples et trois fois avec deux autres ; ce serait bien parce que $2 \times 9 + 3 \times 2 = 24$.

Existe-t-il une façon de le faire ? Les auteurs de l'article que je lisais n'ont pas trouvé la solution mais ils décrivent une façon d'en terminer avec le problème.* Leur problème pourrait être cité dans le volume 4 de *The Art of Computer Programming*, mais j'ai décidé que cela n'est profitable que si une solution existe ; sinon cela dépasserait le seuil choisi pour le placer dans mon livre. (Je dois bien sûr être assez regardant sur ce qu'il faut inclure, parce qu'il y a des centaines de milliers de pages de choses qu'on pourrait y placer, mais je dois les réduire à quelques centaines de pages.) D'un autre côté je ne voulais pas rejeter le problème d'emblée. Je pensais donc que si ce problème a une solution, il devrait y avoir une belle solution.

J'ai donc commencé à réfléchir aux motifs potentiels. Si une solution existe, chaque couple a deux autres couples comme rivaux privilégiés, à savoir ceux avec lesquels il joue trois fois et non deux. Il est bien connu par ailleurs qu'un système dans lequel chaque couple a exactement deux rivaux privilégiés a des cycles ou des chaînes. (Un des rivaux privilégiés a un rival privilégié autre que le premier, celui-ci en a un autre, et ainsi de suite jusqu'à ce que le cycle renvoie au premier.) J'ai donc commencé à chercher une solution avec quatre chaînes de trois couples chacune. Dans un tel système, si A et B sont des rivaux privilégiés, et si B et C sont des rivaux privilégiés, alors C et A sont aussi des rivaux privilégiés.

J'ai cherché une solution présentant une symétrie. Il y a relativement peu de plannings symétriques possibles, la recherche de solutions de cette sorte ne fait donc examiner que peu de cas. De plus, lorsque qu'une solution symétrique convient pour un couple, elle convient pour tous les couples. On a donc deux fois plus de chances de gagner en ajoutant la condition de symétrie aux spécifications ; et une solution symétrique est belle intrinsèquement.

---

* Voir "*Scheduling a bridge club*" par Bruce S. Elenbogen et Bruce R. Maxim, *Mathematics Magazine* **65** (1992), 18–26.

Je pensais pouvoir trouver de beaux motifs donnant une solution ; cela a eu l'air de bien se présenter pendant un certain temps. Mais j'ai fini par épuiser tous les cas. J'ai peut-être commis une erreur, en travaillant à la main. En tous cas je suis allé me coucher.

J'ai décidé aujourd'hui de mettre le problème en sourdine. Je sais qu'il s'agit d'un exemple de problème dit « de recouvrement », avec 66 colonnes et 5 775 lignes, c'est-à-dire qu'il y a une matrice de $5775 \times 66$ de 0 et de 1, une solution au problème consistant à choisir huit lignes dont la somme ne fait que 2 ou 3 dans chaque colonne. Je sais aussi je devrai étudier un jour en détails les problèmes de recouvrement, lorsque j'en serai à la section 7.2.2 du volume 4.

Le résultat de six heures de travail, sans compter le temps passé au cinéma, est que mon dossier sur le recouvrement a maintenant une ligne sur le problème non résolu du club de bridge. Je ne peux pas m'offrir le luxe d'y passer plus de temps aujourd'hui. Lorsque j'en arriverai à la section 7.2.2, je téléphonerai ou j'écrirai aux auteurs de cet article pour leur demander l'état de l'art de ce problème. Si on a alors montré qu'il est impossible, je l'oublierai. Si on a montré qu'il a une solution, ou s'il est encore non résolu alors, je le regarderai d'un œil neuf. Il pourra ou non se révéler être un exemple instructif des techniques concernant les problèmes de recouvrement, ou un excellent exercice, peut-être même un exercice qui est aussi un sujet de recherche.

*Trouvez-vous que travailler sur un problème comme celui que vous venez de décrire, qui peut être considéré comme un jeu, vous aide dans votre travail ?*

La recherche a toujours un côté ludique. Un des intérêts de cette question est qu'elle s'est posée dans un vrai club de bridge du Michigan. Je pourrais concevoir toutes sortes de problèmes de recouvrement, mais la plupart d'entre eux seraient sans intérêt, alors que celui-ci est assez naturel et facile à saisir. Les mathématiques sont la science des motifs, et un planning résolvant ce problème peut nous procurer un très beau motif.

Une solution à ce problème n'aidera pas l'informatique plus que cela, bien qu'elle puisse aider des joueurs de bridge du Michigan. Mais la méthode avec laquelle un problème est résolu est en général beaucoup plus importante que la solution elle-même. La réponse à un problème n'est pas le but final en général, ni ce que je veux apprendre à mes lecteurs. L'important est le cheminement ayant conduit au résultat. Parce que plus on en sait sur le cheminement ayant conduit à la solution, plus on aura d'idées sur la façon d'attaquer le prochain problème qui se posera.

Il est très rare qu'un problème soulevé par un cas pratique corresponde exactement à un problème d'un manuel. En général un problème est proche de quelque chose dans le manuel, mais on a besoin de contorsionner la solution du manuel pour résoudre son problème pratique.

*Qu'est-ce qui a déclenché tout cela dans le film que vous avez vu la nuit dernière ? Était-ce une scène en particulier ?*

Non, le film a seulement libéré mon subconscient qui s'est mis à travailler. La nuit dernière mon subconscient travaillait sur un autre problème, sur lequel je m'étais penché dans la soirée, problème entièrement différent, relatif à la théorie des nombres et à la cryptographie. Puis j'avais espéré que mon cerveau serait prêt à réfléchir à un autre aspect des mathématiques. Je pense que notre cerveau stocke des choses en profondeur, et qu'il y a un processus continu ne cessant pas de tourner par en-dessous. Le fait d'aller au cinéma a fait qu'il s'est emparé de mon esprit conscient, ayant laissé mon esprit inconscient sans entrave, non embrouillé par des tas de stimulations. L'avantage du film dans ce cas est qu'il était totalement *dé*connecté des mathématiques et de l'informatique.

*Y a-t-il pu avoir une série de scènes du film qui aient créé collectivement une impression ou qui aient déclenché quelque chose en vous qui vous ait conduit à la façon d'aborder le problème ?*

De telles choses arrivent souvent dans les romans policiers mais je ne suis pas sûr qu'elles arrivent dans la vie. Quelqu'un traverse un pont dans une histoire d'Agatha Christieet le détective dit en l'apercevant : « Ah ! Le pont ! Je comprends tout maintenant ! » J'ai rarement eu de tels moments de « Ah ! »comme celui-ci mais je me suis souvent aperçu que mon esprit était prêt comme par magie à résoudre un problème.

Retournons par exemple aux années 50, à mes débuts à l'université. J'essayais de résoudre de nombreux problèmes de mathématiques, mais pendant longtemps je me suis aperçu que si je n'obtenais rien en disons cinq heures alors je ne trouverai pas de solution au problème même en y consacrant plusieurs jours.

Mais je me souviens très bien de la la première fois que j'ai été capable de résoudre quelque chose après y avoir travaillé dix heures. (Je pense qu'il s'agisssait de l'analyse de l'horloge solitaire, mais je n'en suis pas sûr.) J'y avais travaillé dix heures car je n'avais été coincé à aucun moment ; j'étais alors presque coincé, mais il restait encore quelque chose d'autre à essayer, ce qui conduisait à quelque chose d'autre, et ainsi de suite durant dix heures. J'ai enfin été payé de ma peine. Il était très rassurant de réusir après un travail soutenu ; ceci sentait vraiment bon, puisque jusqu'alors mon cerveau semblait s'être limité à ce que je pouvais faire facilement.

Je me souviens aussi de deux cas dans les années 60, passant plusieurs semaines sur des problèmes sans arriver à les résoudre, auxquels j'ai finalement renoncé pour travailler à quelque chose d'autre. Je me suis alors réveillé, un jour ou deux plus tard, en sachant comment obtenir la réponse. Mon subconscient, lui, n'avait pas abandonné. Le premier cas s'est passé alors que je travaillais à une question technique sur les parenthèses.*

J'ai vu beaucoup de thésards travaillant à leurs thèses, au long des années ; leurs recherches suivaient souvent le parcours que je suis en train d'essayer d'expliquer. Supposons qu'on essaie de résoudre un problème compliqué dont la solution n'est pas connue ; on est dans la situation d'un explorateur pénétrant dans une région inconnue. Au début le cerveau fait connaissance avec le territoire, on effectue de petites étapes autour du problème. Mais, après avoir été immergé dans le problème, on peut à un certain moment commencer à faire des pas de géants et on peut voir plusieurs choses à la fois, le cerveau étant alors prêt pour un nouveau type de travail. On commence à voir à la fois la forêt et les arbres.

Lorsque je commence à étudier un domaine, les premiers jours je remplis des feuilles de brouillon comme un malade. J'ai une grosse pile de papier à la maison, du papier à moitié utilisé, écrit seulement d'un côté ; j'ai gardé beaucoup de feuilles partiellement imprimées au lieu de les jeter, je peux donc écrire au verso. J'utilise jusqu'à 20 feuilles à l'heure lorsque j'explore un problème, tout particulièrement au début. J'essaie toutes sortes de choses la première heure et j'en regarde les motifs. Après avoir intérioriser ces calculs ou ces dessins ou toute autre chose que j'ai faite, je n'ai plus à écrire autant et je suis proche de la solution. Le meilleur test pour savoir si je suis proche de la résolution d'un problème est de pouvoir y penser raisonnablement en nageant, sans papier ou notes pour m'aider. Parce que mon esprit s'habitue au territoire, et que je peux enfin voir ce qui pourrait me conduire au bout du tunnel. C'est simplifier un peu la vérité mais c'est l'idée essentielle de ce que j'ai noté à propos de tous mes étudiants : ils entrent dans un état mental

---

* Voir *Selected Papers on Computer Languages*, chapitre 13.

dans lequel ils deviennent les plus familiers d'un certain domaine que quiconque d'autre dans le monde.

Lorsqu'ils en arrivent à ce point, je leur dis toujours que maintenant ils ont une responsabilité envers le reste d'entre nous. À savoir que, lorsqu'ils ont résolu le problème abordé pour leur thèse et que leur cerveau est entraîné au domaine relatif à ce problème, ils doivent chercher des problèmes analogues exigeant la même expertise. Ils doivent utiliser leur expertise tout de suite, tant qu'ils ont cette capacité unique, parce qu'ils la perdront dans un mois. J'insiste sur le fait qu'ils ne doivent pas se satisfaire de la résolution d'un problème unique ; ils doivent aussi réfléchir à d'autres problèmes intéressants pouvant être abordés par les mêmes méthodes.

*Je me demande si l'échange de rôle, c'est-à-dire prendre le point de vue d'une autre personne, ou quelqu'un du sexe opposé, peut être utile pour obtenir la solution d'un problème.*

Cela nous donne une autre façon de comprendre le monde et on peut voir l'équilibre. Agir sur quelque chose nous aide à voir les analogies et à comprendre les problèmes, mais je ne suis pas sûr que cela nous aide mathématiquement.

Les Monty Python étaient vraiment excellents dans les rôles de composition. Ce groupe d'acteurs a créé quelques-uns des sarcasmes les plus mordants ; l'humour provenait de ce que quelqu'un avait un accent autre que celui de la partie de la société qu'il représentait. Et bien sûr, *The Far Side* mélange des animaux et des êtres humains de la même façon, nous éclairant en nous aidant à voir les choses d'un nouveau point de vue. Mais c'est un type différent de résolution de problème. C'est la résolution de problèmes du monde.

J'ai peut-être parlé trop vite. Je peux imaginer deux cas dans lesquels jouer des rôles, à défaut d'échanger les rôles, peut être utile pour résoudre des problèmes mathématiques. L'un est l'histoire que j'ai entendue à propos d'un mathématicien qui entend une rumeur selon laquelle un autre mathématicien vient de résoudre un problème célèbre. Et immédiatement, en entendant dire que le problème est maintenant résolu, il dit : « Oh, bien sûr ! Il l'a fait de cette façon ». En d'autres termes, on peut quelquefois résoudre un problème rien qu'en imaginant que le problème n'est plus ouvert.

Un autre aspect du jeu de rôle est bien plus important : on peut souvent faire des avancées en anthropomorphisant un problème, en disant que certains de ses aspects sont les « méchants » et d'autres les « gentils », ou que des parties d'un système « parlent à toutes les autres ».

Cette façon de faire est utile parce que notre langue ayant de nombreux mots pour les relations humaines, nous pouvons étudier plus de cas en s'y référant.

*Certains chercheurs travaillent dur à la résolution d'un problème puis s'y désintéressent complètement une fois la solution trouvée ; ils sont mêmes réticents à publier leur découverte.*

Je n'ai aucune sympathie pour les gens qui n'écrivent *jamais* leur solution ; ce sont des égoïstes qui gardent secrètes de belles découvertes. Cependant je peux comprendre la réticence à écrire quoi que ce soit alors qu'un autre problème a déjà retenu notre attention. J'ai toujours trois ou quatre articles dans une file d'attente, attendant que l'idée mûrisse avant d'en préparer enfin la publication.

Frances Yao m'a un jour très gentiment décrit la situation. Elle m'a dit qu'on travaille dur à un problème pendant longtemps, puis on a cette ruée, cette fantastique satisfaction lorsqu'on l'a résolu. Cela dure environ une heure. Puis on réfléchit à un autre problème, et on est totalement pris par la résolution de ce nouveau problème. Une fois de plus, on n'est pas content avant d'en avoir enfin trouver la solution.

Le fait de rechercher des solutions occupe sûrement une grande part de la vie d'un chercheur mais c'est également ancré dans la vie de quiconque. Je ne veux pas philosopher plus qu'il ne faut mais il est dit en gros ceci dans le livre de l'*Ecclésiaste* : « La vie est difficile puis on meurt. On peut, cependant, apprécier la vie ; ne pensez pas au fait que vous allez mourir. Quelques méchants ont une vie agréable et quelques gentils ont une vie difficile, cela ne semble pas juste ; mais ne pensez pas à cela non plus. Pensez seulement à apprécier le voyage ». Je simplifie beaucoup mais c'est le message que je trouve en plusieurs endroits de la Bible. Par exemple dans *Philippiens* 3 : 16, celui qui écrit dit qu'on ne doit pas se précipiter vers le but à atteindre ; la course en elle-même, en gardant un rythme adéquat, est le vrai but. Lorsqu'on part en vacances en voiture on doit apprécier la conduite.

Je suis moyennement convaincu par les sermons professés dans les églises chrétiennes nous disant combien la vie céleste qui nous attend sera merveilleuse. Pour moi, ce n'est pas ça le message de la chrétienté. Le message porte sur la façon dont nous devons vivre maintenant et non sur la façon dont nous devrions vivre pour obtenir plus tard une récompense en allant au ciel. Le but ne me dit pas grand chose. Je suis content qu'il y en ait un mais je ne le considète pas comme une force motivante s'il existe. Pour moi, c'est le voyage qui est important.

Quelque chose d'analogue est vrai en mathématiques et en informatique. Des théorèmes existent mais la chose importante est la façon dont un théorème a été démontré. Parce qu'on peut utiliser ces méthodes pour répondre aux questions qui se poseront demain.

En préparant le volume 4, j'ai remarqué que cette façon de présenter les problèmes fait la différence entre mon livre et beaucoup d'autres. J'ai lu toutes sortes d'articles de synthèse : ils font réfèrence à des centaines d'articles et listent les théorèmes qu'ils contiennent. Ils donnent un catalogue de faits, les problèmes ayant été résolus, qui les a résolus et en quelle année. Mais ces faits bruts me sont de peu d'intérêt ; j'ai besoin de connaître les techniques ayant été utilisées. J'ai besoin de classifier les articles selon les techniques utilisées et non par résultats. Ces techniques, ces méthodes, résoudront beaucoup plus de problèmes que ceux qui ont déjà été résolus.

Le but de mon livre est d'enseigner ces techniques. Je ne dis pas aux programmeurs comment utiliser un sous-programme, je leur dis comment écrire de nouveaux sous-programmes si nécessaire. J'illustre bien sûr ces techniques en les appliquant à la solution de problèmes réels, répondant ainsi à des questions naturelles et satisfaisant notre curiosité ; mais j'essaie surtout d'insister sur la généralité de ces méthodes. Des centaines de milliers de problèmes ont été résolus mais, heureusement, sans utiliser dix milliers de méthodes différentes. J'essaie de déceler les méthodes fondamentales et d'y rattacher les autres. C'est ce qui me fait plaisir en lisant et en écrivant. C'est l'analogue de chanter une chanson bien connue ou de juxtaposer des thèmes d'une façon nouvelle. C'est amusant, c'est là toute la beauté.

Une formule célèbre de Richard Hamming dit : « Le but d'un calcul est l'idée et non les nombres ». (Quelqu'un d'autre a dit : « Le but de l'informatique n'est pas encore atteint » ; je ne suis pas d'accord mais c'est une bonne blague.)

Je ne peux évidemment pas lire tous les articles parus mais j'essaie de lire tout ce qui est pertinent à propos de ce que j'écris. Je me suis donc abonné à plus de 30 revues et j'en reçois huit par courrier toutes les semaines. Je les garde dans des boîtes durant plusieurs mois, tant que je suis en mode écriture. Puis, comme maintenant, je passe une semaine ou deux à les lire.

Je lis tout à la même vitesse, lentement, que ce soit un roman de gare ou un article très technique. En feuilletant une revue, les titres et les résumés des articles ne m'aident pas beaucoup en général, parce qu'ils insistent plus sur les résultats que sur les méthodes ; je regarde donc page à page, à la recherche des illustrations et des formules qui me sont d'une façon ou d'une autre familières ou de l'indication de techniques courantes qui ne me sont pas familières.

La plupart des articles ne concernent en rien le sujet de mon livre, ayant décidé de n'écrire que sur une partie plutôt restreinte de l'informatique. Dans ce cas il n'y a rien de nouveau pour moi pour que je m'en préocuppe, je peux donc heureusement passer aux pages suivantes.

Mais lorsque je tombe sur un article potentiellement pertinent, je le lis en général, tout au moins en partie, jusqu'à ce que je sache où il pourrait figurer dans la table des matières de *The Art of Computer Programming*. J'en tire alors une note, pour le lire plus tard, lorsque j'écrirai cette section. Quelquefois, cependant, comme c'est arrivé cette nuit avec l'article sur le planning des parties de bridge, je suis attiré par une question et j'essaie de l'étudier avant d'être prêt à passer à un autre article.

À la fin, lorsque je commence à écrire une section du livre, je me place en « mode traitement par lot » : je lis tous les articles dont mes notes me disent qu'ils sont relatifs à cette section ainsi que tous les articles qu'ils citent. Je gagne un temps considérable en lisant plusieurs dizaines d'articles portant sur le même thème la même semaine plutôt que de les lire un par un au moment où je les rencontre ; cela m'évite d'avoir à garder une infinité de choses en tête.

Lorsque je passe au mode traitement par lot, je suis très attentif aux deux ou trois premiers articles, en essayant de saisir les concepts et d'anticiper sur ce que les auteurs vont dire. J'échoue en général à deviner le contenu de la page suivante, mais le fait d'avoir essayer et d'avoir échouer me rend plus réceptif à comprendre le cheminement choisi par les auteurs. J'écris fréquemment de petits programmes à cette étape, de façon à ce que les idées mûrissent dans ma tête. Alors, une fois être allé lentement pour les premiers articles, je peux en général aller vite pour les autres. C'est l'analogue de ce dont j'ai parlé ci-dessus : commencer par des pas de bambins puis progresser à pas de géant.

*Est-ce à ce moment que vous travaillez sans apprécier le plaisir du voyage dont vous avez parlé ?*

Certaines parties d'un travail sont toujours moins agréables que d'autres. Mais j'ai appris à sourire et à les supporter, à mordre le mors et à avancer, à prendre le rythme, pour garder la foulée et de faire une vertu de la nécessité. (Excusez moi d'utiliser tant de clichés, mais toutes ces expressions populaires rendent bien ce que je veux dire.)

Je planifie mes activités d'une façon un peu particulière. Je regarde chaque jour les choses que je suis prêt à faire et j'y choisis celle qui me semble la moins agréable, la tâche que j'aimerai reporter mais à laquelle je ne touve pas de bonnes raisons de le faire. Cette règle de planification est paradoxale parce qu'on pourrait en déduire que je ne passe jamais à un travail agréable ; mais c'est précisément le contraire car j'aime terminer un projet. C'est agréable de savoir qu'on a sauté les obstacles.

*Avez-vous toujours aimer organiser les choses ?*

Je me rends compte que, depuis ma prime jeunesse, j'ai toujours pris une vision opportuniste de la connaissance, en un certain sens. Au lieu de mémoriser des faits, j'ai des espèces de cases dans mon cerveau pour me rappeler comment les utiliser plus tard. Je préférai déjà alors les méthodes aux faits.

Je vous ai dit, par exemple, que j'avais été très intéressé d'apprendre les noms de fleurs lorsque j'étais en colonie de vacances. J'étais également intéressé par les arbres et j'ai écrit un petit carnet disant comment identifier les arbres du Wisconsin central en considérant seulement leurs feuilles. Lorsque les feuilles sont composées (avec des folioles, comme le sumac ou l'arbre à café du Kentucky [chicot févier]), mon carnet disait : « Aller à la partie B ». Sinon les feuilles sont simples et la partie A scindait les feuilles simples selon qu'elles avaient des lobes, comme le chêne contrairement à l'orme, ou que le bord en est lisse ou dentelé, comme le chêne blanc contrairement au chêne rouge. Certains arbres, comme les peupliers, ont une tige plate, etc. Il y avait ainsi des parties A.1, A.2, et ainsi de suite. Si l'arbre a des aiguilles et non des feuilles, c'était la partie C.

J'ai appris plus tard que les biologistes appellent cela la taxonomie. Pour moi, à dix ans, c'était une méthode, une technique permettant d'identifier un arbre rapidement. (Rappelez-vous que je n'allais en colonie qu'en été, lorsque les arbres n'étaient pas dénudés.)

Dick Karp m'a dit une fois qu'il avait remarqué cette approche opportuniste dans mes travaux et qu'il pensait que ce n'était pas usuel. Il m'a été difficile de reconnaître que mes travaux ne sont pas usuels, si c'est le cas, jusqu'à ce que je jette un coup d'œil en arrière des années plus tard.

Lorsque j'ai commencé à écrire *The Art of Computer Programming*, je n'avais pas conscience de faire quelque chose sortant de l'ordinaire dans ma façon d'exposer. Mais plus tard j'ai commencé à comprendre ce à quoi Dick faisait référence.

Considérons, par exemple, la façon dont j'ai introduit la technique de sommation finie dans mon livre, indiquée par la lettre grecque majuscule sigma ('$\sum$'). À la section 1.2.3 du volume 1, j'ai mentionné quatre règles fondamentales donnant la façon de manipuler les formules faisant intervenir $\sum$ et les transformer en d'autres formules. Je pensais que tout mathématicien utilisant $\sum$ dans ses travaux était familier avec ces règles de transformation ; ça l'était d'ailleurs certainement. Mais la chose amusante est qu'aucun autre livre que le mien ne semble avoir énoncé explicitement ces règles, en les illustrant par de nombreux exemples.

Ainsi, au lieu de lister une poignée de formules correctes A, B, C, D, etc., je disais : « Regardez, voilà une façon pratique d'obtenir B à partir de A, et là une façon de reconnaître quand elle sera utile ». Je ne comprend toujours pas pourquoi mon approche était si radicale, à cette époque. Mais je pense que cela illustre mon attitude fondamentale, ma préférence pour les méthodes au lieu des faits. C'est la façon dont j'enregistre les choses dans mon cerveau.

Je ne peux pas, bien sûr, me souvenir de toutes ces méthodes lorsque je continue à travailler sur de nouveaux problèmes. C'est pourquoi il est très important pour moi de donner toutes les réponses aux exercices de mon livre, parce que j'ai souvent besoin de me rappeler comment j'ai résolu un problème. Lorsque je suis pressé et que le problème se trouve à une page et la réponse à une autre, je dois comprendre une fois de plus comment exercer la partie de mon cerveau qui va me dire comment aller d'ici à là.

C'est certainement Richard Hamming qui a le mieux perçu ce rapport aux connaissances. Il a remarqué qu'il existe vraiment trop de faits, il y en a tant qu'il nous est impossible de nous souvenir fait après fait ; ceci remplirait tout l'espace. L'univers n'est pas assez immense pour enregistrer tous les faits. Nous devons donc imaginer une façon de regénérer la plupart des faits à partir d'autres faits. C'est à cela que servent les mathématiques. En connaissant un grand nombre de techniques, il suffit de ne se souvenir que d'un petit nombre de choses : on peut en obtenir un grand nombre en découlant.

Hamming dit de considérer comme cas limite tous les faits historiques, en supposant que l'être humain ne disparaisse jamais. (Cette supposition est peut-être en contradiction avec les lois de la physique, avec la disparition de l'univers lui-même ; mais supposons pour un moment que la Terre et ses habitants perdurent à jamais.) Il y a un nombre borné de molécules sur Terre, même s'il s'agit d'un très grand nombre, appelons-le $N$. Quel que soit ce nombre, il y aura un moment où plus de $N$ personnes auront vécu. Nous devrons donc oublier totalement certaines personnes. Plus tard, il viendra un moment où plus de $N$ siècles se seront passés et où nous devrons oublier un certain nombre de siècles. Peut-être pourrons-nous conserver une molécule d'information sur le vingtième siècle, et une autre sur le vingt-et-unième, mais nous ne serons pas capables de nous souvenir de tout.

Pour résumer, Hamming souligne que, puisque le temps s'écoule, on *doit* apprendre des méthodes pour déduire des faits à partir d'autres faits. On doit apprendre à compresser les informations de façon à en regénérer beaucoup à partir de peu. Voilà pourquoi j'essaie de structurer les connaissances dans mon cerveau, en les entassant par fonction et non par fait.

*Vous semblez dire que la différence entre* The Art of Computer Programming *et d'autres livres tient à ce qu'il dit systématiquement au lecteur : « Voilà comment vous allez faire telle chose » plutôt que : « C'est l'une des façons de la faire ».*

Non, ce n'est pas tout à fait cela. Si, par exemple, j'avais trouvé un excellent planning pour les parties du club de bridge du Michigan, j'aurais seulement dit : « Voilà un bon planning à utiliser ». J'aurais expliquer une technique, et si possible plusieurs, permettant d'obtenir un tel planning, et j'aurais essayé d'évaluer la technique qui marche le mieux et dans quelles circonstances on doit l'essayer.* J'ai atteint la ligne d'arrivée mais j'essaie toujours d'insister sur le processus de sa découverte.

Mes livres auront des centaines de pages de faits mais ramenés à l'essentiel. Pour moi, l'essentiel est l'arsenal de techniques permettant d'obtenir ces faits.

---

* En fait, lorsque Dikran et Don ont eu cette conversation, Gordon Royle et Walter Wallis avaient déjà découvert que le problème du club de bridge du Michigan ne peut être résolu essentiellement que de deux façons. De plus, ces deux solutions ont une jolie symétrie d'ordre 3. Le graphe des « rivaux privilégiés » est constitué de trois cycles d'ordre 4 dans un cas et d'un cycle d'ordre 12 dans l'autre. (C'est la raison pour laquelle DEK n'avait rien trouvé en cherchant un cas avec quatre cycles d'ordre 3.) Puisque les solutions ont finalement été trouvées par plusieurs méthodes, ce problème a franchi le seuil lui permettant de figurer dans *The Art of Computer Programming*. Voir Gordon F. Royle et W. D. Wallis, "Constructing bridge club designs," *Bulletin of the Institute of Combinatorics and its Applications* **11** (1994), 122–125 ; Donald L. Kreher, Gordon F. Royle et W. D. Wallis, "A family of resolvable regular graph designs," *Discrete Mathematics* **156** (1996), 269–275 ; R. J. Simpson, "Scheduling a bridge club using a genetic algorithm," *Mathematics Magazine* **70** (1997), 281–286 ; Luis B. Morales, "Scheduling a bridge club by tabu search," *Mathematics Magazine* **70** (1997), 287–290.

Je ne dis pas que mes livres sont faciles à lire mais seulement qu'ils auraient pu encore être bien plus difficiles à lire. Ils comprennent un grand nombre de choses pertinentes pour les gens ayant la même façon de penser que moi.

*Qu'en est-il de LaTeX ? (J'en viens à lui parce qu'il est fondé sur vos travaux.) LaTeX offre des solutions toutes faites et cela semble aller contre ce que vous venez de dire.*

Je pense que beaucoup d'utilisateurs de LaTeX le traite comme une sorte de boîte noire ayant des briques préfabriquées, comme système assurant la cohérence tout en limitant l'utilisation d'astuces de composition. Il ajoute une couche de protection contre l'utilisation des choses trop originales. Mais en fait LaTeX est extrêmement flexible.

Certains livres sur LaTeX donnent aux lecteurs la façon de produire des livres et des articles avec des formats populaires tout prêts. D'autres livres, d'un niveau plus avancé, expliquent comment créer de nouveaux fichiers de style LaTeX. Ces derniers sont plus proches de *The Art of Computer Programming* que les premiers.

*The Art of Computer Programming* ressemble au livre d'analyse de Thomasmentionné la semaine dernière. Ce livre comprend évidemment le célèbre théorème mathématique disant que l'aire d'un cercle* est $\pi r^2$, mais il explique aussi d'où vient cette formule, comment on l'a démontrée. Il m'a ainsi appris comment bien calculer l'aire de figures qui sont, disons, des parties de cercles, par exemple l'intersection de cercles et de carrés, ou de figures qui sont plus ou moins des cercles, des choses comme ça, y compris de figures pouvant devenir importantes bien que ne les ayant jamais étudiées auparavant.

*Ce que vous dites me fait penser que vous pouvez peut-être faire une analogie avec la littérature. Les critiques littéraires et les écrivains viennent souvent d'horizons différents, leurs travaux semblent demander des dons différents. Vous êtes peut-être en train de travailler dans les deux camps ; en d'autres termes, vous écrivez des programmes et vous faites des études théoriques, ce qui correspond à ce que font les gens en théorie de la littérature.*

Je devine ce que vous pensez sur le processus d'écriture. Je suis content de ce que vous dites mais je ne peux écrire mieux que pour les gens pensant comme moi. Je ne suis pas le meilleur écrivain pour quelqu'un qui ne veut connaître que les faits fondamentaux. Prenons *The TeXbook*,

---

* Évidemment un disque et, plus loin, plaques carrées (ndt).

par exemple. Certains pensent qu'il est brillant et que c'est tout à fait la bonne façon d'expliquer un système de composition alors que d'autres le haïssent. Ils veulent un autre type de livre de « savoir faire », un ne faisant que définir les caractéristiques des formats standard et comment les obtenir par une formule.

Une meilleure analogie littéraire que *The TEXbook* serait peut-être un roman, racontant une histoire mais faisant aussi beaucoup plus. Certains romans ne sont que des œuvres alimentaires. Lorsqu'on écrit une romance, on doit avoir un certain cadre exotique, voire un château ; on doit avoir également un héros, et un vilain, et ainsi de suite. Certains lecteurs ne sont intéressés que par de telles histoires. Ils veulent savoir qui tombe amoureux, qui se blesse, qui fait quoi, à qui et où, mais ils ne s'intéressent pas à ce qu'ils pourraient apprendre sur leur propre vie à partir des personnalités ou des personnages. Ils ne reviennent pas non plus en arrière et pensent de la façon dont le romancier a tissé ces choses ensemble.

Par exemple, dans le film que j'ai vu hier soir*, il était couru d'avance que Gary Cooper allait découvrir que Maurice Chevalier était le père d'Audrey Hepburn. Mais la façon dont l'auteur le lui révèle est particulièrement brillante. Ce qui m'a plu est le fait que l'auteur résolve le problème de la communication de ce secret en plaçant John McGiver dans un bain turc. L'histoire est à la fois poignante et amusante en même temps, une comédie tapageuse qui m'a fait parfois venir les larmes à l'œil. C'est une farce bien que sérieuse d'une belle manière. Je n'ai pas seulement aimé l'histoire, j'ai également grandement goûté la façon dont elle a été racontée.

*Il y a une scène touchante où Maurice Chevalier va dans l'appartement de Gary Cooper pour lui faire son rapport.*

Oui et il dit à la fin : c'est ma fille. C'est le merveilleux point culminant où nous éprouvons ses sentiments les plus profonds.

Le point principal pour moi est que nous connaissons les ingrédients de ce complot, la dizaine de phases qui le régissent, mais elles sont amenées avec une grande finesse dans le moindre detail. Je ne me fatigue pas de l'admirer, c'est un film sur la façon de faire un film. Il possède, entre autre, une espèce de solution optimum à un problème d'écriture.

*Est-ce que Jill partage votre enthousiasme pour ce film* ?

---

* *Ariane*, 1957, rappelons-le (ndt).

Oui, elle aime ce film ; mais elle l'aime parce qu'il y a de beaux exemples d'architecture baroque française et parce que le directeur artistique a décoré la suite de Gary Cooper de l'hôtel avec talent ; elle pense que c'est un festin visuel formidable. Nous l'aimons pour des raisons différentes.

*Est-ce que de tels aspects littéraires influencent votre travail technique ?*

Pour maintenir un programme à jour ou pour faire toute chose inhabituelle sur lui, on a besoin d'en connaître l'histoire sous-jacente, pas seulement sa résolution finale. La programmation « littéraire » est donc destinée à combler cette lacune. Un programme brut est le résultat d'un processus ; il ne reflète pas ce processus. Les programmes « littéraires » les plus réussis révèlent le raisonnement se cachant derrière le code, ainsi que le contexte de chaque partie. C'est ce que les gens aimeraient savoir lorsqu'ils regardent le programme l'année suivante et qu'ils essaient de l'adapter à une situation légèrement différente.

La programmation exige un travail à plusieurs niveaux à la fois. On doit travailler au niveau de l'ordinateur avec des zéros et des uns, et en même temps au niveau conceptuel. Plus on est capable de mener de front ces deux niveaux en même temps et de pouvoir passer de l'un à l'autre, mieux on est capable de réussir en programmation. C'est quelque chose comme regarder se dérouler l'intrigue d'un film tout en pensant en même temps à comment l'auteur, les acteurs, les caméramen et le réalisateur ont créé cette œuvre d'art.

La programmation « littéraire » met donc en avant ces deux aspects. L'ordinateur ne comprend que des instructions précises alors que l'être humain ne comprend que des motivations intuitives. Les deux sont nécessaires pour comprendre un programme, le maintenir ou l'adapter. La programmation « littéraire » combine les aspects formels et les aspects informels, le formalisme se trouvant au niveau le plus bas et l'intuition et le contexte au niveau le plus élevé.

*La plupart des utilisateurs ordinaires des ordinateurs, programmant seulement un minimum, disons en écrivant des macros ou des formules de tableaurs, ne documentent pas leur travail. Quelques mois après, lorsqu'ils ont besoin de faire quelque chose d'analogue, ils doivent repartir de zéro (à moins d'avoir une mémoire infaillible).* [rires]

Oui, c'est pour cela j'essaie d'écrire d'une façon « littéraire », pour que plusieurs années plus tard je puisse rapidement me remettre dans le bain et comprendre les raisons de certaines étapes. Vous avez raison de dire que mettre en place une feuille de calcul est de la programmation, parce que c'est beaucoup plus que la vérification des options d'un menu. Dans un logiciel imposant, les problèmes que vous mentionnez sont considérablement accrus, une bonne documentation devient même alors beaucoup plus critique.

Je suis moi-même tombé dans le péché que vous décrivez. Il y a longtemps, lorsque j'ai écrit les macros de TEX, je me suis contenté de les écrire, sans les documentater. Quelqu'un en Pologne a sorti une version documentée des macros de TEX. Il me l'a présentée l'été dernier, et c'est très bien fait.* C'est ce que j'aurais dû faire il y a longtemps. Il m'a appris la programmation « littéraire ».

---

* Włodek Bzyl, "Literate `plain` source is available!" *TUGboat* **16** (1995), 297–299.

Chapitre 12

# Les débuts

*Donnez moi, s'il vous plait, plus de détails sur ce dont vous n'avez pas eu le temps de parler il y a deux semaines, concernant vos premières expériences de programmeur puis d'auteur.*

Avant de commencer à répondre à vos nouvelles questions, je voudrais ajouter quelque chose à ce que j'ai dit la semaine dernière, lorsque nous parlions de trouver l'inspiration dans les films et la nature.

J'ai surtout fait part la semaine dernière de mes réflexions concernant le mystérieux processus par lequel on arrive à découvrir comment résoudre un problème donné. Mais je me suis rendu compte après coup que je suis souvent inspiré d'une autre façon : des influences extérieures peuvent nous conduire fructueusement à travailler à un problème entièrement nouveau ou à faire quelque chose d'autre. On connaît, par exemple, l'histoire de Newton assis sous un pommier et commençant alors à réfléchir à la gravitation.

J'ai eu, ce matin, une inspiration provenant du mondre réel en allant à bicyclette à la piscine. Je réfléchissais aux tailles européennes de papier, A4, A5, et ainsi de suite, et j'en ai tiré l'idée d'un très bel exercice pour mon livre. C'est une façon de représenter les arbres binaires, liée également à la disposition des puces électroniques.* Je l'ajouterai au livre cet après-midi.

On s'inspire également souvent des travaux d'autrui et la sagesse courante veut que nous ne nous inspirions d'autrui que lorsque ses travaux sont excellents. Paradoxalement, cependant, je me suis inspiré de temps en temps de mauvais articles, articles dont je n'aurai certainement pas approuvé la publication si j'avais été le rédacteur en chef.

Par conséquent, en lisant les revues je *n'ignore pas* systématiquement les articles écrits par les gens dont je ne comprend pas bien le sujet.

---

* Voir l'exercice 2.3–22 de *The Art of Computer Programming*, volume 1, troisième édition (1997).

On pourrait croire que de tels articles m'inspirent parce qu'ils me confortent dans le fait que je ne suis pas le plus mauvais au monde ! [rires] C'était certainement vrai lorsque j'étais débutant. Mais il y a maintenant une bien meilleure raison. Même lorsque je lis un article dans lequel les auteurs se fourvoient, je présume qu'ils ont tout fait pour obtenir un bon résultat ; d'autres personnes bien intentionnées auraient donc certainement fait la même erreur. Lire de tels articles peut m'aider à me prémunir contre de telles erreurs.

D'autre part, si je ne faisais que lire les travaux de super-génies, je ne pourrais écrire qu'un livre seulement compréhensible par les super-génies. J'ai besoin de comprendre les erreurs faites communément par les gens, comme ça je peux écrire un livre qui les aidera.

Certains articles sont mauvais d'un point de vue scientifique mais brillants par d'autres côtés. J'ai lu, par exemple, ce matin un article dont je pense que la partie recherche n'a aucun intérêt mais contenant une très belle illustration technique. J'en ai tiré une de mes notes, disant que lorsque je serai en train d'écrire une certaine partie du volume 4 je devrai essayer de penser à la façon d'avoir une image attrayante en m'inspirant du style de celle que j'ai vue.

Si jamais j'arrive à obtenir une telle illustration, je suppose que je devrai en créditer publiquement l'idée aux auteurs de l'article qui me l'a inspirée. Cependant, malheureusement, je ne sais pas comment le faire sans les offenser en n'ayant rien à dire sur le contenu scientifique de leur article. Je ne peux pas, de même, poliment faire explicitement de la publicité pour des articles mal pensés m'ayant conduit à écrire sur ce qui n'a pas été fait, bien que ces articles m'aient indirectement aidé à embellir mon livre. Il vaut mieux que ces compliments soient des non-dits.

Ce problème est lié avec ce dont vous voulez parler aujourd'hui car le premier manuel que j'ai lu sur les ordinateurs était vraiment mauvais. Lorsque j'ai vu la maladresse des exemples de programmes du guide du programmeur de l'IBM 650, j'ai immédiatement vu comment faire mieux. Étant étudiant néophyte à l'université à cette époque, cela a renforcé ma confiance en moi en tant que programmeur potentiel.

Durant l'été 1957, entre ma première et ma seconde année, je n'avais ni cours ni obligations. J'ai donc passé presque toutes les nuits du premier mois assis à la console de l'ordinateur et j'ai écrit trois programmes.

J'ai d'abord écrit un programme permettant de trouver les facteurs premiers d'un entier. On sait, par exemple, que $45 = 3 \times 3 \times 5$, donc les facteurs premiers de 45 sont 3, 3 et 5. Ce fut mon tout premier programme. Au début il avait environ 80 instructions, mais il ne marchait pas. Une fois débogué totalement et en l'accélérant un peu, une semaine ou deux plus tard, il avait 140 instructions.* Je me suis bien amusé, toutes ces nuits passées avec cette machine fantastique.

Mon second programme était beaucoup plus simple. Il concernait le changement de base de numération, par exemple de la base 10 à la base 8 ou de la base 8 à la base 10. J'avais déjà commencé à utiliser un langage d'assemblage appelé « SOAP » au lieu du langage machine. Je crois me souvenir que la première version de SOAP nous était parvenue d'IBM au début de cet été-là.

Ces deux succès m'avaient encouragé à attaquer quelque chose de beaucoup plus difficile : je décidais d'écrire un programme pouvant jouer au tic-tac-toe. Connaissez-vous ce jeu ? On l'appelle « zéro et croix » en Grande-Bretagne [« morpion » en France]. Je décidais d'implémenter le tic-tac-toe de trois façons différentes, en utilisant ce que j'appelais Brain 1, Brain 2 et Brain 3 pour choisir la progression.

Brain 1 mettait en place une stratégie optimum bien connue du jeu. J'avais appris enfant comment garantir la victoire ou le match nul ; je me suis contenté de programmer cette stratégie, utilisée depuis de longues années.

Brain 2, par ailleurs, était conçu pour apprendre à partir de l'expérience. Il débutait en ne sachant rien d'autre que les règles du jeu, mais plus il jouait, mieux il jouait. Lorsqu'on jouait contre lui, il pouvait gagner ou perdre au début ; ensuite, il considérait comme bonnes toutes les parties gagnantes et comme mauvaises toutes les parties perdantes. Il gardait en mémoire une trace de toutes les positions de tic-tac-toe possibles ; toutes les positions étaient initialement « neutres » ; après chaque partie, la note des positions apparues était ajustée à la hausse ou à la baisse. Après 70 ou 80 parties, Brain 2 pouvait jouer de façon respectable contre un expert comme moi.

Brain 3 en était une variante dans laquelle la machine jouait contre elle-même. Je pouvais, par exemple, faire jouer Brain 1 contre Brain 1, ou contre Brain 2, à toute vitesse. Le cas le plus intéressant était lorsqu'une instance de Brain 2 jouait contre une autre de ses instances, aucune d'entre elles ne connaissant aucune stratégie au départ. J'aimais l'aveugle conduisant un autre aveugle ; au début tous les deux remplissaient les cases au hasard. Lorsque l'un d'eux arrivait à gagner, l'autre se disait : « la prochaine fois je ne ferai pas comme ça ». Après 350 parties, les deux apprentis aveugles convergeaient vers une stratégie très traditionnelle et très ennuyeuse, avec laquelle aucun ne gagnait et de

---

* Voir le chapitre 13 de *Selected Papers on Computer Science*.

loin. Un bon joueur pouvait facilement battre la stratégie qu'ils avaient adoptée, parce qu'ils n'avaient exploré que des lignes très sécuritaires dans lesquelles les pertes étaient virtuellement impossibles.

En tous cas, le tic-tac-toe avec Brain 3 fut mon premier programme majeur. Je ne sais plus combien de lignes de code il y avait mais il remplissait toute la machine.

Nous avons reçu en juillet un programme surprenant de *Carnegie Tech* appelé IT, diminutif de « *Internal Translator* ». Cela a été ma première expérience avec un compilateur, programme traduisant automatiquement une formule algébrique en une suite d'instructions en langage machine permettant d'évaluer cette formule.

On pouvait prendre une formule comme, disons, $(x + y)/(z - 2)$ et la perforer sur une carte, puis envoyer cette carte à la machine faisant tourner IT ; des lampes se mettaient à clignoter pendant un certain temps et voilà ! La machine perforait une dizaine de cartes, sur lesquelles se trouvait un programme ajoutant $x$ à $y$ puis divisant le tout par $z$ moins 2. Cela m'a fait beaucoup réfléchir car je ne comprenais pas comment un tel miracle était possible.

Peu avant la fin de l'été, j'ai réussi à obtenir le programme source du compilateur IT, l'ensemble des instructions accomplissant ce miracle. J'ai rejoins une grande partie de la famille de ma mère pour une longue semaine de vacances dans un cottage près du lac Érié ; j'y ai passé presque tout mon temps à lire le programme, apprenant ainsi comment IT était capable d'effectuer cette traduction magique.

J'y ai appris l'excellente méthode sur laquelle reposait IT mais le style de programmion était épouvantable. Ma confiance en moi s'accrut donc encore plus en me rendant compte que je pourrais faire beaucoup mieux, une fois l'algorithme compris.

Je suis alors tombé, à la toute fin de l'été, sur un autre programme, conçu par Stan Poley, d'IBM ; c'était un assembleur appelé SOAP II. Et j'ai eu, pour la première fois, l'énorme plaisir de lire un programme brillamment écrit. C'était une symphonie, de la poésie ... C'était magnifique ! J'avais enfin un modèle du meilleur cru, je pouvais apprendre auprès d'un maître. Je me suis alors rendu compte que les programmes peuvent être des œuvres d'art, être beaucoup plus qu'une façon quelconque d'effectuer quelque chose.

*Qu'est-ce qui fait que quelqu'un est prédestiné à se lancer en informatique ?*

J'ai beaucoup réfléchi à la question, parce que je crois profondément que l'informatique est caractérisée par un mode de pensée particulier, possédé par certaines personnes à un degré bien plus élevé que pour d'autres. Des gens comme moi ont une certaine façon de comprendre les choses, de structurer les connaissances dans leur cerveau, qui les met en quelque sorte en harmonie avec les ordinateurs, qui font d'eux des programmeurs particulièrement bons.

On peut définir certains domaines par leur but : une mission à remplir, comme pour la médecine. La mission du médecin est de guérir les maladies, quelles que soient ses compétences. D'autres domaines dépendent des capacités de ses praticiens. Des personnes exercent une spécialité du second type parce qu'elles sont particulièrement faites pour ce genre de travail.

L'informatique appartient à cette seconde catégorie. J'ai remarqué qu'en gros une personne sur cinquante possède le mode de pensée particulier nécessaire pour bien travailler avec les ordinateurs. Naguère, de telles personnes s'éparpillaient dans d'autres disciplines, n'exigeant pas cette capacité ; mais ils ont reconnu leur spécificité lorsque l'informatique devint un domaine indépendant.

Je pense qu'un constructeur des pyramides sur cinquante, il y a un bail, aurait certainement été un grand programmeur si les ordinateurs avaient existé dans l'ancienne Égypte. Ayant lu les travaux de nombreux savants des siècles passés, je suis convaincu que certains d'entre eux étaient des informaticiens nés. Mais ils n'ont pas eu l'opportunité d'exercer une carrière n'existant pas à cette époque.

En fait, l'existence de cette communauté « cachée » permet d'expliquer pourquoi la science informatique a émergé si rapidement : dix ans après la création du département d'informatique de Stanford, presque toutes les universités du monde avaient également leur département d'informatique florissant, sous un nom ou un autre.

*Quelle est l'origine de ce taux, un sur cinquante ?*

Je crois l'avoir appris de Fred Gruenberger, qui a écrit sur ce phénomène au début des années 70, après avoir observé les classes où il enseignait. J'ai passé un jour ou deux en 1979 à l'université de l'Illinois à Urbana-Champaign et j'y ai parlé avec un ami de l'observation de Gruenberger. Pour la vérifier, je lui ai demandé combien il y avait alors d'étudiants de master à l'UIUC. Il a réfléchi un peu et a dit : « de l'ordre de 11 000 ». J'ai alors demandé : « Combien de ces étudiants de master sont-ils en informatique ? » Il a dit « 220 ». Je m'en souviens car le rapport était exactement 50 à 1 à cette époque !

Je ne suis pas sûr qu'un ethnologue étudiant, disons, les tribus pygmées accepterait que 2 adultes sur 100 de chaque village aient la tournure d'esprit d'un informaticien. Ce type d'expérience n'a pas encore été effectué mais je ne serais pas surpris qu'il confirme ce que j'ai dit. Les données que je possède proviennent de l'obervation des étudiants de licence de ces vingt dernières années.

Ceux qui acquièrent cette façon de penser particulière étant adultes peuvent ne pas nécessairement être qualifiés à quelque chose d'autre. Bien sûr, quelqu'un comme moi peut ne pas être capable de concevoir un programme que veulent utiliser une majorité de personnes, parce que je n'arrive pas à comprendre les utilisateurs qui ne sont pas comme moi. J'ai dit que j'aime lire les articles des gens ayant une tournure d'esprit différente, que je peux donc comprendre un peu mieux leur façon de penser et donc fair que mes livres soient un peu mieux ; ce qui n'empêche pas l'audience de *The Art of Computer Programming* d'être limitée à 2% de la population, mais j'en suis déjà satisfait. *Quelqu'un* doit écrire des livres pour les informaticiens-nés de ce monde, j'ai donc trouvé ma vocation.

*Ce « mode de pensée particulier » peut-il être décrit de façon simple ?*

Oui, allons-y. Par quelles excentricités un informaticien comme moi se caractérise-t-il ? Il y a beaucoup d'aspects et je ne suis pas sûr de les avoir tous découverts parce qu'il est difficile de s'analyser soi-même. Mais voilà ce que je pense.

Il semblerait tout d'abord que les informaticiens théoriciens aient la capacité peu répandue de passer rapidement d'un niveau d'abstraction à un autre, pour voir les choses « de très près » et en même temps « de très loin ». Imaginons, par exemple, que nous scrutions la nature : en partant du niveau sous-microscopique, nous avons l'atome, qui fait partie d'une molécule, qui fait partie d'une cellule, qui fait partie d'un oiseau, qui fait partie d'un vol d'oiseaux, qui se trouve sur la Terre, qui fait partie du système solaire, qui fait partie de la Voie lactée, et ainsi de suite en passant à des niveaux de plus en plus supérieurs. Il y a de très nombreux niveaux.

Les programmes existent également à de multiples niveaux, avec les impulsions électriques correspondant aux zéros et aux uns du plus bas niveau, avec les groupements de zéros et de uns représentant les données à un autre niveau, avec les données manipulées par des instructions simples effectuant de petits changements ; ces instructions simples implémentent des opérations plus complexes, faisant parties d'un sous-programme, qui est une partie d'un algorithme, qui est une partie d'un système essayant d'atteindre un objectif. Le programmeur a besoin de zoomer et de zoomer en arrière entre ces différents niveaux, pour savoir, par exemple, qu'en ajoutant un à un certains nombres, on se rapproche de l'objectif.

Plus on est capable de passer rapidement sans effort du plus bas niveau au niveau le plus élevé ainsi qu'aux niveaux intermédiaires, meilleur programmeur on est, parce qu'un programmeur doit être capable de comprendre aussi bien les plus petits pas effectués par une machine que l'algorithme dans son ensemble et les objectifs de ses niveaux intermédiaires. C'est le don spécifique numéro un.

La chose suivante est quelque chose que les informaticiens partagent avec les juristes, à savoir se conformer à des règles non uniformes. Supposons, en d'autres termes, que nous soyons en présence d'un système ayant quatre règles, toutes différentes : la cas A, le cas B, le cas C, le cas D. Le mathématicien et le physicien souhaitent n'avoir qu'une seule règle. Ils aiment n'avoir qu'une ou deux équations différentielles expliquant tout, une espèce de théorie des champs unifiée en quelque sorte, un seul principe unificateur. Alors qu'un informaticien doit écrire des programmes ayant l'étape 1, l'étape 2, l'étape 3 et l'étape 4, où chaque étape est différente l'une de l'autre. La plupart des mathématiciens instinctivement n'apprécient pas une théorie se décomposant en plusieurs cas distincts. Distinguer des cas n'est pas mathématiquement satisfaisant alors qu'un informaticien n'y voit aucun désagrément. Les programmeurs conçoivent des structures de données dont les items sont de types différents.

Cet aspect de la mentalité de l'informaticien est à la fois une faiblesse et une force. C'est une faiblesse parce que, lorsqu'on se trouve dans une situation pour laquelle un agréable principe uniforme existe, quelqu'un comme moi peut ne pas le découvrir ; je ne suis pas particulièrement mécontent d'une analyse de cas difficile, aussi je ne prends pas la peine de regarder plus loin. Je néglige donc un beau principe simple que trouvera un scientifique d'un autre tempérament.

Par ailleurs, beaucoup de problèmes importants n'ont pas d'unité sous-jacente, et il n'y aura jamais de façon élégante de les attaquer sans distinguer plusieurs cas. Le mathématicien n'excellant que dans les problèmes uniformes ne les fera pas avancer. Le don d'être à l'aise avec les cas non uniformes est donc une autre spécificité de l'informaticien.

Le troisième aspect est un peu relié au second : un informaticien préfère le « discret », comme des points bien séparés sur une feuille de papier, aux quantités « continues », comme les prises de température. Il a le sens numérique plutôt qu'analogique. Il est plus attaché aux nombre entiers exacts qu'aux nombres réels approchés. J'ai été capable de saisir à bras le corps la typographie lorsqu'elle m'est apparue comme une question de zéros et de uns et non plus de plomb fondu. Les physiciens font une distinction analogue entre les particules et les ondes. Quelqu'un comme moi est beaucoup plus à l'aise avec les alphabets qu'avec de la bouillie. La nouvelle biologie, orientée vers l'ADN, est beaucoup plus accessible aux informaticiens que n'était la vieille biologie avec « paillasse humide ».

Et le quatrième aspect, sur ma liste de quatre, est la façon particulière de considérer les systèmes dynamiques, à savoir la façon dont changent les choses. Les informaticiens mettent souvent au rebut d'anciennes informations en disant quelque chose du genre : « augmenter $x$ de 1 » ou « posons $x$ égal à $x + 1$ ». En d'autres termes, si $x$ valait 5, maintenant $x$ vaut 6. Nous ne nous rappellerons plus jamais que $x$ a valu 5 un jour ; on regarde seulement $x$ comme une quantité, dont la valeur actuelle est 6.

Les mathématiciens ne font jamais ça. En une telle circonstance, ils ne considèrent pas $x$ comme un simple nombre mais comme une fonction du temps, égale à 5 à un certain moment et à 6 à un autre moment. La notion informatique de changement d'état avec information mise au rebut me semble si naturelle que j'ai été étonné, en lisant les premières publications de John von Neumannsur la programmation, d'y voir la façon maladroite qu'il utilise pour traiter l'assignation de nouvelles valeurs aux variables. En fait, j'ai trouvé étonnant qu'une telle notion naturelle soit absente dans presque toutes les descriptions publiées en mathématiques à l'époque précédant les ordinateurs.

Je suppose qu'un mathématicien me dirait : « Pourquoi voulez-vous mettre au rebut l'information sur les valeurs précédentes de $x$ ? » La raison en est que l'opération d'assignation/remplacement nous confère un type différent d'élégance, plus facile à expliquer à un ordinateur. Si on n'avait pas cette façon de mettre des données à l'écart, on surchargerait très vite l'ordinateur. Notre langage de description des algorithmes serait alors encombré de déchets inutiles.

Voilà donc mes quatre réponses à votre question. Il y a beaucoup d'autres compétences en informatique pouvant avoir une importance plus ou moins grande, de même qu'en mathématiques. (Vous vous rappelez que nous avons parlé des différents types de mathématiciens il y a quelques semaines.) Mais les quatre types de pensée que je viens de mentionner sont les ingrédients largement partagés qui lient les informaticiens entre eux, d'après moi.

*Diriez-vous que certaines des caractéristiques que vous venez de décrire ont leur source dans un fort désir de la part d'individus de mettre de l'ordre dans le monde qui nous entoure ou de le structurer ?*

J'ai essayé par mes commentaires de différencier les informaticiens des mathématiciens et des naturalistes, mais je n'ai pas essayé de les différencier des poètes et des peintres.

Vous avez raison de penser que les informaticiens incarnent certains aspects de précision et d'organisation, par opposition au don permettant de comprendre les concepts métaphysiques ou subjectifs qui ne peuvent pas être quantifiés.

On peut dire qu'un informaticien a tendance à être un type de personne se trouvant à la limite ... bien que ce ne soit certainement pas ma propre philosophie. J'aime les zones grises. Je ne crois vraiment pas que tout est noir ou blanc, bien que Gene Golub m'ait dit une fois qu'il pensait que j'avais des points de vue extrêmes ! Par ailleurs j'aime que les choses soient emballées quand elles en ont besoin.

La mentalité de l'informatique est certainement plus compliquée que ce que j'ai dit. Si j'étais plus psychologue, je pourrais certainement parler de beaucoup d'autres caractéristiques clés. Je sais, par exemple, que Jill et moi sommes extrêmement différents, mais je ne sais pas exactement en quoi. Je dis bien sûr : « *Vive la différence* »*. C'est pourquoi je l'ai épousée, je ne voulais pas me marier à un clone de moi-même.

*Racontez-moi vos études en licence, lorsque vous avez commencé à écrire vos premiers programmes importants.*

L'administration de Case, incarné en la personne d'un homme appelé Fred Way, était assez éclairée pour permettre à des gens comme moi, voire même les encourager, à écrire des logiciels bien qu'étant en première année. Plusieurs d'entre nous ont découvert notre affinité naturelle pour la programmation, et nous sommes tous allés au centre de calcul. J'ai travaillé, à mi temps durant l'année scolaire et à plein temps durant l'été, à écrire des programmes pouvant être utilisés par d'autres étudiants et les enseignants.

J'ai écrit « SuperSoap » en dernière année, qui a certainement été le meilleur assembleur jamais écrit pour la version étendue de l'IBM 650, dont Case avait un exemplaire depuis 1959. J'ai également participé, avec une demi-dizaine d'amis, à l'écriture de RUNCIBLE, qui a certainement été le meilleur compilateur jamais écrit pour cette machine.

---

* En français.

L'*Association for Computing Machinery* a commencé à publier une revue, appelée *Communications of the ACM*, en 1958, alors que j'étais en deuxième année. Un an plus tard, j'ai eu la chance d'en voir un numéro, dans lequel certaines personnes décrivaient la façon dont elles avaient écrit une partie de compilateur. Je me dis alors : « Cette méthode n'est en rien aussi bonne que ce que nous avons fait dans notre laboratoire ». J'écrivis donc pour cette revue un compte rendu de ce que nous avions accompli avec le compilateur RUNCIBLE.

C'est le second article de ma liste de publications, tout de suite après celui que j'avais écrit pour la revue *MAD*. Il est devenu une source d'ennuis, parce que je n'avais pas conscience à l'époque que les auteurs de publications doivent citer les sources des idées décrites. Pour moi, le but d'un article de revue était de raconter une histoire intéressante et je pensais que la tâche de celui qui écrit était d'expliquer cette histoire clairement. Mais mon histoire ne contait que les résultats ; j'oubliais de mentionner ceux qui avaient travaillé à la création de notre compilateur.

Personne ne me fit part de son mécontentement à l'époque de l'omission de son nom. Mais, deux ou trois ans plus tard, j'ai commencé à me rendre compte qu'on m'attribuait des choses que je n'avais pas inventées. Ce fut une énorme surprise parce que je n'avais pas encore entendu parler de « publier ou périr ». Mon expérience ne concernait alors que les magazines populaires, qui sont publiés pour raconter des idées de façon soignée mais non pour établir des réclamations de priorité. Lorsque mon article sur RUNCIBLE fut republié avec mes autres travaux sur les langages de programmation, j'ai pu enfin citer ceux méritant de l'être à juste titre.*

J'ai recontré plus tard un certain nombre d'autres jeunes informaticiens ayant commis la même erreur. Ils étaient béatement inconscients, en écrivant leur premier article, du fait que des gens pourraient leur attribuer les idées qu'ils n'imputent pas explicitement à d'autres. Ils essayaient de contrebalancer cette gaffe en créditant dans les articles suivants plus de personnes que nécessaire. Je crois qu'on insiste trop, de nos jours, sur cet aspect propriété intellectuelle, bien que je sois pour qu'on crédite là où il faut. J'aime que l'élément humain de la recherche soit inclus au même titre que l'aspect scientifique.

En tous cas, RUNCIBLE était un travail de niveau international à l'époque, en prenant en compte le fait qu'il avait été écrit pour un ordinateur extrêmement petit. Et il avait été écrit par des étudiants de

---

* Voir le chapitre 21 de *Selected Papers on Computer Languages*.

licence, sans approbation à part la confiance que nous témoignait notre sage superviseur, Fred Way.

J'ai déjà raconté comment j'ai écrit un compilateur pour Burroughs l'été suivant, n'est-ce pas ?

*Oui, mais dites m'en plus* !

Avant de pouvoir travailler sur le compilateur lui-même, j'avais besoin d'écrire et de déboguer la bibliothèque de sous-programmes numériques nécessaire au système. Un programmeur ALGOL doit pouvoir, par exemple, faire appel au calcul des logarithmes, des sinus, des cosinus et d'autres choses ; ces sous-programmes n'avaient pas encore été écrits pour le Burroughs 205. J'avais aussi besoin d'un assembleur avant de pouvoir écrire ces sous-programmes.

L'été arrivait à sa fin ; je décidais d'écrire le compilateur lors de mon trajet en voiture vers la Californie, où j'avais prévu de commencer mon master de mathématiques. Ma première étape a alors été d'utiliser une technique passée de mode depuis longtemps, mais c'est tout ce que je connaissais à cette époque : j'ai dessiné des organigrammes pour tout, avant de commencer à écrire le programme lui-même.

Vous souvenez-vous du papier grand format alors utilisé pour les sorties sur imprimante, ces feuilles $11'' \times 17''$ avec des trous de pignon pour les entraîner ? J'ai pris 200 de ces feuilles vierges et je les ai relié ensemble pour en faire un cahier, sur lequel je pouvais écrire le compilateur en allant vers l'ouest. Je m'étais donné un mois pour faire le voyage, en conduisant 150 kilomètres chaque jour. Après chaque trajet, je prenais une chambre dans un motel ou je m'arrêtais dans un parc national, je m'asseyais et j'écrivais 10 pages d'organigrammes dans ce carnet. Après avoir traversé les Montagnes rocheuses j'en avais fini avec les organigrammes et j'étais prêt à aborder la partie codage. J'avais écrit tout le code, prêt pour le débogage, lorsque je suis arrivé, à la mi-septembre, chez Burroughs à Pasadena. Non seulement Burroughs me laissa utiliser leurs ordinateurs pour déboguer, mais ils m'enbauchèrent de plus comme consultant au département de développement des produits.

J'avais été reçu pour des bourses de la *National Science Foundation* et de la *Woodrow Wilson Foundation*, mais les conditions indiquaient clairement : « Si vous acceptez la NSF vous ne pouvez pas accepter la *Woodrow Wilson*, si vous acceptez la *Woodrow Wilson* vous ne pouvez pas accepter la NSF. Si vous acceptez l'une ou l'autre, vous ne pouvez pas prendre par ailleurs de travail à temps partiel. Le but d'une bourse est de vous permettre d'être étudiant à temps complet ». Je ne pouvais donc pas, en particulier, avoir une bourse et travailler en même temps chez Burroughs comme consultant. Burroughs m'offrait cinq dollars de l'heure, ce qui était de très bons gages en 1960. Je pouvais aller chez Burroughs à l'heure que je voulais et y gagner cinq dollars. Je pouvais même m'asseoir dans le parc et y écrire un rapport pour le même prix. À quarante heures par semaine, je pouvais gagner 10 000 $ par an, ce qui était le salaire d'un maître de conférences ; un travail de consultant était donc beaucoup plus lucratif qu'une bourse, d'un montant de 2 000 à 3 000 $. (Les gages et les prix sont très différents de nos jours, avec l'inflation.)

J'ai donc décliné ma bourse en 1960 et j'ai pris le travail de consultant, ce qui a rendu possible à Jill et à moi d'acheter une maison peu après notre mariage en 1961. Posséder une maison se révéla très bien pour nous. Nous n'avons jamais eu besoin de louer. Tout ce que les locataires paient va à l'eau, ça s'en va, alors que les propriétaires ont fait le bon choix. (Je commençais à apprendre que l'argent est curieux. Plus tard, par exemple, lorsque j'ai acheté un grand piano, je me suis rendu compte que le piano conservait sa valeur ; j'aurais pu le revendre et récupérer entièrement mon argent, ayant ainsi eu gratuitement un merveilleux piano. Par contre il n'en est pas de même de la nourriture ; elle est consommée.) En tous cas, grâce à mon travail de consultant, Jill et moi n'avons jamais eu à emprunter de l'argent pour autre chose que notre maison. Et encore, nous avons remboursé notre emprunt assez vite, aussi n'avons-nous pas eu à payer le double du prix la maison à cause des intérêts. Bien qu'étant étudiants, ces décisions nous firent faire un bond en avant de plusieurs années dans l'existence, toutes les autres pesronnes vivant dans notre quartier étant au moins 20 ans plus âgée que nous. La plupart des jeunes gens de cette époque n'ont jamais pensé à acheter une maison. Je suis heureux que mes enfants suivent maintenant la même politique ; mon fils a une maison.

Ce travail de consultant était différent de celui d'un employé ordinaire, parce qu'il ne comprenait pas d'assurance médicale et de tels avantages auxiliaires. Mais je pouvais choisir librement mes heures de travail, et je me suis aperçu que je pouvais vraiment faire quelque chose pour Burroughs. Parce que j'étais consultant, parce que j'avais mis le pied chez eux et écrit un compilateur pour eux, ils décidèrent que j'avais quelque chose à faire dire digne d'intérêt bien que jeune et pas encore diplomé.

Une fois le compilateur pour le 205 terminé, ma première mission pour Burroughs a été, en fait, un travail de rêve. Un groupe de leurs employés, dirigé par Bob Barton et Joel Erdwinn, avait récemment terminé un compilateur pour le Burroughs 220, leur nouvelle machine, et c'était une réalisation spectaculaire. Il tournait dix fois plus vite que tout autre compilateur jamais écrit, et il donnait de plus de bien meilleures instructions en langage machine ! La raison principale de son succès en était que c'était le premier progiciel à utiliser la manipulation de listes, structure de données efficace ne s'étant largement répandue que bien plus tard. Ce compilateur, appelé BALGOL, m'avait beaucoup impressionné lorsque je l'avais vu à Case juste avant de venir sur la côte ouest. J'ai donc naturellement demandé à en voir le code à mon arrivée chez Burroughs à Pasadena. Je voulais connaître le secret de son succès. Ils acceptèrent de m'en montrer le listing, c'est-à-dire les détails du programme écrit en langage d'assemblage. Mais ils s'excusèrent parce que le listing contenait très peu de commentaires. « Pas de problème », répondis-je, puisque j'avais déjà lu un très grand nombre de listings de compilateurs pauvrement documentés.

Ma première tâche en tant que consultant fut donc d'écrire des commentaires sur le listing du compilateur BALGOL. (J'ai appris plus tard que ces commentaires ont servi de manuel pour les premiers étudiants de langages de programmation de Stanford.) Le compilateur BALGOL a été le second vraiment grand programme dont j'ai eu l'opportunité de lire, après celui du SOAP II de Poleyen 1957. Non seulement j'ai eu la chance de le lire mais Burroughs m'a payé 5,00 $ de l'heure pour le faire ! Comme je l'ai dit, ce fut un travail de rêve.

Le département de développement des produits venait juste de terminer la conception d'un ordinateur vraiment innovant, complètement différent des machines de n'importe qui d'autre, appelé Burroughs B5000. Il était fondé sur une philosophie radicale semblant le *nec plus ultra* de l'époque, maintenant passée de mode, certainement à juste titre. L'idée était de construire un ordinateur spécifiquement conçu pour faire tourner des langages évolués, comme ALGOL ou FORTRAN. Le langage machine devait être si proche d'un langage évolué que seule une traduction légère serait nécessaire. Les ingénieurs de l'aspect matériel inventèrent des outils pour l'automatisation de la conception, avec lesquels il devenait possible de construire des ordinateurs dont la structure logique interne était beaucoup plus complexe que ce qui avait jamais été fait auparavant. L'équipe de Burroughs voulait donc maintenant câbler de ce qui était fait de façon logicielle auparavant. L'ancien groupe de BALGOL de Bob Barton est donc passé dans la division de développement des produits, à l'exception de son programmeur en chef, Joel Erdwinn, qui a décidé de rejoindre Fletcher Jones chez *Computer Sciences Corporation*, une des premières grosses entreprises de logiciel.

(Je n'ai jamais rencontré Fletcher Jones. Mais plusieurs années plus tard j'ai obtenu mon poste principal comme professeur d'informatique Fletcher Jones à Stanford, après sa mort tragique dans un accident d'avion. Une fondation a été créée en sa mémoire, qui a doté Stanford et quelques autres universités en postes de professeurs.)

Revenons à mon histoire. La plupart des personnes ayant travaillé sur BALGOL étaient maintenant mes collègues ; je pouvais passé beaucoup de temps avec eux, n'étant pas encore marié. J'étais célibataire lors de ma première année de master, je passais plusieurs heures dans les restaurants à déjeuner avec ces programmeurs hors pairs. J'ai fini par bien les connaître, allant même chez eux, et j'ai même fini par bien connaître le B5000.

Ceci m'a conduit à ma mission principale suivante en tant que consultant. Les ingénieurs devant construire le B5000 étaient dans le brouillard, cette machine étant si radicalement différente dans ses concepts. « Nous n'avons pas de modèle d'une autre machine ressemblant à celle-ci, comment devons-nous faire ? » On leur avait donné les spécifications écrites, supposées complètes, mais les spécifications n'expliquaient pas vraiment la philosophie de la machine. Je devais donc faire quelque chose que Burroughs ne savait pas faire autrement. En tant que consultant, je devais fortement renforcer la communication entre les personnes du premier étage, ayant conçu la machine, et ceux du rez-de-chaussée, en train de la construire.

Les ingénieurs de l'aspect matériel de la machine, en bas, communiquaient leurs remarques à leur responsable, qui les communiquait à son responsable, qui les communiquait à un des vice-présidents de Détroit ; les concepteurs de la machine, en haut, communiquaient leurs remarques à leur responsable, qui les communiquait à son responsable, qui avait la même relation à Détroit. Il n'y avait pas de lien direct dans l'organigramme entre les ingénieurs et les concepteurs, seul existait celui passant par ces trois niveaux à l'aller et au retour. Je connaissais par chance les deux groupes, parce qu'un consultant pouvait passer outre ces frontières. Je pouvais aller en haut et en bas. Rétrospectivement, j'ai dû faire gagner un million de dollars à Burroughs, en tant que canal de communication entre deux groupes de personnes dont chacun ne comprenait rien à ce que l'autre était en train de faire.

Mon travail finit par devenir ce qui suit : je devais travailler avec les ingénieurs, regarder leurs diagrammes de câblage et la façon dont ils étaient placés comme un tout dans la machine, afin de vérifier qu'ils fonctionneraient comme les concepteurs l'avaient prévu. Par ailleurs, leur expérience des circuits logiques suggérait à la conception des améliorations, que je pouvais éclaircir avec les gens d'en haut. Les ingénieurs finirent par transformer le plan détaillé de la machine en un simulateur étape par étape, jusqu'à ce qu'ils pensent que le tout fonctionnait. Je devins alors le « second simulateur », essayant de faire échouer le résultat obtenu comme je l'aurais fait pour le débogage d'un programme. J'ai pu ainsi repérer de l'ordre de 200 erreurs de cette façon, ce qui a permis de corriger la logique avant de construire un prototype et d'avoir à faire des modifications coûteuses après coup.

Voilà comment j'ai gagné mon salaire chez Burroughs durant les deux ou trois premières années. Il n'y avait pas alors de lien entre mon travail de consultant et mes études. Je faisais des mathématiques pures à l'université. Je n'ai jamais vraiment utilisé de techniques mathématiques en tant que consultant ; je n'ai de même pas utilisé de techniques informatiques dans mes mathématiques. Je vivais à cette époque dans deux mondes cloisonnés.

Il y eut en fait une exception à cette règle ; je vous ai déjà parlé de ma curiosité à l'égard de la théorie des langages de Chomsky. Quelqu'un s'est aperçu qu'on pourrait appliquer aux langages de programmation certaines des idées de Chomsky en linguistique. Je m'y suis intéressé parce que la théorie de Chomsky ressemblait à des mathématiques et que c'était lié à l'informatique. C'était donc quelque chose où je pourrais faire les deux en même temps ! Je pris donc, comme je vous l'ai raconté il y a quelques semaines, un exemplaire du livre de Chomskysur les structures syntaxiques avec moi durant mon voyage de noce, pour le lire à mes moments perdus en traversant l'océan. J'ai commencé par m'intéresser à la résolution de ce qui est appelé le problème de l'ambiguïté : une grammaire algébrique étant donnée, définit-elle un langage dont tous les énoncés peuvent être analysés d'une seule façon ? J'ai appris plus tard qu'on avait déjà démontré à l'époque que ce problème est indécidable, qu'il n'y a aucune façon de le résoudre. Mais je ne savais rien sur l'indécidabilité ; j'y pensais seulement alors comme problème intéressant, mathématique bien que proche de mon intérêt pour la programmation.

J'ai pris comme sujet d'examen oral à Caltech les grammaires algébriques et le problème de l'ambiguïté. Les étudiants de master en mathématiques devaient présenter un petit travail de recherche ; le mien reposait sur la théorie de Chomsky. Je n'avait évidemment pas résolu le problème de l'ambiguïté que j'avais commencé à attaquer. Mais j'ai été capable d'en résoudre quelques cas simples ; mes résultats partiels avaient un intérêt suffisant pour devenir le sujet de cet examen oral.

*Votre vie a-t-elle changée après votre mariage ?*

Oui, Jill et moi nous nous sommes mariés en 1961 et nous avons passé cet été-là en Europe pour notre lune de miel, comme vous le savez. Puis nous avons commencé à chercher une maison en Californie, louant un petit appartement pour trois mois jusqu'à ce que nous en trouvions une en novembre que nous pouvions acheter. Notre premier chez soi se trouvait dans le petite ville de Sierra Madre, à l'est de Pasadena et proche de Burroughs. Notre vie de propriétaire commença par une aventure : un jour après avoir signé le contrat pour cette maison, l'immense forêt prit feu soudainement dans les montagnes, juste au-dessus de Sierra Madre ! Nous vivions encore à Pasadena ; la police ne nous permit pas de nous rapprocher de notre nouvelle maison parce que nous n'avions pas encore déménagé et que nous n'étions pas encore officiellement résidents de Sierra Madre. Tout ce que nous pouvions faire était de regarder par la fenêtre et voir que les flammes se rapprochaient de plus en plus. C'était assez effrayant, parce que nous venions de placer toutes nos économies dans l'achat de cette maison et que toute la montagne était en flammes. Heureusement, l'incendie fut maîtrisé alors qu'il était à deux pâtés de maison de notre rue.

Nous déménageâmes dans notre nouvelle maison en décembre. En janvier un homme vint me voir et m'a emmené déjeuner. C'était un responsable d'Addison–Wesley. Il me dit : « Don, aimeriez-vous écrire un livre sur la façon d'écrire les compilateurs ? » Un analyste numéricien éminent, Richard Varga , éditeur consultant chez Addison–Wesley, avait entendu dire que je savais écrire des compilateurs et leur avait suggéré de me le demander. Bien que n'étant qu'en deuxième année de thèse, venant juste d'avoir 24 ans, ils avaient entendu dire que j'avais terminé deux compilateurs qui n'étaient pas trop mauvais.

Notre rencontre ressemblât, je ne sais pas pourquoi, à un pôle nord magnétique rencontrant un pôle sud magnétique. C'était l'appariement parfait. Ma réaction immédiate fut : « Oui, j'aimerais écrire un livre, écrire est quelque chose que j'ai toujours aimé ». Ce jour-là, sur le chemin de la maison au Caltech, je n'ai pensé qu'à quel genre de livre je pourrais bien écrire. J'ai noté la liste des 12 chapitres qu'un tel livre devrait comporter. J'ai encore ce morceau de papier sur lequel j'ai noté les titres des chapitres. Je savais déjà que le titre en serait *The Art of Computer Programming*.

Mon plan originel en 12 chapitres est toujours d'actualité, presque 35 ans plus tard. Mais l'ordre des chapitres a changé, et seulement six chapitres ont été publiés à cause du fait que beaucoup de choses sont intervenues dans ma vie. Je pourrais ne jamais écrire la version finale des chapitres 11 et 12 si quelqu'un d'autre en écrit le contenu de façon satisfaisante avant que j'en arrive là. Mais j'espère vraiment compléter les dix autres. Les chapitres 1 à 10 doivent me mener au volume 5 ; ces cinq volumes couvriront le cœur de l'informatique (ou tout au moins les concepts fondamentaux connus en 1962). Les domaines spécifiques aux compilateurs sont étudiés dans les chapitres 11 et 12, comme applications des techniques de base du cœur.

J'ai écrit une esquisse des douze chapitres, plus de 3 000 pages manuscrites, avant de commencer à les taper fin 1965. Puisque les premiers chapitres portent sur les questions fondamentales de l'informatique, je pouvais les mettre en place pour le livre tout en travaillant chez Burroughs. Les employés de Burroughs étaient évidemment également intéressés par la science du numérique.

Une des choses que je faisais chez Burroughs était de donner des cours de logiciel aux gens du matériel. Caltech m'a aussi donné l'opportunité d'utiliser certaines de mes notes pour *The Art of Computer Programming* et de les enseigner à titre expérimental. Ainsi, même avant d'avoir soutenu ma thèse, j'enseignais en master les techniques de compilation et de tri ainsi que quelques autres aspects de la programmation.

Revenant un petit peu en arrière, je passais un peu de temps l'été 1962 hors de Caltech et de Burroughs, à écrire un compilateur FORTRAN pour l'ordinateur *Univac Solid State*. Ce travail d'été me fut trouvé par un de mes amis de Case, ayant appris qu'Univac avait besoin d'un tel compilateur ; ils s'imaginaient que je pouvais le faire en trois mois. Pas seul, mais avec Bill Lynch, un autre de mes amis de Case, ayant obtenu un master de l'université du Wisconsin à Madison. Bill et moi convinrent donc d'écrire le compilateur FORTRAN. J'ai reçu 12 500 $ pour cela, ce qui était considéré comme un incroyable salaire pour un job d'été, plus que le salaire de neuf mois d'un maître de conférences.

Bill et moi avons travaillé 16 heures par jour afin de terminer cette tâche. Nous avons loué un appartement à Madison pour deux mois, puis un autre à Philadelphie pour le troisième mois. (Nous avons déboguer nos programmes à l'usine d'Univac de Philadelphie.) En travaillant ferme, nous savions que nous aurions bientôt fini le travail, et donc que ça n'allait pas continuer. Le travail était ennuyeux mais il y avait beaucoup de choses à faire ; nous avions presque pas de temps pour la R&R.

Je n'ai pas pu prendre un jour de congé cet été-là pour me divertir en effectuant des recherches mathématiques. La raison en est que notre compilateur avait besoin de ce qu'on appelle une table des symboles et un dictionnaire de recherche des routines ; lorsque quelqu'un écrit un programme FORTRAN et utilise une variable appelée par exemple TOTAL, le compilateur analyse cette suite de lettres pour trouver de quelle variable il s'agit. La façon standard de les faire, que j'avais apprise de l'assembleur de Poley(et que j'ai encore utilisée pour TEX) est appelée « hachage ». Le compilateur que j'étais en train d'écrire utilisait une variante du hachage appelée « sondage linéaire » ; je savais que c'était une très bonne méthode mais qu'il n'existait pas de théorie mathématique la justifiant. J'avais entendu certaines rumeurs selon lesquelles des étudiants du Professeur Feller, l'éminent probabiliste de Princeton, s'étaient intéressés à ce problème mais l'avaient abandonné. Lorsque j'écrivis la partie du programme concernant le hachage, j'ai commencé à réfléchir à la façon de résoudre ce problème et à calculer le temps exact dont avait besoin la méthode du sondage linéaire pour effectuer une recherche.

J'ai eu la chance de parvenir à en trouver la réponse.* C'était la seconde fois de ma vie que j'arrivais à associer avec succès mathématiques et informatique. La programmation était indépendante des mathématiques ; cependant j'avais utilisé des idées d'analyse combinatoire, et j'avais pu les appliquer à un problème de programmation concernant la recherche dans un dictionnaire. Ceci semble rétrospectivement naturel aujourd'hui, mais cela a été une grande surprise pour moi à l'époque.

Cette expérience a vraiment changé ma vie en profondeur, parce qu'elle m'a conduit à ce je considère maintenant être le principal travail de ma vie : « l'analyse des algorithmes ». Je connaissais donc maintenant la valeur quantitative de la méthode de hachage avec sondage linéaire, et je savais combien cela avait été captivant d'en trouver la réponse. Je me rendais compte également que des millions d'autres problèmes de nature similaire attendaient d'être analysés. Lorsqu'on écrit un programme, on peut se poser la question : « Est-ce qu'il est bon ? À quelle vitesse tourne-t–il exactement ? »

En 1962, de telles questions n'avaient pas été posées, sauf en théorie des files d'attente. J'avais entendu parler de quelques études sur les files d'attente, de l'analyse de processus que certains avaient entreprises

---

* On peut trouver les six pages de notes que j'ai tapées pour moi-même un an plus tard concernant ce travail (22 juillet 1963) dans les *Research News* de Philippe Flajolet de novembre 1997,

`http://algo.inria.fr/AofA/Research/11-97.html`.

pour le service des compteurs, dans lesquelles on voulait comprendre les goulets d'étranglement tendant à se former. Les problèmes de file d'attente n'ont pas le caractère discret rencontré dans les problèmes d'informatique liés au hachage ; cependant c'était bien l'analyse d'un certain type d'algorithmes, c'était l'étude quantitative de procédures. J'avais pris conscience qu'il y avait beaucoup d'autres algorithmes qui pouvaient également être analysés. Je ne voyais donc pas de limite à ce type de recherche intéressant et captivant, que j'avais commencé en écrivant un compilateur FORTRAN.

Je retournais alors à l'université où j'eus l'opportunité d'enseigner des cours d'informatique à Caltech. Je devais terminer ma thèse en 1963, mais j'ai commencé à écrire sérieusement *The Art of Computer Programming* en juin et juillet de cette année-là. J'ai commencé à écrire la partie sur les tris et c'est là que j'ai vraiment fait beaucoup d'analyses d'algorithmes. J'ai commencé à en apprendre beaucoup plus sur les techniques d'analyse lorsque j'ai étudié les méthodes inventées pour le tri.

Avant d'en terminer pour aujourd'hui, j'ai une histoire de plus à vous raconter à propose du nom « analyse des algorithmes ».

J'assistais à une conférence à Santa Barbara fin 1967. Un jour, lors du déjeuner, l'homme assis près de moi se présenta et me demanda : « Par quoi êtes-vous intéressé ? Quel est votre domaine principal ? »

Il me démonta parce qu'il n'y avait pas de nom pour ce que j'étais en train de faire. Je répondis : « Je suis maître de conférences de mathématiques à Caltech. Mais je suis en fait beaucoup plus intéressé par l'informatique, domaine d'un genre nouveau venant de voir le jour dans quelques universités. »

« Ah, l'informatique. L'intelligence artificielle ? » dit-il.

« Non, je ne fait pas d'intelligence artificielle. »

Il sourit. « De l'analyse numérique ? »

« Non, je ne fais pas d'analyse numérique non plus. »

« Ah, je vois, vous devez travailler sur les langages. »

L'informatique était, à cette époque, divisée en trois parties. On était censé faire des recherches en intelligence artificielle, en analyse numérique ou sur les langages de programmation. Il n'y avait rien d'autre. Je répondis donc : « C'est vrai que j'ai travaillé sur les langages de programmation. Mais ce n'est pas vraiment mon intérêt principal. »

J'ai commencé, la nuit suivante, à réfléchir au fait que j'avais besoin d'un nom pour ce que je faisais. Je savais que Richard Bellman était devenu célèbre en inventant un nouveau domaine, qu'il avait appelé « programmation dynamique ». Je me figurais que je le deviendrai aussi si je faisais la même chose. Je choisis donc le terme « analyse des algorithmes », bien que ne sachant pas vraiment la signification de ce terme. Les quelques années suivantes, ma définition de travail fut très simple, bien que très vague :

analyse des algorithmes = ce qui m'intéresse.

J'ai fini, cependant, par trouver ce que signifie vraiment l'analyse des algorithmes, et j'ai promu le terme lors de ma conférence invitée aux congrès internationaux de Nice (1970) et de Lubiana (1971). Les deux exposés avaient pour titre « Analyse des algorithmes ». J'y ai expliqué ce que ce terme était parvenu par signifier, lorsque mes travaux avaient commencé à cristalliser, à savoir que cela fait référence à l'étude quantitative de l'efficacité des méthodes de calcul. J'ai le plaisir de voir que l'analyse des algorithmes est maintenant l'une des principales catégories lorsqu'on liste les sous-domaines de l'informatique.

Chapitre 13

# Programmation et langages de programmation

*Parlons aujourd'hui de la programmation. (J'essaie de devenir plus audacieux et de vous amener dans des domaines que je ne connais pas bien.)*

Je pense que vous faites référence au fait empirique qu'apparemment à peine 2 % des gens sont nés bons programmeurs. Il y a les autres, 98 %, qui doivent vivre avec les ordinateurs. Quelques-uns d'entre eux peuvent programmer, avec difficulté, mais la plupart d'entre eux ne seront jamais suffisamment à l'aise pour écrire des programmes. La différence n'a rien à voir avec l'intelligence ; les programmeurs-nés ont juste une façon différente de voir les choses, si bien que les ordinateurs leur apparaissent comme transparents.

Ma femme, par exemple, est très intelligente et capable, mais je ne pense pas qu'elle se soit jamais lancée à programmer. Elle est très bonne pour créer des macros pour un éditeur de texte, à tel point qu'elle m'impressionne par des trucs subtils auxquels je n'aurais pas pensés ; mais l'écriture de macros est très différente de la création d'une « procédure récursive » ou d'une « boucle tant que ». Elle est familiarisée avec les programmes, mais elle ne veut jamais écrire de code elle-même. À l'inverse, elle est capable de faire toutes sortes de choses avec sa tête et ses mains qui vont bien au-delà de mes propres capacités.

On suggère souvent une analogie avec les automobiles : presque tout le monde a besoin, dans notre société, de savoir conduire une voiture mais relativement peu d'entre nous savent comment en réparer une. Et beaucoup moins encore sont capables d'en concevoir une. En d'autres mots, il existe quelques excellents mécaniciens et beaucoup de personnes, comme moi, qui seraient incapables de retirer un moteur puis de le réinstaller sans causer un incendie ou quelque explosion.

Mais je pense que ce qu'on essaie de faire à l'aide d'un programme est beaucoup plus compliqué que ce qu'on essaie de faire avec une automobile. De plus la différence entre les tâches pouvant être effectuées avec des composants préfabriqués de programmes et celles pouvant être effectuées en étant un vraiment bon programmeur est beaucoup plus grande que la différence entre la meilleure voiture pouvant être construite par Ford à l'aide de pièces préfabriquées et la meilleure voiture pouvant être construite avec des pièces sur mesure par les employés de Ford. Autrement dit les personnes n'étant pas capables d'effectuer un processus complet peuvent cependant faire beaucoup plus que ce qu'elless peuvent faire seules en leur procurant un grand nombre de composants tout faits ; de même l'aptitude à écrire ses propres programmes donne des résultats presque infiniment meilleurs que ceux obtenus en incorporant des composants tout faits dans le programme de quelqu'un d'autre. En tant que vrai programmeur, je ne pourrais jamais me satisfaire de passer ma vie à utiliser des outils se trouvant sur des menus déroulants au lieu d'implémenter mes propres algorithmes. Je suppute, par contre, qu'un vrai mécanicien n'est pas vraiment gêné de travailler avec de bons produits manufacturés, qu'il n'a pas construit lui-même.

D'autre part, même pour un programmeur-né, il existe une énorme différence entre la programmation de haut niveau et la programmation à bas niveau. Au plus bas niveau, on doit coder ses programmes en notation binaire, avec des zéros et des uns, tel que l'ordinateur les voit. C'est très éloigné de la façon dont on conçoit les programmes dans sa tête. Les programmeurs travaillent donc avec des langages ayant pour but de refléter nos processus de pensée ; on écrit des programmes en langage de « haut niveau », puis le code est traduit mécaniquement par des ordinateurs en une forme équivalente mais à bas niveau.

Le « langage d'assemblage » est un niveau légèrement au-dessus du plus bas niveau avec des zéros et des uns. Il est destiné à une machine spécifique ; tout nouvelle conception d'ordinateur nécessite un nouveau langage d'assemblage. Si on sait ce que l'ordinateur peut faire, si on connaît toutes ses instructions de base, et si on veut demander à l'ordinateur exactement ce qu'il faut faire, on peut exprimer symboliquement ces instructions en langage d'assemblage. Cette tâche est considérablement plus facile, tout en atténuant le risque d'erreur, que la création directe en notation binaire, puisqu'un programme, à savoir l'assembleur, traduit le code symbolique en code binaire.

À l'époque où les ordinateurs étaient plus petits et plus lents, les langages d'assemblages étaient très importants, parce que beaucoup de programmes ne pouvaient pas se dérouler assez rapidement à moins de choisir soigneusement chaque instruction et de contrôler chaque étape du processus. J'ai connu, par exemple, une telle expérience en 1968 alors que je travaillais en cryptanalyse. J'étais en train d'écrire un programme dont je savais qu'il devait être exécuté mille milliards de fois. C'était un programme très court, de seulement vingt instructions ; mais ces vingt instructions devaient être exécutées un million de millions fois. Ainsi si je pouvais diminuer le temps d'exécution de ces instructions de seulement 100 nanosecondes, ce qui est un dix millionième de seconde, je pouvais gagner plus d'un jour de calcul sur l'ordinateur. Ceci signifiait gagner un jour pour chaque code secret que je voulais casser. À cette époque 100 nanosecondes était le rythme d'horloge de la machine ; aussi je savais que quel que soit l'effort intellectuel effectué pour éliminer chaque pulsation d'horloge non nécessaire dans les opérations de la machine dans mon programme en valait vraiment la peine. (Ceci se passait avant l'ère des microprocesseurs ; aujourd'hui le gouvernement se contenterait d'acheter un million et quelques de tels microprocesseurs. Cependant, les codes secrets sont aussi devenus beaucoup plus difficiles à casser.)

Toujours est-il qu'on veut parfois que quelque chose soit extrêmement efficace, et c'est à ce moment là qu'on utilise le langage d'assemblage. Mais on n'a pas besoin de le faire très souvent. Le niveau au-dessus consiste à écrire des programmes dans un langage évolué, qui ne dépend pas de l'architecture d'une machine donnée. Un « compilateur » est un logiciel traduisant de tels programmes écrits en langage évolué en zéros et uns (ou quelquefois d'abord en langage d'assemblage). Le problème principal de programmation qui me fascinait lorsque j'étudiais en master, et même plusieurs années plus tard, était la façon d'écrire un compilateur. Mes amis et moi avons écrit plusieurs compilateurs, et ce fut la première raison d'écrire *The Art of Computer Programming*.

La technologie des compilateurs est maintenant mature, mais elle n'atteindra jamais l'efficacité d'un langage d'assemblage. La raison principale en est que, lorsqu'on écrit un programme pour résoudre un problème, on peut exprimer ses idées de beaucoup de façons différentes ; j'entends par là que beaucoup de programmes peuvent coder une méthode donnée. On ne présente qu'un seul de ces programmes au compilateur. On sait dans sa tête que certains nombres seront petits et d'autres grands. On sait que certains calculs peuvent être effectués dans un ordre différent, que certains cas ne se produiront jamais ou seulement rarement, et ainsi de suite. Mais on ne sait pas le dire au compilateur. Une des versions possibles du programme demandera si un certain nombre est strictement positif ; une autre version demandera si ce nombre est non nul. On a beau savoir que ces deux questions sont interchangeables, parce que le nombre en question ne peut pas être strictement négatif, le compilateur, lui, ne le sait pas, aussi ne peut-il explorer que quelques-unes des nombreuses alternatives.

Autrement dit, le compilateur peut seulement produire le meilleur programme correspondant à la version qu'on a écrite, mais à elle seule. Le meilleur programme pouvant être écrit en langage d'assemblage est en général au moins meilleur, grâce à toutes les options qu'on connaît. Quelques-unes des centaines de façons dont on pourrait écrire ce programme correspondront beaucoup mieux aux capacités de la machine que d'autres.

Un peu après 1960, on a dit des compilateurs qu'ils étaient « efficaces à 90% », entendant par là que si on avait utilisé le langage d'assemblage plutôt que le compilateur alors le programme aurait tourné 10% plus vite. Cette statistique a toujours été fausse ; j'ai toujours réussi à écrire un programme cinq ou dix fois plus rapide que la version compilée, en étudiant le code soigneusement et en utilisant un assembleur.

Bien sûr, comme je l'ai dit, j'utilise rarement le langage d'assemblage, parce que j'ai rarement besoin d'une efficacité extrême. Les ordinateurs sont aujourd'hui si rapides que je ne me pose même pas la question de savoir si mon compilateur n'est efficace qu'à 10%.

Les idées sur lesquelles reposent les langages évolués ont été si bien raffinées et étendues que ceux-ci apparaissent maintenant avec plusieurs parfums. Certains langages évolués sont, par exemple, « orientés objets », d'autres « fonctionnels », et en veux-tu en voilà, prenant en compte les intuitions diverses des gens sur la façon dont les algorithmes sont les plus naturellement compris.

On a développé de grandes bibliothèques de sous-routines accomplissant les tâches fréquemment utilisées. Beaucoup de programmeurs ont maintenant la belle vie, parce que leur travail consiste presqu'entièrement à appeler des sous-programmes écrits par d'autres. Ils n'ont qu'à garder une douzaine de livres ouverts devant leurs yeux pour pouvoir écrire des incantations magiques invoquant les routines appropriées d'une bibliothèque, en ayant seulement bien soin de placer les paramètres dans le bon ordre. Quant à moi, je n'ai encore jamais rencontré de bibliothèque plaisante à utiliser, à part ce qui concerne les sous-routines nécessaires aux divers types d'entrées-sorties.

Les langages évolués se sont grandement améliorés par ce que j'aime appeler la « programmation littéraire » (*literate programming*). Comme vous le savez, ceci est le sujet du premier livre que vous m'avez si gentiment offert de publier. La « programmation littéraire » nous permet d'exprimer nos programmes d'une façon beaucoup plus proche de nos images mentales que ne le font les langages évolués ordinaires, parce qu'on peut utiliser l'anglais et des illustrations techniques en plus des formules algébriques. On peut, de plus, décomposer le programme en petites parties facilement compréhensibles ; on peut placer ces parties dans l'ordre qu'on veut, pour une meilleure compréhension pour le concepteur et ceux qui y jettent un coup d'œil.

À des niveaux encore plus élevés, on a des langages de programmation spécialisés pour des types particuliers de calculs, comme la manipulation des nombres, l'algèbre matricielle, la manipulation de formules symboliques, les statistiques, l'optimisation linéaire, la manipulation des listes, la recherche dans une base de données, et ainsi de suite. L'efficacité y est alors beaucoup moins importante que la facilité de programmer.

Chapitre 14

# Intelligence artificielle, étudiants et retraite

*Nous avons parlé de la programmation et des langages de programmation lors de notre dernière conversation. J'ai pensé à vous demander aujourd'hui ce que vous pensez de l'IA* [Intelligence Artificielle].

D'accord, mais je ne suis pas sûr de savoir comment en relier les différents aspects : l'IA recouvre un très grand nombre de sous-spécialités. Il y a l'IA des systèmes experts, l'IA des méthodes de synthèse automatique de programmes, les programmes d'IA pour jouer aux échecs, les programmes d'IA pour essayer de comprendre les langues, et ainsi de suite ; à quels aspects pensiez-vous ?

*Nous pouvons, peut-être, commencer par les systèmes expert puis nous orienter vers l'IA théorique, la culture IA et les déclarations faites en son nom.*

Je ne tiens pas beaucoup compte de ce qui est déclaré ; j'ai tendance à regarder ce qu'est un sujet, non à ce qu'il est supposé être dans le futur. On fait des prévisions à bon compte et, de toute façon, les gens ont la mémoire courte. Mes opinions, pour ce qu'elles valent, étant étranger à tout ce qui concerne l'IA, sont toutes fondées sur le passé. Je suis, de façon générale, vraiment reconnaissant de toutes les contributions que les recherches en IA ont fait faire à l'informatique [CS *computer science*].

Avant d'entrer dans les détails, je ne peux résister à vous raconter une petite anecdote. Doug Hofstadter m'a dit une fois, après avoir considéré la façon dont les gens conceptualisent les symboles qui apparaissent sous diverses formes : « Le problème le plus difficile dans toutes les recherches en IA est de comprendre la lettre 'A'. » Ce à quoi j'ai répondu tout naturellement : « Et le second problème le plus difficile est de comprendre la lettre 'I'. »*

La quête de l'IA a été très tôt le but le plus ambitieux dans l'esprit de plusieurs des meilleurs programmeurs au monde. Les gens y étant intéressés ont joint leurs forces pour écrire des programmes plus sophistiqués que ce que chacun d'eux aurait fait s'il n'y avait pas eu un tel défi. Les choses qu'ils ont essayé de faire dépassait le domaine des algorithmes traditionnels ; travailler en IA était une expérience différente et à un niveau plus élevé que tout ce qu'ils avaient essayé de faire précédemment avec les ordinateurs. De ce fait, un grand nombre d'outils parmi les plus importants que les programmeurs de tous les domaines utilisent aujourd'hui sont d'abord apparus dans la communauté IA. Les gens de l'IA devant penser plus, ils en arrivèrent donc à de meilleures méthodes.

Par exemple les structures de données sophistiquées permettant de représenter les informations dans une machine sont d'abord apparues dans le monde de l'IA. On peut retrouver dans les premiers programmes d'IA les racines des méthodes intervenant dans toutes sortes de programmes modernes pour le graphisme, la synthèse musicale, la démonstration automatique et virtuellement toute application complexe.

J'ai donc toujours trouvé dans l'IA une source fertile d'idées et de méthodes. Je n'ai jamais pensé par contre que ces recherches connaîtraient un succès, en parvenant à ses fins et en obtenant une machine réussissant vraiment le test d'intelligence de Turing. Tout au moins pas avant une centaine d'années. Je ne pense pas, par ailleurs, comme [Roger] Penrose, qu'un tel événement soit impossible, que les capacités humaines ne pourront jamais être égalées par une machine. Bien que voyant un immense abîme entre ce que les machines peuvent faire actuellement et les processus cognitifs du cerveau humain, je ne pense pas que la cognition soit hors de portée de l'automatisation.

Il existe certainement un immense gouffre entre ce que les chercheurs en IA ont été capables d'effectuer et ce qu'ils veulent atteindre. Pourtant, j'apprécie qu'ils y travaillent. Plus ils y travailleront, plus ils en apprendront sur l'intelligence et la psychologie. Je suis d'accord avec George Forsythe sur le fait que la meilleure façon d'apprendre un sujet est d'essayer de l'apprendre à un ordinateur, d'essayer de l'automatiser. Ils feront donc des progrès, et je les encourage à le faire même si je ne pense pas qu'ils parviendront au but. Peut-être même que beaucoup

---

* Voir ses articles "METAFONT, metamathematics, and metaphysics," *Visible Language* **16** (1982), 309–338; "On seeing 'A's and seeing As," *Stanford Humanities Review* **4**, 2 (1995), 109–121.

d'entre eux n'y croient pas non plus ; ça n'a pas d'importance pour moi. Je vous ai souvent dit que je crois qu'un bon voyage est plus important que d'atteindre le but.

J'ai pris l'habitude de lire de nombreux articles d'IA afin d'y repérer ses techniques relatives aux recherches combinatoires, en particulier, parce que ces techniques sont le thème du volume 4 de *The Art of Computer Programming*. Le sujet de ce livre, les algorithmes combinatoires, a pour but des recherches à travers un énorme dédale de possibilités, faisant intervenir des heuristiques nous aidant à diminuer le nombre de cas où il faut chercher. De telles techniques ont été en fait poursuivies de façon indépendantes dans trois communautés différentes : certaines en intelligence artificielle, d'autres en génie électrique et d'autres encore en recherche opérationnelle. Au début, les chercheurs de chacune de ces communautés ignoraient que d'autres groupes travaillaient sur la même chose, parce qu'ils utilisaient des mots différents pour les mêmes concepts. Ceux du génie électrique ne savaient pas que leurs méthodes étaient aussi, sous une forme déguisée, étudiées dans les départements de recherche opérationnelle et d'une troisième manière dans les départements d'IA. J'ai trouvé fort intéressant que chacun de ces trois groupes soit parvenu à quelque chose sur la recherche du plus court chemin sans que les deux autres groupes ne le sachent. Beaucoup de concepts étaient communs aux trois groupes, mais exprimés en des termes différents ; cependant chaque groupe trouvait quelque chose de plus, d'une grande importance, parce que leurs points de vue individuels les ont conduits dans des directions différentes. J'ai été capable, dans le volume 4, de tirer parti de ces trois traditions, enrichissant chacune d'elles à l'aide des deux autres tout en apportant des idées supplémentaires provenant de l'informatique théorique.

En fait le volume 1 doit déjà beaucoup à la communauté IA, parce que l'idée fondamentale de manipulation des listes remonte à deux des premiers langages d'IA, à savoir IPL et LISP. Je vous ai parlé l'autre jour du compilateur BALGOL que j'ai découvert lorsque je suis arrivé chez Burroughs en 1960. C'était le compilateur qui tournait trente fois plus vite que ses concurrents, utilisant de plus moins de place et fournissant un meilleur résultat. Le principal génie derrière BALGOL, Joel Erdwinn, avait lu des articles d'IA, et il s'était rendu compte que les techniques utilisées dans IPL pour des travaux d'IA étaient également bien adaptées à l'écriture des compilateurs.

Presque tout le monde pensait à l'époque que la manipulation des listes était un procédé compliqué, ne pouvant être effectué que par un langage de haut niveau comme IPL ou LISP, ou utilisant une bibliothèque complexe de sous-routines. Joel s'est cependant rendu compte qu'il est facile de manipuler de listes à partir de rien dans *tout* langage, en utilisant seulement quelques lignes de code. J'ai appris, en lisant son programme, toute la beauté de cette méthode, aussi ai-je naturellement porté l'attention sur elle dans le chapitre sur les structures de données du volume 1.

La chose la plus radicale du volume 1, lorsque j'en vins à bout, fut certainement sa « révélation » que la manipulation des listes n'est pas exotique, que c'est un outil simple pour tout un chacun. Plusieurs universités ont adopté à l'époque le volume 1 comme manuel, parce qu'il n'y avait pas d'équivalent. Ainsi l'idée, provenant de l'IA, de manipuler les listes fut largement diffusée ; je pense que la qualité de la programmation a énormément progressée dans les dix années suivant la sortie de ce message.

*Je dois avouer que j'avais un préjugé en posant ma question.*

Quel était votre préjugé ?

*J'ai peu confiance envers certaines des revendications effectuées par l'IA.*

Oui, j'ai dit que la seule erreur qu'ils ont faite a été de dire qu'ils allaient tout révolutionner et en peu de temps. Mais qui suis-je pour pouvoir me plaindre de gens ne sachant pas estimer le temps nécessaire pour achever un projet complexe ?

Certains chercheurs en IA pensent qu'en conservant les mêmes techniques qu'actuellement, mais en introduisant une masse critique d'informations dans leur système, leurs algorithmes commenceront alors soudain à « penser ». Exactement comme dans les films comme *The Forbin Project* [*Le cerveau d'acier*]. Je suis sceptique mais qui peut savoir ?

Je ne pense pas qu'il y ait la moindre chance d'accumuler cette masse d'informations de sitôt, parce que je ne peux pas m'imaginer qu'il y ait suffisamment de personnes désirant consacrer leurs vies à la tâche assommante d'accumuler une telle masse critique sous forme utilisable. Doug Lenat essaie, mais il n'a pas le tempérament d'un James Murray, qui a travaillé sans relâche à l'*Oxford English Dictionary* durant plusieurs décades. Je vous ait dit l'autre jour que je pouvais résister à l'ennui ; je peux travailler sans m'ennuyer durant six semaines. Mais pas des années et des années. Cependant, avant qu'on parvienne à recueillir une telle masse de données, nous ne saurons jamais si croire à l'hypothèse que cela commencera tout à coup peut prendre forme.

En tout cas, j'ai lu soigneusement de nombreux chapitres du *Handbook of Artificial Intelligence*, en en sautant d'autres semblant moins liés à l'informatique en général. C'est ainsi que je ne connais pas grand-chose aux systèmes experts.

Je sais que les systèmes experts ont été extrêmement utiles dans certains domaines, mais moins dans des sujets proches. Je n'y ferai, par exemple, absolument pas confiance pour contrôler une bombe atomique. La façon dont ils travaillent consiste à compiler un très grand nombre de règles du type : « Si vous voyez ceci ou cela alors faites ceci ou cela ». Des tels ensembles de règles, dépendant de l'ordre dans lesquelles elles sont formulées, sont très difficiles à comprendre par un être humain, dès lors qu'il y en a beaucoup. Lorsqu'on travaille avec de telles règles et qu'elles échouent, on doit alors en ajouter d'autres ; mais on sait aussi que quelque chose d'autre ne va pas aller. C'est bien éloigné de la façon dont sont créés les systèmes dignes de confiance.

Il existe des centaines de systèmes expert effectuant des choses de valeur. Je ne pense pas, cependant, qu'ils soient jamais fiables. Lorsqu'on a une tâche non critique dont on puisse dire : « Si l'ordinateur fait un bon travail, je serais râvi, mais s'il fait un mauvais travail alors je serai encore en vie », alors on peut utiliser un système expert. Par contre, je n'aimerais pas avoir un système expert pilotant l'avion dans lequel je me trouve.

*Je trouve la dénomination système expert un peu prétentieuse. « Système expert » n'est-il pas une autre façon de dire « programme » ?*

Tel que je le comprends, le terme « système expert » se réfère à un programme d'un type très particulier, constitué de règles dites de production du type si-alors mentionné ci-dessus. C'est vrai qu'il y a quelquefois un peu de battage médiatique, mais pouvez-vous suggérer un meilleur terme.

Il se trouve en fait que le nom « système expert » convient parfaitement, une fois qu'on a compris que les experts du monde entier ne sont pas tous d'accord. Prenons un sujet controversé. Disons que Ted Koppel* interview quatre experts, on obtient habituellement quatre opinions différentes ; s'il en interview vingt, il y aura vingt opinions différentes. J'ai appris ceci pour la première fois en 1962, me trouvant dans une salle avec des dizaines d'enseignants de Caltech parlant de la crise des missiles

* Animateur de télévison américain bien connu (ndt).

cubains. Je n'ai trouvé aucun point d'accord entre eux, tout en sachant qu'il s'agissait de personnes parmi les plus intelligentes au monde.

J'exagère peut-être un peu, comme d'habitude. Mais si on demande à dix médecins d'effectuer un diagnostic, on est presque sûr d'en obtenir au moins deux différents. Ils seront partagés en sept contre trois. Un système expert peut donc être considéré comme fiable dans ce sens-là, parce qu'il peut être d'accord avec les sept. Mais ce sont les trois autres qui peuvent avoir raison.

Les experts peuvent donner l'opinion dominante à un moment donné. Tant qu'on ne définit pas « expert » d'une façon signifiant « infaillible », les systèmes experts sont assez bien nommés. Mais si on suppose que « expert » signifie « précis à cent pour cent », on est induit en erreur par le nom.

Revenons à mon sujet principal. La meilleure façon que je connaisse pour étudier l'esprit humain est d'essayer d'automatiser autant que possible la façon dont les humains se comportent. Peut-être que les personnes consacrant toute leur carrière à de telles études ont besoin de croire qu'elles réussiront un jour à fabriquer une créature artificiellement intelligente. Mais si j'étais dans leur peau, je me contenterais d'un but beaucoup plus modeste : « Voyons jusqu'où on peut automatiser, de façon à en apprendre plus sur le sujet ».

*Vous suggérez, dans votre défense de l'IA, que quelques-unes des découvertes en informatique pourraient ne pas avoir été faites sans ce type de vision et ce type de poursuites.*

Oui, ces découvertes auraient probablement quand même été faites, mais beaucoup plus tard, je pense. Je suis content que le processus ait été accéléré. Des gens comme [Allen] Newell, [Marvin] Minsky et [John] McCarthyont émis cette grande idée : « Rassembler un grand nombre de gens brillants, les mettre dans une pièce et les titiller pour voir ce qui en sort ». Et ils sont allés à la recherche de financement pour que cela puisse se faire. Un grand nombre d'individus très créatifs ont donc formé un champ de travail ayant bien fermenté, de bonnes choses en sont sorties. Il y a eu bien sûr aussi beaucoup de bois mort, mais on devez le permettre dans cette mixture pendant qu'on la remuait ; on ne sait jamais à l'avance quand la crème va commencer à prendre. Les idées fondamentales que je célèbre ne sont pas arrivées spontanément ; on avait besoin d'un groupe plus grand que nécessaire pour faire rouler la balle si vite.

Le monde doit beaucoup à la première communauté IA pour des gens comme Bill Gosper, l'un des grands mathématiciens expérimentaux de notre époque. Il a également été nourri par cette culture.

En tant qu'étranger à ce domaine je peux, bien sûr, trouver aussi des choses à critiquer. J'ai vu, par exemple, des propositions de recherches écrites de façon si intelligente qu'il semblait qu'il était impossible que le projet échoue. De la façon dont elles étaient écrites, les auteurs de la proposition déclaraient que le projet serait un succès tant qu'ils auraient de l'argent, peu importe ce qu'ils feraient par ailleurs. Je pense que ceci est la raison pour laquelle un grand nombre de personnes ont commencé à s'indigner de ce qui se passait. Pourquoi devrions-nous admirer des gens ne prenant aucun risque ?

Je suis allé très tôt au Japon, et cela me rappelle ce qui y a été appelé le projet d'ordinateurs de cinquième génération, investissement massif du gouvernement japonais durant la dernière décade, réservé au développement de nouveaux matériels et de nouveaux logiciels ayant pour but l'avancée de l'IA. Ce projet avait un but noble, mais je pense qu'il a échoué pour des raisons analogues à celles dont j'ai déjà parlées : les planificateurs croyaient que l'IA allait déboucher juste après le pemier virage s'ils avaient la possibilité de construire des machines plus rapides et d'améliorer le langage Prolog tout en collationnant une masse critique de données sur la connaissance en général et sur les langues en particulier.

Ce projet a permis de développer une grande partie de la grammaire de l'anglais et du japonais mais ce travail n'est jamais arrivé à une once de leurs espoirs en traduction automatique. Ils ont découvert de nouveau l'immense abîme séparant les méthodes de calcul de la chose mystérieuse appelée intelligence.

D'un autre côté je m'attendais personnellement à ce que quelque chose d'autre apparaisse, qu'on pourrait appeler « mauvaise traduction intentionnelle », ou plutôt « traduction mécanique par force brute », « traduction non intelligente ». Je n'ai besoin que d'un programme prenant en entrée un texte japonais et donnant en sortie une traduction littérale dans un « sabir anglais » ayant l'aspect d'un dialecte japonais. Imaginons la traduction mot à mot d'un document japonais en quelque chose n'étant pas du très bon anglais mais dont je puisse apprendre le dialecte en une semaine. Je suis tout à fait capable d'apprendre les particularités de l'ordre des mots et de savoir lever les ambiguïtés en ayant quelque chose ressemblant à de l'anglais plutôt que d'avoir à apprendre des milliers de caractères et à faire des recherches fastidieuses dans un dictionnaire. Cette dernière façon de faire serait en effet d'autant plus redoutable pour moi que je veux la même chose, non seulement pour le japonais, mais ausi pour le chinois, pour les langues de l'Inde, pour le tchèque, le suédois, le russe, le français, l'espagnol, le grec, l'hébreu et encore d'autres langues.

La traduction par force brute ne serait pas vraiment utile, mais ceux qui travaillent sur le sujet proposent des projets plus ambitieux parce que le rendu mot à mot ne correspond pas à leurs standards de qualité. Je pense cependant qu'ils essaient de faire quelque chose de fondamentalement impossible ; l'intelligence qu'ils essaient d'ajouter actuellement rend ma tâche plus difficile parce que les défauts de leurs méthodes fantaisistes sont difficiles à comprendre. Je leur dis : « s'il vous plait, faites le travail à 90 %, de façon aussi simple que possible, et je m'arrangerai avec le reste ». Je peux apprendre relativement rapidement un autre dialecte anglais ; je peux apprendre les intonations particulières d'un individu.

*Voulez-vous voir quelques-uns de ces programmes de traduction ? Ils existent.*

Oh, super !

*Nous en avons un pour le français, par exemple, à* CSLI Publications.

Ah, d'accord. En y réfléchissant bien, j'ai vu la démonstration d'un système intéressant lorsque je me suis rendu à Saint Pétersburg il y a quelques années. Je crois me rappeler qu'il s'appelait ProText et qu'il fonctionnait avec le russe, l'allemand et l'anglais. Ce n'était pas tout à fait ce que je viens de décrire mais il donnait des traductions dans un dialecte dont je pense que j'aurais pu l'apprendre rapidement. Il ne marchait, bien sûr, que sur un fichier électronique contenant le texte à traduire. Je n'ai pas eu le temps d'en étudier les détails.

*Bien, je pense que j'ai suffisamment occupé votre cerveau avec l'IA, dont parlent souvent les médias mais qui n'est pas votre domaine d'intérêt principal.*

*Parlez moi un petit peu de votre expérience de travail avec les thésards. J'en connais quelques-uns personnellement puisqu'ils travaillent sur la typographie mais vous devez en avoir dirigé beaucoup d'autres.*

J'ai dit il y a quelques semaines que j'en avais eu 28, tous d'une personnalité différente.

Pour un mathématicien, 28 est un nombre bien particulier, car c'est un « nombre parfait » : c'est le nombre après 6 qui est égal à la somme de ses diviseurs. On a en effet $6 = 3+2+1$, où 3, 2 et 1 sont les nombres qui divisent 6. De même, $28 = 14 + 7 + 4 + 2 + 1$. On attribuait des propriétés mystiques à de tels nombres à l'époque de la Renaissance ; de fait les connaissances sur les nombres parfaits sont un des aspects des mathématiques ayant survécu des âges obscurs. Je peux donc facilement me souvenir du nombre de thésards que j'ai dirigés ; je suis content qu'il soit parfait de plus d'une façon.

J'ai également bien sûr fait parti du jury de beaucoup d'autres thésards, et j'en ai aidé dans leur rédaction de thèse. (J'ai même retardé une fois d'un an la thèse d'un informaticien français maintenant important, parce que j'ai insisté pour qu'il poursuive sur sa lancée plutôt que de se précipiter sur un travail non entièrement poli.) L'une des plus grandes joies de ma carrière a été la chance de pouvoir travailler avec de nombreux informaticiens brillants à leurs débuts.

Tout étudiant possède naturellement son profil propre de forces et de faiblesses. Je pourrais donc vous conter 28 histoires intéressantes. Mais je ne le ferai pas, parce qu'il serait impossible de le faire d'une façon impartiale. Je crois aussi que plusieurs d'entre eux seraient embarrassés de voir que je loue leurs talents. Je pense qu'il vaut mieux vous raconter une seule de ces histoires, la seule a n'avoir pas eue d'issue heureuse, et à avoir même eue une fin tragique, gravée à jamais dans ma mémoire.

Je voudrais, cependant, avant de commencer, dire quelque chose sur le doctorat, parce que beaucoup de non universitaires ne comprennent pas vraiment la nature de ce grade. Un doctorat est délivré pour des recherches, c'est-à-dire après que l'étudiant ait contribué à l'avancement des connaissances. C'est très différent du grade de licence ou du grade de master ; ces grades sont délivrés pour la maîtrise de connaissances *existantes*. (Dans certains domaines non scientifiques, comme les beaux-arts, le grade de master ressemble plus à une thèse ; mais je parle ici de la situation en mathématiques et en sciences.)

Je pense que c'est une erreur de considérer une thèse comme un type d'étape prolongeant la licence et le master, en poursuivant une ligne droite universitaire. La thèse est totalement différente ; elle correspond à un type très différent de talent, orthogonal à celui de réussite à un examen. Beaucoup de gens extrêmement brillants, avec la mention TB partout, n'obtiendront jamais leur thèse. Ils sont intelligents d'une façon différente de « l'intelligence pour la recherche ». Je pense à mes parents, par exemple : je ne crois pas que l'un d'entre eux aurait été un bon thésard, bien qu'ils soient tous les deux extrêmement intelligents.

C'est extrêmement trompeur de classer les gens suivant leur QI avec l'idée que plus ils sont intelligents, plus ils sont faits pour passer une thèse ; c'est absolument faux. Les gens ont des talents à placer à différentes échelles : le talent pour la recherche doit même avoir une corrélation *négative* avec l'aptitude à bien lacer ses chaussures.

J'ai, par conséquent, recontré de nombreux étudiants, extrêmement doués, ne pouvant atteindre la dimension recherche. L'un d'eux est Clark Crane, le sujet de mon histoire. Il est venu à Stanford après être passé par l'*Air Force Academy*, dont il fut diplômé avec des notes dans les 1% les meilleures. Il était très prompt, très affable et insufflé d'une discipline militaire. Il vint me trouver et me dit, en gros : « J'aimerais effectuer des rercherches avec vous. Enseignez moi comment effectuer une recherche. J'ai suivi un très grand nombre de cours et j'ai réussi tous mes examens. Maintenant tout ce que j'ai à faire est d'être créatif, distes-moi donc comment être créatif. Je le ferai. Quoi que vous disiez, je le ferai. » C'était un gentil garçon et je luis dis rapidement de m'appeler « Don ».

J'ai commencé son apprentissage en lui donnant des mini-problèmes de recherche sur lesquels s'essayer. C'est-à-dire que je lui demandais de répondre à des questions auxquelles on n'avait pas répondu auparavant mais dont je pensais qu'on pouvait les résoudre en y réfléchissant une semaine ou deux. Je lui ai donné de petits problèmes de cette sorte un par un, et une semaine plus tard il revenait me voir avec une solution ou un progès partiel. « Bien, pensais-je, les leçons portent leurs fruits ».

Je finis par lui donner des problèmes un petit peu plus difficiles, puis encore plus difficiles, puis soudainement cette méthode a réussi : à peu près six mois plus tard, il vint me voir avec une idée nouvelle, quelque chose que je ne lui avais pas posée, quelque chose qui faisait avancer *The Art of Computer Programming*. Il a a eu quelques autres idées de même valeur et a écrit une très belle thèse. Je me souviens avoir vu en Norvège dans les années 70 un manuel parlant de son travail, les « arbres de Crane » nommés en son honneur, parce qu'il avait inventé cet élégant concept.

J'ai raconté cette histoire comme étant une victoire, être capable d'apprendre à un étudiant comment faire de la recherche. Mais cela ressemblait plus à la façon d'apprendre à un chien à se lever sur ses pattes arrières ; la recherche n'était pas dans la nature de Clark, ni une bonne chose pour lui. C'était quelque chose dont il avait été en quelque sorte forcé à faire par le système.

Il a obtenu un poste de maître de conférences à UCSD et y a déménagé avec sa femme. Mais lorsqu'il a découvert qu'il ne pourrait pas continuer ses recherches à cause de tout ce qu'il avait à faire à La Jolla, je pense qu'il a commencé à se sentir malheureux. C'était un bon enseignant, mais je ne pense pas qu'il était à l'aise dans son travail avec les professeurs en titre. Après une année passée à enseigner, il a décidé d'aller passer un doctorat de médecine. Son nouveau but était d'utiliser ses compétences en informatique pour améliorer les soins médicaux. Six ans aprés son doctorat passé à Stanford, j'ai écrit une lettre à « Clark Crane, M.D. » adressée à l'hôpital de San Diego, répondant à une question qu'il avait posée sur les expériences récentes de télévision interactive par câble ; il était intéressé par les nouvelles façons d'enseigner la programmation aux médecins.

J'ai appris cependant soudainement par des amis communs que son mariage avait été rompu. Ce fut une énorme surprise pour moi, parce que j'avais rencontré sa femme et que j'avais pensé qu'il s'agissait d'un couple bien assorti, avec deux jeunes enfants. Je n'ai aucune idée de ce qui a conduit à cette séparation, mais après cela il a été très déprimé et a commencé à boire. On m'a dit qu'il avait eu accès à de l'alcool pur dans l'hôpital où il travaillait.

Et, hélas, il a commencé à ne plus être dans son assiette. Durant plusieurs années Jill et moi avons reçu sporadiquement des coups de téléphone au milieu de la nuit : Clark nous appelait, voulant nous parler et nous dire combien il nous aimait. Il répétait ce refrain sur tous les tons, avec de la musique classique jouant derrière lui si fortement que nous avions du mal à l'entendre. Nous avons appris qu'il faisait de même avec l'*Air Force Academy*, son *alma mater*. Il était devenu le cas d'école d'un type de manie. Nous savions qu'il était luthérien, aussi avons-nous essayé de lui faire apporter un peu d'aide par son pasteur de San Diego. Il pouvait quelquefois revenir totalement à lui pendant un certain temps, puis il rechutait. Il est mort à 41 ans, cinq ans après la rupture de son mariage. Je soupçonne qu'à la fin il était incapable de penser logiquement à quoi que ce soit.

Il était certainement naïf sur le monde, et s'il n'avait pas eu accès à la réserve de médicaments, il aurait très bien pu éviter tout cela. Mais il a eu cette facilité de boire facilement pour oublier un peu. Je pense que c'est cela qui a détérioré son jugement. Je ne sais pas s'il prenait de la drogue, mais je sais que l'alcool est un facteur suffisant.

Les brillants résultats de sa thèse demeurent. Bien que de nouvelles méthodes aient été découvertes, ses idées sur les arbres équilibrés et ce qu'on appelle les « arbres de gauche » seront probablement toujours dignes d'attention. Pourtant, je ne peux pas cesser de me demander si je n'aurais pas dû lui conseiller de ne pas chercher à obtenir un doctorat de premier plan. Il a donné des cours excellents ; aurais-je dû le diriger vers une carrière d'enseignant ? Il a été l'un de mes tout premiers étudiants ; je n'avais aucune raison d'empêcher son rêve de faire de la recherche de se réaliser. Il a malheureusement décidé à l'avance ce que serait sa vie, sans comprendre ses propres forces.

*Avez-vous le film* Les fanfares de la gloire, *avec Alec Guinness et John Mills ? L'histoire de votre étudiant m'y fait penser.*

Oui, ce film a quelques éléments en commun : la discipline militaire, la boisson et l'incapacité de la personne de vivre à la hauteur de ses attentes. Bien que je pense que l'histoire de Clark soit assez différente.

Dieu merci il y a eu 27 histoires ayant eu des fins heureuses à côté de celle-ci, particulièrement triste.

*Vous êtes-vous lancé dans la recherche avec des étudiants n'ayant pas de master ?*

Oui, un peu, mais je ne suis pas sûr de bien comprendre ce que vous entendez par là. Au printemps 1987 j'ai dirigé un projet avec neuf étudiants travaillant sur les étapes préliminaires de ce qui allait devenir *The Stanford GraphBase*. Nous nous rencontrions plusieurs heures chaque mardi soir ; puis ils travaillaient de leur côté, rassemblant des données et écrivant des programmes « littéraires ».

Il y a l'autre cas de trois étudiants venus me voir et me disant : « Nous voulons suivre un de vos cours de lecture. Nous voulons lire le volume 2 de *The Art of Computer Programming* mais il n'est enseigné nulle part ailleurs, ce serait bien de se rencontrer une fois par semaine. » Cela a assez bien marché.

Je rêve d'aller sur un des campus de Stanford outre-mer et d'y travailler avec des étudiants. Mais cela n'a jamais pris corps, je n'ai jamais eu le temps de le faire.

*Regrettez-vous l'enseignement, maintenant que vous êtes à la retraite depuis plusieurs années ?*

Oui en effet, mais j'ai les « *Computer Musings* » à la place. La prochaine session vient dans deux ou trois semaines.

Comme vous le savez, j'ai pris une retraite anticipée pour pouvoir me consacrer entièrement à *The Art of Computer Programming* et à d'autres projets de livres. J'ai pris une retraite non officielle à 53 ans, début 1990, suivie de deux ans d'absence ; j'ai pris ma retraite officielle à 55 ans.

L'idée clé de mes plans de retraite a été un arrangement grâce auquel je peux donner des cours publics gratuits, sur le sujet de mon choix. Pour citer ma page web : « Pas de frais d'inscription, pas d'obligation de participation, pas de diplôme. Chaque cours est indépendant des autres et destiné à une audience de non spécialistes. Je parle quelquefois de sujets techniques difficiles mais j'essaie de minimiser le jargon et l'aspect complexe en mettant l'accent sur les motivations, les paradigmes et le point de vue général, sans passer en revue tous les détails. »

J'ai commencé cette série de cours en janvier 1992 en donnant cinq « musings » au premier semestre. Il y en a eu une vingtaine en tout depuis lors, ayant lieu quelquefois à seulement deux semaines d'intervalle, avec un programme irrgulier. Il y en a eu seulement un en 1996 pour l'instant, mais deux de plus sont programmés.

J'aime de façon générale parler de ce que j'ai appris récemment et dont je pense que d'autres personnes aimeraient entendre parler. Le sujet en est souvent quelque chose qui met à jour un point de *The Art of Computer Programming*. Je trouve qu'expliquer quelque chose à une audience me la fait presque toujours mieux comprendre, améliorant ainsi ce que j'avais écrit.

Je dois donner au Japon huit conférences différentes dans cinq villes différentes. Trois de celles-ci porteront sur la typographie et/ou la calligraphie. L'une, celle de l'université de Tohoku, sera une avant-première du « Computer Musing » que je donnerai à Stanford en décembre.

*Ces conférences ont-elles été organisées par le comité du prix ?*

Non, seulement les deux premières. Pour les autres, j'ai écrit aux personnes que je connaissais par des correspondances précédentes, et je leur ait dit : « Si vous voulez que je parle, je suis disponible ; on peut essayer de travailler par ailleurs ». C'est ainsi que j'ai fait.

À propos du prix de Kyoto, ma première conférence, donnée en session plénière, n'est pas technique. Je suis censé dire quelque chose pouvant être comprise par toute ménagère japonaise.

*Je l'ai lu.*

Déjà ? Bien ! Je pense que nous pourrions probablement l'utiliser comme premier chapitre du livre *Digital Typography*, pour donner une jolie introduction à l'ensemble du sujet. Je ne pense pas répéter trop souvent beaucoup de choses analogues dans les autres chapitres. Le seul pépin est que les illustrations ne seront pas prêtes avant que je revienne.

*Que pensez-vous du Web ? Il me semble que, pour acquérir des connaissances ou pour obtenir des informations, il n'y ait rien de plus que ce que je peux trouver dans une bibliothèque, bien qu'étant d'accord que le Web est plus commode.*

Non, je ne suis pas d'accord. Le Web est totalement différent d'une bibliothèque traditionnelle, parce qu'on peut chercher suivant le contenu et non pas seulement par auteur ou par titre. Pour l'instant, très peu de livres sont disponibles sous formes électronique. Mais un jour, lorsque les bibliothèques seront tout électronique, lorsque tous les grands livres du monde entier auront été mis en ligne, je pense que nous aurons de puissantes bases de données.

Les index ne sont disponibles que pour quelques livres, comme la Bible ou les œuvres de Shakespeare et de Chaucer. Quelqu'un pourrait devenir expert d'un auteur, disons Voltaire, rien qu'en consacrant sa vie à lire ses œuvres et en compilant son propre index. Lorsque les œuvres de Voltaire seront sous forme électronique, tout un chacun pourra trouver ce qu'il veut.

Juste pour vous donner un exemple simple : j'ai appris HTML fin janvier, le langage de bas niveau dans lequel les pages web sont spécifiées. J'ai alors mis en place en février une collection de « homepages », racontant divers aspects de ma vie. Il y a, par exemple, une page sur les questions fréquemment posées, une page sur la raison pour laquelle je n'utilise plus le courriel, une page sur les *errata* à mes livres, et ainsi de suite. J'ai fait référence il y a une minute à ma page sur *Computer Musings*. (J'ai, en fait, commencé 28 webpages, un nombre parfait !)

J'ai mis sur une page les noms des personnes dont je ne connais pas l'adresse, et des personnes dont je ne connais pas le deuxième prénom, en disant seulement : « Si quelqu'un connaît ces personnes, dites-le moi s'il vous plaît ». J'ai déjà obtenu de nombreuses réponses à ces requêtes ; c'est incroyable. Je reçois des lettres qui me disent : « un collègue m'a dit que mon nom figure sur cette page web, je sais donc que vous essayez à me joindre ». Quelqu'un m'a dit hier qu'une des personnes que j'ai listées avait été son enseignant de licence.

Je ne pense pas que ces personnes trouvent ma liste de noms en allant d'abord sur mes homepages et en les examinant. Dans la plupart des cas je parie qu'ils l'ont trouvé en cherchant des contenus, en disant : « Quelles sont les pages web contenant tel nom ? » Tout le monde, par exemple, cherche son propre nom, pour voir qui l'a cité ou pour découvrir si quelqu'un d'autre porte le même nom. Ils tombent alors sur ma page, ce qu'ils n'auraient jamais pu obtenir dans une bibliothèque.

Les gens ont maintenant une façon de pouvoir dire : « Donnez moi tout ce qui contient les mots suivants dans cette énorme masse d'information ! ». C'est tout nouveau, et c'est fantastique.

*J'aime déambuler dans une bibliothèque au hasard et y trouver des choses de façon inattendue.*

Mais vous pouvez aussi trouver des choses inattendues sur le Web. Je ne suis pas en train de dire que les bibliothèques sont obsolètes ; je suis en train de dire que nous avons maintenant une amélioration extraordinaire de ce que nous avions auparavant. Le Web nous amène à un tout autre niveau.

J'ai également commencé à remarquer que le Web permet à beaucoup de gens de trouver des choses se trouvant en-dehors de leur intérêt principal. Le monde est composé de milliers de « sous-cultures », j'entends par là de groupes de personnes collectionnant certaines choses ou fans de certains auteurs ou jouant à des jeux non habituels ou construisant de folles machines, etc. La plupart de ces sous-cultures sont constituées de moins d'une centaine de personnes et elles n'avaient auparavant pas de bon moyen de communication. Maintenant, avec le Web, ils se découvrent.

*Il y a surabondance d'informations provenant du Web. Que pensez-vous de cet aspect ?*

Oui, c'est plus amusant de découvrir des informations lorsqu'elles sont moins abondantes ; vous ressentez alors que vous faites quelque chose. Au contraire, lorsqu'elles sont surabondantes, vous vous sentez coupable lorsque vous n'y arrivez pas alors que vous devriez être fier lorsque vous y arrivez. Au fur et à mesure que le Web s'accroîtra, nous devrons apprendre de nouvelles façons de nous discipliner pour chercher de nouvelles informations.

*Vous disiez, lors de notre déjeuner de la semaine dernière, être contrarié d'avoir à travailler sur un problème. J'aimerais vous interroger là-dessus, parce qu'il m'est difficile de vous imaginer contrarié.*

Je suis contrarié lorsqu'un obstacle inattendu survient. En lisant la semaine dernière le *Journal* de l'ACM, j'ai appris qu'un des célèbres articles des années 1970 que je cite dans *The Art of Computer Programming* contient une erreur. Mais que personne n'a jamais corrigé l'erreur. J'ai donc laissé tomber tout ce que j'avais sur le feu et j'ai mis au point une façon de réparer la preuve erronée. Je ne pouvais pas citer un résultat incorrect.

Je me suis assis des heures durant disant : « Cette fichue formule n'est pas simplifiable ». Je n'arrivais pas à trouver un raccourci, et cela me rendait de plus en plus fou de rage. J'aurais bien sûr dû rester calme, puisque cela aurait été plus propice à résoudre le problème. J'ai finalement, merci mon dieu, réussi.*

Mes ancêtres nord-européens ont peut-être quelque chose à voir avec le fait que je ne me mette pas très souvent en colère. Mais les informaticiens peuvent me rendre très furieux. L'une de mes bêtes noires est un échec accompagné de beaux graphiques. Les concepteurs devraient se retenir sauf s'ils sont sûrs que l'utilisateur est content.

*Qu'entendez-vous par là ?*

Je ne sais pas si cela peut s'expliquer de façon satisfaisante, mais je vais essayer. Ordinairement, lorsqu'un programme tourne bien, j'aime que ses développeurs l'accompagne d'une belle animation ou d'effets graphiques spécifiques. Mais lorsque la machine s'arrête en plein milieu ou échoue à faire ce qu'il faut, toute belle icône ou beau graphique me met encore plus fortement en colère que dans les temps anciens où il n'y avait pas du tout d'interface graphique.

Soit dit en passant, j'ai été extrêmement mécontent du distributeur de billets la première fois que j'ai essayé d'en utiliser un, mais la raison était entièrement différente. Alors que les ditributeurs étaient tout nouveaux et leurs logiciels assez pathétiques, j'ai obtenu ma première carte bancaire un vendredi. Le jour suivant, un samedi donc, j'ai reçu un chèque de droit d'auteur substantiel et j'ai voulu profiter de deux jours de plus d'intérêts. La banque était fermée mais j'ai pensé : « Je peux utiliser ma nouvelle carte bancaire ».

Bien, j'ai mis ma carte dans la fente et la machine m'a demandé le type d'opération que je voulais. Malheureusement je n'ai pas tapé exactement ce qu'il fallait, aussi la machine a-t-elle avalée la carte ! Elle m'a dit « Désolé, revenez lundi pour retirer votre carte ». [rires]

Je suis alors entré en rage. Comment l'ordinateur osait-il me dire cela et prendre ma carte alors que j'avais fait de mon mieux pour suivre ses instructions ? J'ai cherché partout s'il y avait un signe me disant : « Frappez ici ». Je devais faire passer ma frustration sur quelque chose. Il était incensé que cette stupide machine ne me fasse pas confiance, juste à cause d'une erreur innocente. En plus j'avais perdu beaucoup de temps en voiture pour arriver jusqu'à cette machine.

---

* Voir l'exercise 5.3.3–24 de la seconde édition de *Sorting and Searching* (1998).

Il s'est passé quinze ans avant que j'essaie à nouveau d'utiliser un distributeur de billets.

[Rires] *Il est difficile de vous imaginer en colère, bien que je puisse vous voir agacé ; je peux vous voir contrarié, mais je vous ai toujours imaginé vous tenant à l'écart de « situations de colère ». Votre attitude semble être : « Je ne vais pas perdre mon temps à me mettre en colère ».*

Oui, c'est bien le cas habituellement mais il m'arrive aussi quelquefois de réagir aux agressions d'une façon ou d'une autre. C'est peut-être pour cela que je joue de l'orgue.

*À quel rythme jouez-vous de l'orgue ?*

Je n'y ai pas joué depuis deux ou trois semaines. J'ai par contre joué au piano durant trois heures samedi dernier. Ce fut délassant.

*Cela me fait penser que je ne vous ai jamais demandé comment vous en êtes venu à jouer de l'orgue.*

J'ai dit que mon père avait été organiste. Il a joué, par exemple, cinq ans avant ma naissance, à l'exposition universelle de Chicago. Il a même acheter plus tard un orgue électronique pour chez nous (mais seulement après que je sois entré à l'université).

J'ai pris des leçons d'orgue durant un an auprès de mon professeur de pianolorsque j'avais 12 ans mais je n'en ai pas joué avant d'avoir 25 ans. L'organiste de notre église de Pasadena a soudainement souffert d'un décollement de la rétine, en 1963, et on m'a demandé de le remplacer pour quelques mois avant qu'il aille mieux. À cette époque, plusieurs des plus grands organistes du pays vivaient dans la région de Pasadena, je pouvais donc écouter de belles prestations et je m'en suis inspiré pour m'entraîner et pour rejoindre l'*American Guild of Organists*.

J'ai continué à jouer occasionallement depuis 1963. J'en ai, par exemple, joué en 1965 durant la messe de baptême de mon fils, parce que mon pèreavait fait la même chose pour moi.

Durant mes années à Princeton [1968–1969] j'ai pris des leçons hebdomadaires au *Westminster Choir College* ainsi que durant mon année à Boston [1985–1986]. Je n'ai jamais été particulièment brillant mais avec de l'entraînement je peux jouer quelques morceaux assez bien.

La plus belle chose est que les occasions de jouer sur des instruments merveilleux continuent de se produire, parce qu'on a passé le mot que j'aime la musique d'orgue. Lorsque je vais dans une ville, n'importe où dans le monde, mon hôte connaît en général quelqu'un qui connaît l'expert local en orgue ; je suis donc souvent invité à le voir. Je n'ai pas, heureusement, à exécuter une grande prestation, parce que je ne suis après tout qu'un informaticien. Je peux juste me détendre et profiter du frisson de jouer sur un orgue bien conçu. Les églises m'impressionnent beaucoup, du point de vue musical, avec leurs grandes réverbérations. C'est amusant de monter dans la galerie pour voir les coulisses.

Chapitre 15

# Accidents, emploi du temps et dénominations

*Vous m'avez raconté, en venant au restaurant en voiture, le jour où vous vous êtes fracturé le bras dans un accident de bicyclette.*

Oui. C'était au début des années 60 ; voyons, je peux en retrouver facilement la date parce que je travaillais alors au chapitre dix de *The Art of Computer Programming.* Nous vivions à l'époque à Sierra Madre, dans la banlieue de Pasadena. C'était l'été 1964 ; je venais juste d'avoir une bicyclette Moulton, celle avec de petites roues, qu'on m'a volée plus tard. Cette bicyclette venait juste de sortir alors. Nous vivions dans un quartier très vallonné, à quelques rues d'un terrain non encore construit s'étendant jusqu'au Mont Wilson.

J'inaugurais ma nouvelle bicyclette ce jour-là. En descendant la colline, elle commença à prendre de la vitesse. J'en utilisais les freins pour la première fois : ils ne fonctionnaient pas ! Ils avaient en fait été montés à l'envers : un frein est un morceau de caoutchouc enfoncé dans une espèce de boîte métallique ayant [un fond et] trois côtés [le côté manquant servant à introduire le morceau de caoutchouc] ; le côté manquant avait été placé dans le mauvais sens. Le frottement de la roue de bicyclette est censé retenir le morceau de caoutchouc dans la boîte ; mais la boîte étant placée dans le mauvais sens, le caoutchouc est sorti tout de suite, et j'ai perdu les morceaux de caoutchouc. Il n'y avait plus de frein du tout ! Et je descendais de plus en plus vite.

J'ai toujours eu tendance à paniquer en perdant le contrôle de quelque chose, lorsque je vais trop vite. Je perds la tête lorsque je skie trop vite. Je n'ai donc pas pensé à sauter de la bicyclette. J'ai seulement pensé : « Les freins ne marchent pas, ils sont partis, je vais essayer de tourner au virage et de faire quelque chose après avoir tourné ». L'idée de m'éjecter de la bicyclette, avant de prendre beaucoup trop de vitesse, ne m'est pas venue à l'esprit.

Il n'y avait heureusement aucune voiture. Je suis passé par-dessus la bordure, j'ai cassé un morceau de béton et je suis tombé violemment sur une allée. La bicyclette était salement endommagée et mon poignet droit fracturé. J'ai donc dû être gaucher pour un certain temps.

Cela s'est avéré être, comme le sont quelquefois les choses, une bénédiction déguisée. La fracture étant assez inhabituelle, mon médecin m'a envoyé chez un spécialiste, un orthopédiste. J'ai donc rencontré un médecin aimant vraiment les os, le Dr Burschinger, ayant fait ses études au *County Hospital* de Los Angeles ; il a vu plus d'os cassés dans cet hôpital, causés par des accidents de motos et autres, qu'un médecin normal peut en voir dans toute sa vie. Il a été fasciné par mon poignet cassé et m'a dit que j'avais une « fracture de Barton ». Il a aussi ajouté que c'était rare, « Vous ne la voyez que dans les manuels », et il a voulu en prendre une photo pour ses archives. Mais la seule façon de la réparer, m'a-t-il expliqué, n'est pas facile à mettre en place : il faut tordre le poignet d'une certaine façon. Il devait le mettre dans un plâtre, tordu dans une position inconfortable, parce que cela concernait les os du poignet, qui sont très compliqués. Il connaissait bien son métier et aimait vraiment son travail ; il aimait également le faire bien.

La raison principale pour laquelle mon accident s'est avéré être une bénédiction est que le Dr Burschinger connaissait aussi un grand nombre d'autres excellents médecins. À cette époque, Jill et moi avions du mal à avoir des enfants. Il nous a recommandé un gynécologue et nous avons eu nos enfants en 1965 et 1966. Plus tard, lorsque j'ai eu un ulcère, en 1967, le gynécologue nous a recommandé un excellent gastroentérologue ; et c'est ce médecin qui nous a recommandé notre médecin de Menlo Park lorsque nous sommes arrivés à Stanford. Nous avons ainsi découvert que parmi les médecins, comme dans d'autres professions, certains sont meilleurs que d'autres. Pas du tout ceux qui ont eu mention très bien lors de leurs études ; quelques-uns d'entre eux ont eu mention bien ou même assez bien. Mais les excellents médecins semblent se connaître, aussi est-il intéressant de pénétrer dans leur réseau. J'y suis arrivé à l'occasion de mon bras cassé.

Mon bras étant cassé, je devais écrire de la main gauche. Mon écriture de la main gauche est affreuse, mais j'ai écrit ainsi quelques sections de *The Art of Computer Programming*, sur lequel je travaillais bien sûr à chaque minute de liberté. (Lorsque j'ai commencé à réviser cette partie du manuscrit, je me suis énormément amusé de mon écriture de cette époque-là ; cétait assez bizarre.) Ma sœur Paula nous a rendu visite cet été-là, et sa visite a conduit à un certain rapprochement : j'avais besoin d'elle pour m'aider dans la correction des épreuves, et également pour écrire, car je ne pouvais pas écrire assez vite. Elle a donc commencé à m'aider pour le travail technique. Vous savez que les frères et sœurs ne parlent pas d'habitude de choses techniques ; ils s'en tiennent plutôt à une conversation générale, ou jouent l'un contre l'autre. Mais maintenant, pour la première fois, nous devenions des espèces de collègues, et elle se révéla d'une aide particulièrement intelligente durant ce mois pendant lequel j'étais handicapé, ne pouvant pas écrire. Elle n'avait aucune expérience des ordinateurs, mais elle s'améliora très rapidement et nous apprîmes à mieux nous connaître.

Ce n'était pas la première fois que je portais un plâtre. Je m'étais déjà fracturé des os lorsque j'étais jeune, parce que j'étais grand et que je grandissais vite ; mes os n'étaient pas très solides. Je m'étais cassé le bras lorsque, étant sur un trampoline, j'avais essayé de faire une pirouette : oh la la, j'avais mal réussi mon saut et ne m'étais retourné qu'à moitié, je suis tombé sur la tête ! J'avais dû décidé qu'au lieu de casser mon nez, il valait mieux cassé mon bras. J'ai donc mis mon bras en avant et il s'est cassé ; il est resté un bon moment dans le plâtre lorsque j'étais en quatrième.

J'ai en fait cassé mon premier os lorsque j'avais, je pense, deux ans. Je suis tombé du toboggan dans un parc. Vous connaissez la façon dont les enfants sont censés grimper les marches et glisser sur une longue glissière inclinée. Pour une raison ou une autre il semblerait que j'ai alors pensé qu'on pourrait également essayer de glisser sur les marches : et plus amusant serait le plus rapidement possible. C'est ainsi que je me suis cassé la clavicule lorsque j'avais deux ans.

Mais le pire a été en faisant de la luge à Noël. Je pense que c'était lorsque j'étais également en quatrième. Il y avait une assez grande colline à Milwaukee après la rivière, près de la station de télévision. C'est une zone assez plane mais le fleuve Milwaukee la traverse et y sculpte une petite vallée, créant une belle colline où on peut faire de la luge. Ma maman, mon papa, Paula et moi y sommes allés et ils m'ont montré comment diriger la luge. Il y avait une petite barre transversale à l'avant ; lorsqu'on la tournait brusquement elle était censée nous faire tourner à droite ou à gauche. Bien, j'ai décollé et j'ai pris de la vitesse. Il y avait un arbre au pied de la colline que je devais détourner par la droite. J'ai essayé de diriger mais la luge n'a pas tourné ! Une fois encore je n'ai pas pensé à m'éjecter. Tout ce à quoi je pouvais penser était : « Elle est censée tourner, elle est censée le faire », aussi continuais-je à essayer de diriger la luge mais elle continuait à aller tout droit. À la fin je me suis écrasé contre l'arbre et je me suis cassé la jambe. La jambe n'a pas guéri rapidement ; c'était une espèce de fracture étrange, et ma cuisse a tout enflé.

Ainsi j'ai eu, comme vous pouvez le voir, une longue série d'os cassés étant jeune. Puis, heureusement, plus rien ! [rires]

*Vous m'avez aussi parlé, lorsque nous sommes venus ici en voiture, des décisions majeures que vous avez dû prendre en 1967, en particulier du choix de l'université dans laquelle enseigner.*

Oui, c'est vrai. Je crois avoir dit que j'ai écrit à Bob Floyd, lui demandant où il aimerait aller.

Nous avons tous les deux décidé de venir à Stanford, comme vous le savez. J'ai rencontré, à une petite fête samedi dernier, quelqu'un qui m'a dit avoir toujours voulu me saluer, parce qu'il était membre du conseil consultatif de Stanford, le comité qui est la dernière instance avant la signature d'une nouvelle nomination par le président. Il m'a dit que le conseil a lu très attentivement mes articles et que cela avait été un risque modéré de me nommer professeur malgré mon âge (j'avais 29 ans). Il a fini par me rencontrer, presque trente ans plus tard.

J'ai aussi rencontré un membre du comité de sélection de Harvard de l'époque : il m'a également dit plus tard qu'il pensait que j'avais un bon dossier. L'histoire de la façon dont je l'ai rencontré est plus intéresssante : cela s'est passé en 1986, alors que nous vivions à Boston.

J'avais commencé cette année-là à travailler sur le livre *3:16*, et je cherchais des calligraphes pouvant en réaliser les illustrations. Une des personnes envisagées, Jean Evans, vivait dans la région de Boston ; nous la connaissions un peu grâce à des amis communs du monde de la conception des fontes. Elle avait conçu quelques fontes et travaillait chez *Bitstream* avec Matthew Carter. C'est d'ailleurs lui qui me l'a recommandée en disant qu'elle était parfaite pour ce livre. Après lui avoir écrit, elle me répondit qu'elle avait entendu dire que je jouais du piano et que son mari jouait de la clarinette. Elle nous invita donc, Jill et moi, à venir chez eux passer une soirée de piano, clarinette et dîner.

Nous sommes donc allés les voir ; ils vivaient à deux patés de maison de *Harvard Square*. J'appris que son mari était professeur à Harvard, et pas seulement joueur de clarinette. Il était au département de chimie, et il s'était trouvé dans le comité de sélection qui m'avait offert un poste quinze ou vingt ans plus tôt. Ils nous ont servi un excellent repas. Nous avons parlé d'un tas de choses, y compris à plusieurs reprises du moment où ils sont allés en Suède. C'était Bill Lipscomb, le lauréat 1976 du prix Nobel de chimie ! Nous étions allés les voir parce que sa femme est une grande calligraphe ; nous avons appris plus tard qu'elle avait été également championne de tennis, bien que ce soit lui qui est le plus souvent mentionné dans les journaux. C'était également un bon joueur de clarinette.

Nous avons recommencé à jouer après le repas, car nous n'avions jouer qu'un petit moment avant le dîner. J'ai mis une fourchette de la table dans ma poche, afin de pouvoir l'utiliser pour le dessert, et me suis dirigé vers le piano. Cette nuit-là, une fois rentrés à notre appartement, je me suis aperçu que j'avais encore la fourchette dans ma poche. Nous les avons appelés au petit matin en disant : « La prochaine fois que vous inviterez les Knuth, n'oubliez pas de compter l'argenterie ».

En tout cas, pour l'endroit où j'allais enseigner, des offres me sont parvenues de Berkeley, de Harvard, de Stanford et du Caltech. J'ai choisi Stanford pour plusieurs raisons : la première, et de loin, est, comme je vous l'ai dit, que je ne voulais pas déménager plus de deux fois, et que je voulais clore le problème de la location une fois pour toutes ; une des raisons principales était que je pouvais vivre sur le campus, à une distance raisonnable en vélo. Je savais qu'en venant ici, je n'aurais jamais à faire la navette, et ceci pour toute ma vie. Quarante ans sans avoir à me déplacer représente beaucoup pour moi.

Vivre sur le campus de Stanford signifiait aussi que je serais près de San Francisco, près de la culture. Nous ne voulions pas vivre dans la ville elle-même, parce que la vie dans une grande ville peut être épuisante.

Entre parenthèses, j'ai décliné les sirènes de Cornell, plus éloigné de la ville la plus proche, parce que nous voulions vivre dans un endroit où les gens peuvent venir nous voir plutôt que d'avoir à aller chez eux ; nous nous attendions à gagner beaucoup de temps en étant dans une endroit accessible. (Je ne m'étais pas imaginé qu'il pourrait aussi y avoir des visiteurs venant nous voir par devoir, ce que Mike Flynn appelle le syndrome des professeurs polis en visite : il y a chaque semaine quelqu'un qui vient ici pour la seule fois dans sa vie, et on ne doit pas le manquer, aussi a-t-on toujours des interruptions dans notre emploi du temps.) Nous nous étions également imaginés que toute personne importante en informatique viendrait régulièrement à Stanford, disons une fois tous les trois ans.

L'idée était que j'allais rencontrer presque tout le monde à Stanford sans avoir à me déplacer moi-même. Et ceci a bien marché pour moi. Les magasins sont également biens. Les écoles sont bonnes. Nous avons donc beaucoup aimé Stanford pour sa situation.

Par dessus tout, Stanford avait le meilleur département d'informatique du monde entier et je voulais en faire partie. À Harvard, j'aurais dû travailler dur pour essayer de les convaincre de l'importance de l'informatique, d'y construire un petit département, qui de plus n'aurait pas eu beaucoup de notoriété auprès des mathématiciens et des physiciens de Harvard de cette époque.

*Un autre membre de la communauté de Stanford, le romancier Albert Guerard, a dit un jour qu'il trouvait que la vie sur le campus, malgré tous ses avantages, avait aussi ses limites. Je pense que l'isolement ne l'a pas aidé dans ses travaux de romancier ou de critique littéraire.*

Oui, les romanciers de ce type doivent vivre une vie horrible pour pouvoir décrire les parties horribles du monde, n'est-ce pas ? J'entends par là, c'est un paradoxe, qu'ils doivent être comme Hemingway. Mais, moi, je n'ai pas à écrire souvent des scènes de coucherie ou des crimes.

*En tout cas, vous étiez en train de parler de ceux qui étaient là au moment où vous avez pris la décision de venir à Stanford.*

Oui, George Forsythe en était le meneur, le grand visionnaire. Il cherchait des gens ayant une idée claire de ce que serait l'informatique, et je pense vraiment qu'il est le père fondateur de l'informatique. Il a également pris soin de tous les détails. Il nous donnait, par exemple, des conseils sur le nombre de craies à amener pour un cours. Il était, à tous les niveaux, un modèle par son exemple et son attitude, et également en donnant son avis tout le temps. Sa sagacité était merveilleuse : il était incroyablement énergique, travaillant jour et nuit. Voilà pourquoi Stanford était dans les meilleurs dès le début.

Nous avions trois grands groupes. L'un était celui de l'analyse numérique, auquel j'ai été rattaché ; un autre celui de l'intelligence artificielle, dirigé par John McCarthy et Ed Feigenbaum ; le dernier celui du logiciel ou des langages de programmation comprenant Jerry Feldman, Niklaus Wirth et David Gries. Ces deux derniers membres l'ont quitté plus tard lorsque Floyd et moi y sommes arrivés : nous étions leurs remplaçants. Niklaus Wirth est devenu professeur à Zurich, dans sa Suisse natale, et David Gries est allé à Cornell, où il a eu une carrière distingée : il en est devenu le président.

*Qui étaient vos principaux contacts en informatique avant de venir à Stanford ?*

On était bons amis avec [Wirth]. Je lui avais rendu visite plusieurs fois lors de nos déplacements à Stanford, pendant lesquels nous demeurions chez lui ; il était de même venu plusieurs fois au Caltech pour nous rendre visite ; nous avions parlé de tas de choses et nous nous étions écrits. C'était l'un de mes plus proches amis informaticiens à l'époque, en dehors de Bob Floyd.

Les autres étaient Tony Hoare et Edsger Dijkstra, rencontrés à des conférences et avec lesquels j'avais souvent discuté à la fin des années 1960. En 1970 j'ai pu les connaître assez bien, car nous sommes intervenus tous les trois à une école d'été internationale se tenant annuellement à l'université de Newcastle-Upon-Tyne. Entre parenthèses, je suis allé, il y a deux ou trois ans, à la vingt-cinquième édition de cette école d'été.

J'allais fréquemment à des conférences dans les années 1960 et je connaissais la plupart des intervenants importants, ceux publiant le plus d'articles. J'étais éditeur du départment des langages de programmation de deux des publications de l'ACM lorsque j'étais au Caltech et j'ai correspondu avec vraiment beaucoup de gens.

Je ne sais pas si je vous ai parlé de cette expérience : au début de ma vie d'éditeur de revue, j'ai eu à rendre un jugement sur un certain article dont j'ai décidé qu'il ne valait pas la peine d'être publié. Mais j'ai également pensé qu'il pourrait être intéressant pour étalonner les arbitres. J'en ai donc fait 25 copies et les ai envoyées à 25 personnes, pour voir ce qu'elles allaient en dire. Combien d'entre elles penseraient qu'il devrait être publié ? Combien ne le comprendraient pas du tout ?

J'ai certainement été immoral en faisant cela ; mais, bon, je l'admets maintenant. J'avais déjà écrit un rapport pour l'auteur en lui donnant des conseils sur la façon de revoir et d'améliorer son article. La seule chose immorale que je pense avoir faite est d'avoir fait perdre du temps à 25 arbitres potentiels, en ne leur disant pas la vérité sur le fait que j'avais déjà rejeté l'article. En tout cas, j'ai pu juger de cette façon les qualités de ces personnes ; j'ai pu voir qui allait être mes bons arbitres, et j'ai compris quelques-unes de leurs forces et de leurs faiblesses. Cette expérience m'a également permis d'apprendre de meilleures techniques, parce que quelques-uns des rapports étaient naturellement meilleurs que le mien. Pour d'autres, j'ai pensé qu'ils étaient lâches ; c'était également attendu. C'est comme pour les médecins, les avocats et les hommes politiques : il existe de nombreux niveaux de qualité et aucun filtre n'a jamais été inventé pour séparer le bon grain de l'ivraie.

J'ai échangé une correspondence avec de nombreuses personnes mais le monde de l'informatique était alors réduit et on pouvait connaître tous ceux qui y travaillaient.

*On ne parlait pas alors d'informatique, n'est-ce pas ?*

Oui, mais en Amérique un nom lui a été très vite donné. Il n'en fut pas ainsi ailleurs : les Russes l'appelaient cybernétique à cette époque ; le nom allemand était *Informatik.* Je ne me souviens pas du point de vue britannique. En Norvège, où j'ai vécu en 1972, l'informatique était encore appelée EDB, '*Elektronisk Databehandling*', en d'autres termes, manipulation électronique des données. Au Danemark, elle avait pour nom *datalogi*, ce qui était très joli. Peter Naur a émis beaucoup d'opinions sur ce nom. (Peter était un autre de mes amis rencontré en 1967. Vous vous souvenez peut-être que Jill et moi l'avons rencontré à Trondheim lors de notre voyage en Norvège cette année-là.) Peter a inventé le mot '*datalogi*' et lui a donné une définition très précise ; j'ai référencé sa définition des données dans l'index du volume 1.

La Suède avait le meilleur nom pour les ordinateurs, à savoir 'dator', D-A-T-O-R. Quelqu'un en Suède, lié à l'un des plus importants journaux de Stockholm, a dit : « Voyez, Elektronisk Databehandling Maskin ou EDB-Maskin est un mot beaucoup trop difficile à prononcer. Appelons-le Dator ». La diffusion de cet article a été suffisamment grande pour qu'en un mois tout le monde en Suède sache ce qu'était un dator. Le suédois est la seule langue au monde qui ait un si beau nom ; je l'aime parce que les ordinateurs ne manipulent pas seulement des nombres, ils manipulent toutes sortes de données.

En tous cas, 'computer science' est le nom que tout le monde connaissait en Amérique, et ce nom a prévalu du fait de l'inertie. Je le préfère à l'*Informatik* allemand ou à son équivalent *informatique* français ; je ne suis pas vraiment satisfait de ces deux termes parce qu'ils parlent des choses que les ordinateurs manipulent mais non de la façon de le faire. S'il est vrai que la chose fondamentale sur les algorithmes est qu'ils ont besoin de données pour travailler sur elles, d'informations pour travailler sur elles, l'informatique fait plus que ça. Il n'y a pas que les informations ; l'information me semble beaucoup plus que les études de bibliothèque, vous savez, classifier l'information, qui n'est pas changer les informations ou manipuler les données. J'aime donc bien le terme 'computing'. Un autre nom tel que « la science algorithmique » vaudrait mieux mais ce serait beaucoup trop demander.

Il existe un grand nombre de domaines d'activités dont le nom n'est pas bon, comme « langage algébrique » en linguistique. On devine bien que les « context-free languages » sont des langages, mais ils ne sont certainement pas dépourvus de contexte. Ce n'est pas vraiment le bon nom, reposant sur des fondements intuitifs : c'est un oxymore bizarre pour un concept faisant intervenir un certain type de contexte, bien qu'appelé sans contexte ! Que peut en penser un débutant ? (En gros, si on a une parenthèse gauche dans un langage algébrique alors elle doit s'apparier à une parenthèse droite. Tout ce qui se trouve entre ces deux parenthèses est leur contexte. On l'appelle « context-free » parce qu'il existe un autre type de grammaires dites « context-sensitive » dans lesquelles le contexte joue un rôle prééminent.)

Comment le terme 'context-free' est-il devenu standard ? Au début des années 1960 il existait quatre ou cinq noms différents en compétition pour le même concept, mais seulement un compris de tout le monde. Lorsqu'on parlait de « context-free language », tout le monde savait ce qu'on entendait par là, en dépit du fait que le terme soit conceptuellement mauvais. Lorsqu'on utilisait l'un des autres termes, certains pouvaient ne pas comprendre ; on pouvait également dire : « ce que d'autres appellent un "context-free language." » Le terme inapproprié est donc devenu populaire par défaut, parce qu'il demandait moins d'explications. Peut-être 'computer science' a-t-il gagné pour des raisons analogues.

À la fin un nom devient une étiquette détachée de sa signification. Les gens ont, par exemple, oublié ce que signifiait le mot 'mathématiques' lorsqu'il fut utilisé pour la première fois. Étymologiquement, il s'agit de syllables accolées ensemble. La signification de l'ancien grec (à savoir "science" ou "connaissance") n'a pas d'importance pour nous aujourd'hui, parce que tout le monde a grandi en associant le mot 'mathématiques' à sa signification actuelle (à savoir l'étude des relations entre les quantités).

En fait Andy Gleason, du département de mathématiques de Harvard, m'a donné ma définition favorite il y a quelques années : « Les mathématiques, c'est la science des motifs ».

*Puisque nous parlons de terminologie, êtes-vous satisfait de l'expression 'intelligence artificielle'* ?

Je n'y ai jamais réfléchi. J'ai quelquefois pensé facétieusement qu'elle devrait être renommée 'intelligence superficielle' parce qu'on doit examiner ce que signifie vraiment l''intelligence'. Nous avons jusqu'à maintenant construit des ordinateurs faisant tout ce que les gens disent normalement requérir de la pensée, mais nous n'avons presque pas avancer sur l'émulation de choses que les gens font *sans* penser. Beaucoup reste à faire.

Je crois qu'une grande partie de l'intelligence se fait inconsciemment, sans l'avoir planifié, sans effort mental. Mais je ne prétends pas en connaître beaucoup sur l'intelligence.

La chose principale est qu'une rose sentirait aussi bon quel que soit son nom mais que nous avons besoin de nommer les choses. J'essaie de faire attribuer des noms qui conviennent lorsqu'il est encore suffisamment tôt pour que je puisse avoir une influence. J'ai écrit un grand nombre de lettres disant : « Il vaudrait mieux penser à un autre nom ou utiliser tel ou tel nom. Il y a un conflit possible avec ceci ou cela. Choisissons un bon terme tant qu'il est encore temps. »

Mais une fois la bataille perdue, je n'essaie plus de combattre. Je suis en train de préparer une nouvelle édition de *The Art of Computer Programming* et j'ai changé plusieurs des mots utilisés dans les éditions précédentes, parce que je sais que les anciens ne sont plus courants. Ce sont les méchants qui ont gagné, mais ils ont gagné ; je me conforme à la volonté de la majorité.

*Pouvez-vous me donner deux exemples, un où vous avez gagné et un où vous avez perdu ?*

J'ai gagné la bataille des tas ('heap' en anglais) et celle des multiensembles ('multiset').

Considérons d'abord les tas. Cette importante structure de données a été inventée en Angleterre par un certain Williams en 1963 ; il l'a appelée tas ('heap'). Son concept de tas a une signification mathématique précise, celle d'un tableau unidimensionnel de nombres dans lequel la valeur en position $k$ est toujours plus petite ou égale que les valeurs en positions $2k$ et $2k + 1$, lorsque ces positions sont inférieures à la plus grande du tableau. S'il y a, par exemple, huit éléments dans le tableau, nous avons :

$$x_1 \leq x_2,\ \ x_1 \leq x_3,\ \ x_2 \leq x_4,\ \ x_2 \leq x_5,\ \ x_3 \leq x_6,\ \ x_3 \leq x_7,\ \ x_4 \leq x_8.$$

Il s'en suit, par exemple, que le premier nombre du tas en est le plus petit.

Williams a montré comment utiliser les tas pour trier des nombres, les tas ayant beaucoup d'autres utilisations par ailleurs. De plus 'heap' était un joli nom, et de plus court ; je l'ai tout naturellement adopté en écrivant *Sorting and Searching*.

Mais au milieu des années 1970 d'autres informaticiens, n'ayant jamais entendu parler des tas de Williams, ont décidé d'utiliser le même mot pour ce que mes amis et moi avions toujours appelé une 'piscine' ('pool' en anglais) : la zone de la mémoire de l'ordinateur réservée au partage de blocs de taille variable. Mon livre *Fundamental Algorithms* décrivait comment prendre des données dans la piscine, les réserver, les utiliser et éventuellement les replacer dans la piscine plus tard. Hélas, pour une raison ou une autre d'autres informaticiens ont commencé à appeler *cela* le tas. Cela a peut-être un sens ; lorsqu'on vit dans une ferme, peut-être qu'on ne s'approche pas de l'eau très souvent : on peut alors voir une zone de travail partagée comme un tas de choses et non comme une piscine. Mais en tout cas, les derniers venus ne savaient pas que le mot 'tas' était déjà utilisé dans des centaines d'articles pour une autre structure de données et qu'il y avait donc un conflit.

J'ai consulté récemment plusieurs dizaines de dictionnaires d'informatique et seulement deux d'entre eux mentionnent maintenant 'tas' dans cet autre sens. Mais il y avait un grand nombre d'articles de la fin des années 1970 qui m'ont fait commencer à douter d'utiliser 'tas', parce que quelqu'un avait sans le savoir piller ce très beau concept.

Un autre cas dans lequel je pense avoir parié sur le bon cheval (je ne le regarde pas comme un triomphe personnel ; ce que je veux dire est que la terminologie standard s'est dirigée dans la direction qui me plait) est le mot 'multiensemble'. Je savais depuis longtemps, et cela devint de plus en plus clair en écrivant mes livres, que les mathématiciens avaient besoin d'un nom pour le concept analogue à celui d'ensemble ordinaire, sauf que ses éléments pouvaient être répétés plus d'une fois.

Considérons, par exemple, un ensemble de trois choses, {chien, chat, lapin} et un autre ensemble d'éléments, {chat, souris}. La façon traditionnelle d'effectuer l'union de ces deux ensembles ne nous donne que quatre éléments, et non cinq, à savoir {chien, chat, souris, lapin}, parce qu'on suppose que les éléments d'un ensemble sont tous différents. Mais dans plusieurs secteurs des mathématiques, et tout particulièrement en informatique, on a besoin de considérer le cas où un élément peut être présent deux fois ou plus. Ce que nous appelons maintenant l'« union multiensembliste » des deux ensembles ci-dessus est un multiensemble de cinq éléments : {chien, chat, chat, souris, lapin}. De cette façon le chat s'y trouve deux fois.

Ceci semble une idée très simple, et c'est très important en mathématiques ; cela remonte, par exemple, à l'une des questions les plus fundamentales, les racines d'une équation polynomiale. Une équation quadratique a deux racines et une équation de degré $n$ a $n$ racines. Ce qui est appelé le théorème fondamental de l'algèbre dit que tout polynôme de degré $n$ a $n$ racines complexes. Mais il n'y a pas toujours $n$ racines complexes distinctes ; les $n$ racines constituent un multiensemble, pas toujours un ensemble, parce que la même racine peut apparaître plusieurs fois. Nous avons, de même, souvent à travailler avec le multiensemble des facteurs premiers d'un entier, et pas seulement avec l'ensemble des facteurs premiers : 12 est 2 fois 2 fois 3.

Il n'y avait pas, de façon étonnante, de mot pour ce concept, bien que certains parlaient informellement d'« ensemble avec répétition d'éléments ». Non seulement il n'y avait pas de mot propre mais il n'y avait pas non plus de notation pour l'union multiensembliste de deux multiensembles.

De plus en plus de personnes devenaient conscientes de la nécessité d'un tel terme et d'une telle notation ; chacune d'elles inventait un nom nouveau dans les articles qu'elle écrivait, donnant lieu à une terminologie incohérente.* J'en ai parlé avec mon ami Dick de Bruijn, professeur néerlandais dont je vous ai déjà parlé parce que ce fut un de mes mentors importants ; je veux lui dédicacer mon livre sur les articles de mathématiques discrètes. (J'ai reçu une lettre de lui il y a deux mois ; il est certainement encore très vigoureux.) En tous cas je lui ai demandé en 1968 son avis sur un terme approprié et il m'a répondu : « Appelons ça un multiensemble », mot nouveau qu'il venait juste de concevoir. Je l'ai tout de suite aimé et je l'ai intégré dans mon livre *Seminumerical Algorithms* (1969). J'ai aussi essayé de le propager, dans des lettres à des collègues, et je pense qu'il est maintenant largement adopté bien que beaucoup d'autres termes aient été en concurrence à un moment ou à un autre.

Le seul concurrent sérieux, dans certaines parties du monde, est le terme 'sac' ('bag' en anglais). Je pense que ce mot a disparu comme nom pour les ensembles avec répétition d'éléments, mais je suis encore surpris de le voir de temps en temps chaque année. Je ne pense pas en être jamais satisfait pour l'utiliser dans mes livres, en partie parce qu'un sac est un conteneur plutôt qu'une collection d'éléments, mais surtout parce qu'il semble horrible. J'entends par là qu'il s'agit d'un mot anglais terriblement inesthétique.

J'ai exprimé mon opinion dans des lettres à mon ancien étudiant Lyle Ramshaw, qui m'a répondu en entrant dans une très éloquente discussion. Mais malheureusement il n'aimait pas 'multiset', parce qu'il a trois syllables ! Il a écrit un article dans lequel il a très souvent besoin de ce concept, mais également besoin de préfixes à placer devant : il voulait faire des mots composés, comme 'hypermultiset', aussi voulait-il un équivalent d'une seule syllabe. Lyle était cependant d'accord que 'bag' ne convenait pas.

---

* *Note, 30 April 2011 :* par une étrange coïncidence, je viens de lire un article oublié depuis longtemps de A. B. Kempe, "A memoir on the theory of mathematical form," *Philosophical Transactions* **177** (1886), 1–70, dans lequel il propose au §45 le terme 'heap' pour le concept de multiensemble !

Nous avons alors consulté le *Thesaurus* de Roget et j'ai suggéré vingt mots, tout en disant : « Je pense toujours que 'multiensemble' est le plus approprié ». Son choix s'était porté sur 'suite', doux terme ayant également une connotation adéquate. Une suite est un ensemble de chambres ou une collection de pièces musicales allant ensemble. Malheureusement pour lui, cependant, cette suggestion a un défaut irrémédiable : les Français ne pourraient jamais l'adopter, car ils utilisent *déjà* le mot *suite* pour 'ensemble' ! Ils seraient laissés à l'écart si les mathématiciens anglais commençaient à distinguer les suites des ensembles. Le choix de Lyle était assez satisfaisant, conduisant à des combinaisons agréables comme 'sous-suite', sauf pour les relations avec les Français.

Avant de terminer mon histoire sur 'multiensemble' je dois dire un mot sur Gian-Carlo Rota, mathématicien influent, appelé Gianco par ses amis. Gianco est éditeur en chef de *The Encyclopedia of Mathematics* et de plusieurs revues mathématiques de poids, ainsi qu'un merveilleux critique de livres. Ses recensions sont pleines de remarques poignantes et aiguës sur tout ce qui concerne les mathématiques. Il a suggéré au milieu des années 1960 d'utiliser le mot 'liste' pour le concept de multiensemble.

L'informatique ne pouvait pas l'accepter ; une liste est en effet fondamentale pour nous et nous savons tous ce qu'est une liste. Le langage LISP de John McCarthy est fondé sur les listes et les programmeurs utilisent des listes partout. Comment un mathématicien pourrait-il nous dire ce qu'est une liste, après avoir passé un temps considérable à développer une théorie complètement différente ? Je lui ai donc écrit plusieurs lettres, lui disant : « Regardez, vous ne pouvez pas utiliser 'liste' ; vous êtes une personne trop influente. Vous devez comprendre que cela causerait des problèmes sans fin si vous le faites ».

Rota avait également écrit un livre sur la théorie mathématique communément appelée théorie des matroïdes, M-A-T-R-O-I-D-E étant proche du mot 'matrice', mais lui-même, n'aimant pas du tout le mot matroïde, avait scrupuleusement éviter de l'utiliser dans son livre. Il utilisait à la place 'géométries combinatoires.' Sa notion de géométrie combinatoire était en fait plus générale que ce qu'on appelle un matroïde : un matroïde est une géométrie combinatoire non dégénérée.

J'ai écrit en 1968 à Gianco sur le terme « multiensemble » de de Bruijn et nous nous avons trouvé un accord : il promettait d'utiliser 'multiensemble' au lieu de 'liste' dans ses articles si je promettais de ne pas utiliser 'matroïde' mais de dire 'géométrie combinatoire'. Nous en étions arrivés là, à virevolter et à négocier ; c'est la façon dont la science avance. Et il prenait sa part de la bonne affaire. Aucun mathématicien n'utilise plus le mot 'liste' avec cette signification, autant que je sache. Par ailleurs, le taux de personnes utilisant 'multiensemble' par rapport à 'bag' est au moins d'un millier pour un et en progression. Cet aspect de la terminologie se stabilise de la bonne façon.

Mais j'ai dû renoncer à ma partie de l'accord, parce que je n'ai pas besoin de parler de la théorie des matroïdes avant le volume 4. Pendant ce temps le reste du monde a complètement pris le train en marche et a appelé matroïde ce concept : il y a un million de personnes disant 'matroïde' pour une disant 'géométrie combinatoire'. Je ne pourrai clairement pas respecter ma partie de l'accord, car cela serait stupide. La bataille est perdue et il serait le premier à l'admettre. Lorsque j'écrirai le volume 4, je dirai bien sûr que géométrie combinatoire est un concept plus général que celui de matroïde, qui en est le cas non dégénéré ; mais c'est tout ce que je peux faire.

Bien, les termes 'heap' et 'multiset' ont pris la place que je voulais. Dans quels cas ai-je perdu ? Le problème terminologique qui a le plus affecté mes livres se rapporte au mot signifiant un certain type d'opposant. Lorsqu'on essaie de prouver qu'un algorithme est toujours efficace, on doit imaginer une force opposée essayant de rendre le déroulement de l'algorithme aussi lent que possible.

Lorsqu'on veut montrer, par exemple, qu'un algorithme se termine toujours assez rapidement, on doit expliquer ce qu'il va faire en toute circonstance. Par contre, lorsqu'on veut prouver qu'aucun algorithme ne peut être rapide, on doit présenter de sérieux obstacles à tout algorithme possible.

Ce type de force opposante est appelée de nos jours un adversaire. J'avais besoin d'un nom pour cela lorsque j'ai écrit la première édition du volume 3. J'ai décidé d'utiliser le terme 'oracle', parce que l'oracle de Delphes donnait des réponses aux questions qu'un pélerin (ou un algorithme) lui posait.

Mais je me suis rendu compte plus tard que beaucoup d'informaticiens utilisaient le terme 'oracle' dans un autre sens : un oracle pouvait vous aider, non participer à un match avec vous. Lorsqu'on veut connaître la réponse à une question, on interroge l'oracle, et l'oracle révèle la vérité. Supposons qu'on ait une sous-routine oracle dans un programme ; on peut alors dire : « Je dois faire tel ou tel travail, y compris interroger tant et tant de fois l'oracle pour m'aider ».

Dans le second tirage du volume 3 (1975), j'ai donc changé le mot 'oracle' en 'démon'. Mais ce n'était pas encore bon. Vingt années de plus se sont passées et les informaticiens théoriciens ont définitivement choisi le mot 'adversaire' pour ce concept. Dans la nouvelle édition que je suis en train de préparer, je parlerai à la section 5.3.2 uniquement d'adversaire, et non plus d'oracle ou de démon.

Il est vital d'avoir des noms appropriés pour les choses que nous manipulons. Toutes les cultures ont pris conscience du pouvoir des noms ; comme on le sait, il y a souvent un tabou strict sur l'utilisation du nom de Dieu, parce qu'il est trop sacré. On pense, dans beaucoup de parties du monde, que connaître le nom de quelqu'un nous confère un pouvoir sur lui.

Les noms sont également importants lorsqu'on développe un logiciel. Un produit ne fait pas son chemin avant d'avoir reçu un nom convenable ; mais ensuite, cela vient comme par magie. J'ai très fortement remarqué cet effet lorsque j'ai choisi le nom TEX et, plus tard, lorsque Bob Filman m'a suggéré le nom MF. Un effet psychologique subtil a complétement changé mon attitude envers ces programmes. Je ne sais pas exactement pourquoi mais je sais que les noms sont très puissants, à partir du moment où ils ont été bien choisis.

La même chose arrive en informatique. J'ai besoin de bonnes définitions et d'une terminologie convenable, sinon mon analyse manque de personnalité. J'ai donc toujours choisi des noms convenables, et de bonnes notations, autant que faire se peut.

J'ai également essayé de toujours choisir un nom qui n'entre pas en conflits avec d'autres. Les biologistes appliquent ce principe à l'extrême ; ils ont des mots fort longs pour nommer chaque chose, généralement fondés sur des racines grecques. Les informaticiens comme moi essayent de prendre conscience du pouvoir des mots, mais nous ne nommons pas les choses juste pour le plaisir d'inventer de nouveaux mots, nous essayons d'avoir des noms systématiques constituant des sortes de famille, aussi peut-on prévoir ce qu'un autre nom signifiera. Je suis sûr que les biologistes et les biochimistes en font trop ; je suppose par ailleurs qu'ils ont tellement plus de choses à nommer qu'ils sont forcés d'avoir des noms longs.

De plus, les scientifiques essaient d'avoir des noms intuitifs et dont il est facile de se souvenir. D'un point de vue logique, il devrait en être ainsi pour tout nom ; mais d'un point de vue psychologique, seuls en fait quelques noms marchent bien.

Nous n'essayons pas de créer plus de noms que nécessaire mais lorsqu'on écrit un article on ne s'attend pas à ce que le nouveau terme qui y est introduit envahisse le monde entier. Des noms non appropriés ont souvent leur origine du fait qu'un auteur n'a pas profondément réfléchi avant de le proposer ; un premier jet a été donné par commodité sans se rendre compte qu'il va être porté à tout jamais.

J'ai été coupable de cette mauvaises habitude dans un de mes premiers articles encore bien connu, celui où j'ai décidé de définir de façon arbitraire quelque chose appelé grammaire L-R-de-$k$, 'LR($k$)'. De telles grammaires correspondent aux langages artificiels que les ordinateurs manipulent de façon particulièrement efficace. Je n'ai pas alors beaucoup réfléchi à la terminologie ; je l'ai choisi parce que mon algorithme lisait les caractères de gauche à droite, d'où LR (pour 'left to right') et qu'il n'avait pas besoin de revenir en arrière de plus de $k$ étapes, d'où $k$. Je l'ai appelé LR($k$) sans réfléchir à l'existence d'un meilleur terme. Maintenant, cependant, des centaines de milliers d'articles on été écrits sur les divers aspects de LR($k$) et il n'est plus temps d'en changer.

J'aurais certainement mieux fait de chercher un meilleur nom ; en fait, j'avais déjà essayer de sauver cette terminologie en 1967. Mon article sur les LR($k$) a été écrit début 1965 ; j'ai introduit dans mes conférences données au Danemark en 1967, dont je vous ai déjà parlées, une autre théorie appelée 'LL($k$)'. Je voulais expliquer pourquoi L-R-de-$k$ avait un sens, aussi ai-je cherché d'une façon gnangnan lesquelles des quatre combinaisons LR, LL, RL et RR pouvaient avoir une signification technique. Mon introduction de 'LL($k$)' tendait à masquer l'arbitraire du 'LR($k$)' antérieur ; mais c'était encore bien faible. Après coup, j'aurais pu dire : « Eh bien, c'est une bonne chose que LR ait été introduit plus tôt », mais ceci aurait été faux. En tous cas LR et LL sont maintenant des terminologies standard, à défaut d'être les meilleures.

On n'a pas besoin de donner un nouveau nom à quelque chose à moins qu'elle ne soit souvent utilisée ou que ce ne soit une combinaison importante de concepts. Lorsqu'un domaine est suffisamment riche, ses termes tendent à se cristalliser et sont empruntés par beaucoup d'autres chercheurs. Il a sa propre vie ; on ne doit pas changer constamment sa terminologie.

Je n'aime pas les 'ismes' des sciences sociales identifiant les philosophies avec une étiquette ou une autre. Ils dégradent certainement tous les arguments politiques qui sont en train d'être émis, avec les élections à venir ; on doit savoir à quels 'ismes' on souscrit. Je suppose que ces étiquettes nous aident un peu à identifier les points de vue ; sans 'isme' du tout, on ne serait certainement pas capables d'organiser aussi bien nos pensées. Mais je pense que la plupart du temps les étiquettes politiques et philosophiques vont beaucoup trop loin, aussi perdons-nous pied du vrai sujet pour ne jouer qu'à un jeu, avec des points inutiles gagnés d'un côté ou de l'autre.

Chapitre 16

# Curriculum Vitæ

## Informations biographiques et personnelles

Donald Ervin Knuth est né le 10 janvier 1938 à Milwaukee, Wisconsin (USA).

Marié à Nancy Jill Carter le 24 juin 1961 à Fostoria, Ohio (USA).

Enfants : John Martin (né le 21 juillet 1965) et Jennifer Sierra (née le 12 décembre 1966).

## Enseignement supérieur

Case Institute of Technology, septembre 1956–juin 1960 ; B.S. (*Bachelor of Science*, licence), avec félicitations du jury, juin 1960 ; M.S. (*Master of Science*, par vote exceptionnel du corps enseignant), juin 1960.

California Institute of Technology, septembre 1960–juin 1963 ; Ph.D. (thèse) ès Mathématiques, juin 1963 : *Finite Semifields and Projective Planes*.

## Carrière

Consultant, Burroughs Corp., Pasadena, California, 1960–1968.

Assistant en Mathématiques, California Institute of Technology, 1963–1966.

Maître de conférences en Mathématiques, California Institute of Technology, 1966–1968.

Professeur d'Informatique, Stanford University, 1968–.

Mathématicien consultant, Institute for Defense Analyses — Communications Research Division, 1968–1969.

Professeur invité de Mathématiques, Université d'Oslo, 1972–1973.

Professeur de Génie électrique (titre de courtoisie), Stanford University, 1977–.

Chaire Fletcher Jones en Informatique, Stanford University, 1977–1989.

Professeur de « The Art of Computer Programming », Stanford University, 1990–1992.

Professeur émérite de « The Art of Computer Programming », Stanford University, 1993–.

Professeur en visite en Informatique, Université d'Oxford, 2002–2006, 2011–2017.

Professeur honoraire, Cardiff School of Computer Science and Informatics, 2011–2016.

Theta Chi Hall of Honor, 2016–.

## Sociétés professionnelles

American Mathematical Society, 1961–.
  Committee on Composition Technology, 1978–1981.

Association for Computing Machinery, 1959–.
  Président du sous-comité sur ALGOL, 1963–1964.
  General technical achievement awards subcommittee, 1975–1979.
  National Lecturer, 1966–1967.
  Visiting Scientist, 1966–1967.

Mathematical Association of America, 1959–.

Society for Industrial and Applied Mathematics, 1965–.

American Guild of Organists, 1965–.

## Sociétés honoraires

Pi Delta Epsilon, 1958–.

Tau Beta Pi, 1958–.

Blue Key, 1959–.

Sigma Xi, 1960–.

American Academy of Arts and Sciences (Class I, Section 5), 1973–.

National Academy of Sciences (Class III, Section 33), 1975–.

The British Computer Society, Distinguished Fellow, 1980–.

National Academy of Engineering, 1981–.

Institute of Electrical and Electronics Engineers, membre honoraire, 1982–.

Académie des Sciences, Paris, associé étranger, 1992–.

Det Norske Videnskaps-Akademi, Utenlandsk medlem, 1993–.

Bayerische Akademie der Wissenschaften, Korrespondierendes Mitglied der Mathematisch-naturwissenschaftlichen Klasse, 1998–.

Royal Society of London for Improving Natural Knowledge, membre étranger, 2003–.

Pi Mu Epsilon, 2007–.
Russian Academy of Sciences [Rossii0skaya Akademiya Nauk], membre étranger, 2008–.
Upsilon Pi Epsilon, 2011–.

## Doctorats *Honoris Causa*

Doctor of Science, honoris causa, Case Western Reserve University, 1980.
Doctor of Science, honoris causa, Luther College, 1985.
Doctor of Science, honoris causa, Lawrence University, 1985.
Doctor of Science, honoris causa, Muhlenberg College, 1986.
Doctor of Science, honoris causa, University of Pennsylvania, 1986.
Docteur honoris causa, Université Paris–Sud (Orsay), 1986.
Doctor of Science, honoris causa, University of Rochester, 1986.
Doctor of Science, honoris causa, State University of New York at Stony Brook, 1987.
Doctor of Science, honoris causa, Valparaiso University, 1988.
Doctor of Science, honoris causa, University of Oxford, 1988.
Doctor of Science, honoris causa, Brown University, 1988.
Doctor of Science, honoris causa, Grinnell College, 1989.
Doctor of Science, honoris causa, Dartmouth College, 1990.
Doctor of Science, honoris causa, Concordia University, Montréal, 1991.
Honorary Doctor of Technology, Royal Institute of Technology, Stockholm, 1991.
Pochetnyi Doktor, Saint Petersburg University, 1992.
Doctor of Science, honoris causa, Adelphi University, 1993.
Docteur honoris causa, Université Paris Est – Marne-la-Vallée, 1993.
Doctor Scientiæ Mathematicæ, honoris causa, Masaryk University, Brno, 1996.
Doctor of Science, honoris causa, Duke University, 1998.
Doctor of Science, honoris causa, St. Andrews University, Scotland, 1998.
Doctor of Letters, honoris causa, University of Waterloo, Canada, 2000.
Ep'itimos Did'aktwr, Athens University of Economics and Business, 2001.
Doctor of Science, honoris causa, Eberhard Karls Universität Tübingen, 2001.
Doctor Philosophiæ honoris causa, Universitetet i Oslo, 2002.
Doctor honoris causa in de Wetenschappen, Universiteit Antwerpen, 2003.

Doctor of Science, honoris causa, Harvard University, 2003.

Ep'itimos Did'aktwr, Université de Macédoine, 2003.

Doctor of Science, honoris causa, Université de Montréal, 2004.

Honorary Doctor, National Academy of Sciences, Republic of Armenia, 2005.

Doktor der Wissenschaften, honoris causa, Eidgenössische Technische Hochschule Zürich, 2005.

Honorary Doctor of Letters, Concordia University Wisconsin, 2006.

Docteur honoris causa, Université Bordeaux I, 2007.

Doctor of Science, honoris causa, University of Glasgow, 2011.

Doctor of Science, honoris causa, National University of Ireland, 2015.

## Honneurs et prix

Case Honor Key, 1959.

Woodrow Wilson Fellow, 1960.

National Science Foundation Fellow, 1960.

Prix Grace Murray Hopper (premier bénéficiaire), Association for Computing Machinery, 1971. ($1 000)

John Simon Guggenheim Fellow, 1972–1973.

Prix Alan M. Turing, Association for Computing Machinery, 1974. ($1 000)

Prix Lester R. Ford, Mathematical Association of America, 1975. ($100, pour l'article P63.)

Prix California Institute of Technology Distinguished Alumni, 1978.

National Medal of Science, 1979.

W. Wallace McDowell Award, IEEE Computer Society, 1980. ($1 000)

Priestley Award, Dickinson College, 1981. ($1 000)

Prix IEEE Computer Pioneer (charter recipient), 1982.

Prix Golden Plate, American Academy of Achievement, 1985.

Prix ACM SIGCSE, 1986. ($500)

Prix ACM Software Systems, 1986.

Prix Steele for Expository Writing, American Mathematical Society, 1986. ($4 000)

The New York Academy of Sciences Award, 1987. ($5 000)

Benjamin Franklin Medal, Franklin Institute, Philadelphia, 1988.

Prix J. D. Warnier, 1989. ($3 000)

Gold Medal Award, Case Alumni Association, 1990.

*Computer Language* productivity award, 1992. [Décerné pour *Literate Programming*.]

Prix Lester R. Ford, Mathematical Association of America, 1993. ($250, pour l'article P137.)

Best New Book: Computer Science, Association of American Publishers, 1994. [Décerné pour *The Stanford GraphBase*.]

ACM Fellow (charter recipient), 1994.

Adelsköld Medal, Royal Swedish Academy of Sciences, 1994.

IEEE John von Neumann Medal, 1995. ($10 000)

Prix Harvey, Technion, 1995. ($35 000)

Memorial Medal, Mathematics and Physics Faculty, Charles University, Prague, 1996.

Cum Deo Award (charter recipient), Milwaukee Lutheran High School, 1996.

Kyoto Prize for Advanced Technology, The Inamori Foundation, 1996. (¥50 000 000)

Fellow of The Computer History Museum, 1998–.

Planète mineure "(21656) Knuth" [`http://sunkl.asu.cas.cz/~asteroid/ planetky/21656/eng.htm`], baptisée en 2001.

Honorary Fellow, Magdalen College, Oxford University, 2005–.

Gold Commemorable Medal, State Engineering University of Armenia, 2006.

Gold medal from Yerevan State University, 2006.

Electronic Design's Engineering Hall of Fame, 2007.

SIAM Fellow (charter recipient), 2009.

Katayanagi Prize for Research Excellence, 2010 ($10 000).

ABACUS Award, Upsilon Pi Epsilon, 2011 ($5 000).

2010 Frontiers of Knowledge Award in Information and Communication Technologies, BBVA Foundation, 2011 (400 000 €).

Stanford Engineering Hero, 2011.

IET Faraday Medal, 2011.

Ausbildungs- und Beratungszentrum für Informatikunterricht Platinum Gold Medal of Eidgenössische Technische Hochschule Zürich for Computer Science and Computer Science Education, 2012.

Membre, American Philosophical Society (Class 1), 2012–.

American Mathematical Society Fellow (charter recipient), 2013.

Prix Dr. Peter Karow pour Font Technology and Digital Typography, 12 octobre 2013.

Membre honoraire, London Mathematical Society, 2015–.

Trotter Prize in Information, Complexity, and Inference, Texas A&M University, 2018 ($5 000).

## Principaux exposés invités

ACM National Convention, Syracuse, 1962 (article Q5).

NATO Summer School, Denmark, 1967 (article P48).

Britannica Scholar, Chicago, 1968.

International Symposium on Teaching of Programming, Newcastle-Upon-Tyne, 1970.

International Congress of Mathematicians, Nice, 1970 (article P44).

IFIP Congress, Ljubljana, 1971 (article P46).

International Congress on Logic, Methodology, and Philosophy of Science, Bucharest, 1971 (article P56).

Mathematical Association of America, San Francisco, 1974.

The Computer Science Lecture, Carnegie-Mellon University, 1974.

ACM National Convention, San Diego, 1974 (article P68).

Symposium on Computational Systems, Monterrey, Mexico, 1975.

Chaire Aisenstadt, Université de Montréal, 1975 (*Mariages Stables*).

American Association for the Advancement of Science, Boston, 1976 (article P82).

Gibbs Lecture (American Mathematical Society), Atlanta, 1978 (article P91).

Gillies Lectures, University of Illinois, 1979.

Hitchcock Professor, University of California, 1979.

Ritt Lecture, Columbia University, 1980.

International Colloquium on Automata, Languages, and Programming, Epidaurus, Greece, 1985 (article Q82).

4th SIAM Conference on Discrete Mathematics, San Francisco, 1988.

IFIP Congress, San Francisco, 1989 (keynote address, article P138).

Organick Memorial Lectures, University of Utah, 1990.

Donegall Lectures in Mathematics, Trinity College, Dublin, 1992.

International Symposium on Teaching of Programming, Newcastle-Upon-Tyne (25th Anniversary Year), 1992.

Chaim Weizmann Memorial Lectures, Weizmann Institute of Science, 1992.

ACM–SIAM Symposium on Discrete Algorithms, Austin, 1993 (article P127).

ATypI Congress, San Francisco, 1994.

Unicode Conference, San José, 1995.

Commemorative lecture for Fiftieth Anniversary of Mathematisch Centrum, Amsterdam, 1996.

Commemorative lecture for Kyoto Prize, Kyoto, 1996 (article R59).

SIAM Annual Meeting, Stanford, 1997.
God and Computer Lectures, MIT, 1999 (*Things a Computer Scientist Rarely Talks About*).
Pascal Lectures, University of Waterloo, 2000.
Strachey Lecture, Oxford University, 2001.
Pi Mu Epsilon J. Sutherland Frame Lecture, San José, 2007.
Dan E. Christie Lectures, Bowdoin College, 2011.
Vienna Distinguished Gödel Lecture, Vienna University of Techology, 2013.
SIAM Annual Meeting (Von Neumann Lecture), Boston, 2016.

## Comités éditoriaux

*ACM Transactions on Algorithms*, 2004–.
*Acta Informatica*, 1970–.
*Advances in Mathematics*, 1971–1979.
*Applied Mathematics Letters*, 1987–2000.
*Communications of the ACM*, 1966.
*Combinatorica*, 1985–1998.
*Computers and Mathematics with Applications*, 1973–2008.
*Discrete Applied Mathematics*, 1979.
*Discrete and Computational Geometry*, 1986–2012.
*Discrete Mathematics*, 1970–1978.
*Electronic Journal of Combinatorics*, 1994–2013.
*Fibonacci Quarterly*, 1964–1979.
*Historia Mathematica*, 1972–1979.
*Human-Computer Interaction*, 1985–1995.
*IEEE Transactions on Software Engineering*, 1975–1979.
*Information Processing Letters*, 1970–1979.
*Japan Journal of Industrial and Applied Mathematics*, 1997–.
*Journal of Algorithms*, 1979–2004.
*Journal of Computer and Information Sciences*, 1969–1979.
*Journal of Computer and System Sciences*, 1969–2012.
*Journal of Computer Science and Technology*, 1989–.
*Journal of Experimental Algorithmics*, 1996–.
*Journal of Graph Algorithms and Applications*, 1996–.
*Journal of Graph Theory*, 1975–1979.
*Journal of the ACM*, 1964–1967.
*Journal on Statistical Planning and Inference*, 1975–1979.

*Mathematica Journal*, 1990–.
*The Mathematical Intelligencer*, 1978–1979.
*Random Structures & Algorithms*, 1990–2007.
*SIAM Journal on Computing*, 1973–1979.
*Software — Practice & Experience*, 1979–2007.
*Software Concepts & Tools*, 1994–2000.
*Structured Programming*, 1989–1993.
*Theory of Computing*, 2004–.
*Utilitas Mathematica*, 1970–1972.

## Publications

Voir chapitres 17 (livres), 18* (articles) et 21** (index alphabétique des titres).

## Brevets

U.S. Patent 3422405 (avec Roger E. Packard) Digital computers having an indirect field length operation (14 janvier 1969).

U.S. Patent 3454929 (avec Donald P. Hynes) Computer edit system (8 juillet 1969).

U.S. Patent 3548174 Random number generator (15 décembre 1970).

U.S. Patent 3626167 (avec LeRoy R. Guck et Lawrence G. Hanson) Scaling and number base converting method and apparatus (7 décembre 1971).

U.S. Patent 5305118 (avec Stephen N. Schiller) Methods of controlling dot size in digital halftoning with multi-cell threshold arrays (19 avril 1994). European patent 96108227.8-2202 (17 juillet 1996).

## Étudiants en thèse

Wayne Theodore Wilner : “Declarative Semantic Definition,” 1971.

Clark Allan Crane : “Linear Lists and Priority Queues as Balanced Binary Trees,” 1972.

Isu Fang : “FOLDS, A Declarative Formal Language Definition System,” 1972.

Michael Lawrence Fredman : “Growth Properties of a Class of Recursively Defined Functions,” 1972.

---

* Non traduit.

** Non traduit.

Vaughan Ronald Pratt : "Shellsort and Sorting Networks," 1972.

Richard Lee Sites : "Proving that Computer Programs Terminate Cleanly," 1974.

Gary Don Knott : "Deletion in Binary Storage Trees," 1975.

Edwin Hallowell Satterthwaite, Jr. : "Source Language Debugging Tools," 1975.

Robert Sedgewick : "Quicksort," 1975.

Leonidas Ioannis Guibas : "The Analysis of Hashing Algorithms," 1976.

Mark Robbin Brown : "The Analysis of a Practical and Nearly Optimal Priority Queue," 1977.

Richard Eric Sweet (codirection avec Cordell Green) : "Empirical Estimates of Program Entropy," 1977.

John Fredrick Reiser : "Analysis of Additive Random Number Generators," 1977.

Bernard Marcel Mont-Reynaud : "Hierarchical Properties of Flows, and the Determination of Inner Loops," 1977.

Luis Isidoro Trabb Pardo : "Set Representation and Set Intersection," 1978.

Lyle Harold Ramshaw : "Formalizing the Analysis of Algorithms," 1979.

Christopher John Van Wyk : "A Language for Typesetting Graphics," 1980.

Jeffrey Scott Vitter : "Analysis of Coalesced Hashing," 1980.

Michael Frederick Plass : "Optimal Pagination Techniques for Automatic Typesetting Systems," 1981.

Ignacio Andrés Zabala Salelles : "Interacting with Graphic Objects," 1982.

Daniel Hill Greene : "Labelled Formal Languages and Their Uses," 1983.

Franklin Mark Liang : "Word Hy-phen-a-tion by Com-put-er," 1983.

Andrei Zary Broder : "Weighted Random Mappings," 1985.

John Douglas Hobby : "Digitized Brush Trajectories," 1985.

Scott Edward Kim : "Viewpoint: Toward a Computer for Visual Thinkers," 1987.

Pang-Chieh Chen : "Heuristic Sampling in Backtrack Trees," 1989.

Ramsey Wadi Haddad : "Triangularization: A Two-Processor Scheduling Problem," 1990.

Tomás Feder : "Stable Networks and Product Graphs," 1991.

## Addendum

La page web :

`http://www-cs-faculty.stanford.edu/~knuth/vita.html`

contient des mises à jour sur les données biographiques publiées, des enregistrements audio et video, ainsi que sur ce qui est arrivé postérieurement à la préparation du listing ci-dessus, au printemps 2011.

Chapitre 17

# Livres et leurs traductions

## *The Art of Computer Programming*

- *Fundamental Algorithms*, Volume 1 of *The Art of Computer Programming*.

Première édition. (Reading, Massachusetts: Addison–Wesley, 1968), xxii + 634 pages. Second tirage, révisé, juillet 1969.

Seconde édition, complètement révisée. (Reading, Massachusetts: Addison–Wesley, 1973), xxii + 634 pages. Second tirage, révisé, février 1975.

Traduction roumaine par Adrian Davidoviciu et Adrian Petrescu, sous la direction de Smaranda Dimitriu et Paul Zamfirescu, *Tratat de programarea calculatoarelor*, Volumul 1, *Algoritmi fundamentali* (Bucarest, Editura tehnică, 1974), 676 pages.

Traduction russe par Galina P. Babenko et Îu. M. Baîakovskiĭ, éditée par K. I. Babenko et V. Šhtarkman, *Iskusstvo programmirovaniîa dlîa ÉVM*, Tom 1 : *Osnovnye algoritmy* (Moscou, Mir, 1976), 735 pages.

Traduction japonaise, sous la direction de Takakazu Simauti, en deux volumes : Chapitre 1, par Ken Hirose, *Kihon Sampō / Kiso Gainen* (Tokyo, Saiensu-Sha, 1978), 22 + 331 pages ; Chapitre 2, par Nobuo Yoneda et Katsuhiko Kakehi, *Kihon Sampō / Jōhō Kōzō* (Tokyo, Saiensu-Sha, 1978), 8 + 373 pages.

Traduction chinoise par Guan JiWen et Su Yunlin, *Ji Suan Ji Cheng Xu She Ji Ji Qiao*, Di 1 Juan, *Ji Ben Suan Fa* (Pékin, Defense Industry Publishing, 1980), 14 + 573 pages.

Traduction espagnole par Michel Antscherl Harlange et Joan Lluis i Biset, sous la direction de Ramón Puigjaner i Trepat, *El arte de programar ordenadores*, Volumen 1: *Algoritmos fundamentales* (Barcelone, Editorial Reverté, 1980), xxiii + 672 pages.

Édition indienne pour les étudiants, avec une introduction par P. C. P. Bhatt (New Delhi, Narosa Publishing House, 1985).

Traduction hongroise par András Gyárfás, G. Zoltán Szabó, László Székely et Tamás Turán, sous la direction de Miklós Simonovits, *A számítógép-programozás művészete* 1. *Alapvető algoritmusok* (Budapest, Műszaki Könyvkiadó, 1987), 654 pages.

Troisième édition, complètement révisée. (Reading, Massachusetts: Addison–Wesley, 1997), à l'origine xx + 650 pages ; xx + 652 pages depuis le tirage de 2011.

Traduction russe par S. G. Trigub, I͡u. G. Gordienko et I. V. Krasikov, éditée par S. N. Trigub, sous la direction de I͡u. V. Kozachenko, *Iskusstvo programmirovaniia͡*, Tom 1 : *Osnovnye algoritmy* (Moscou, Vil'iams, 2000), 713 pages.

Traduction roumaine par Mihaela Târpa, *Arta programării calculatoarelor*, Volumul 1, *Algoritmi fundamentali* (Bucarest, Editura Teora, 2002), 616 pages.

Traduction chinoise par Su Yunlin, *Jisuanji Chengxu Sheji Yishu*, Di 1 Juan, *Jiben Suanfa* (Pékin, National Defense Industry Press, 2002), xx + 625 pages.

Traduction polonaise par Grzegorz Jakacki, *Sztuka programowania*, Tom 1: *Algorytmy podstawowe* (Varsovie, Wydawnictwa Naukowo-Techniczne, 2002), xxiv + 679 pages.

Traduction japonaise par Takashi Aoki, Kazuhiko Kakehi, Ken-Ichi Suzuki et Takahiro Nagao, supervisée par Eiiti Wada (Tokyo, ASCII Corporation, 2004), xxii + 632 pages. Réimpression brochée (Tokyo, ASCII DWANGO, 2015).

Traduction coréenne par Ryu Gwang, *Keompyuteo peurogeuraemingui yesul*, 1: *Gicho algorijeum* (Séoul, Hanbit Media, 2006), 793 pages.

Traduction tchèque par David Krásenský, *Umění programování*, 1. díl, *Základní algoritmy* (Brno, Computer Press, 2008), xx + 649 pages.

Traduction chinoise par Li Bomin, Fan Ming et Jiang Aijun, *Jisuanji Chengxu Sheji Yishu*, 1. Juan: *Jiben Suanfa* (Pékin, Posts & Telecom Press, 2016), xv + 517 pp.

Traduction allemande (Heidelberg, Springer), En préparation.

Traduction en macédonien (Skopje, Prosvetno Delo), en préparation.

Traduction grecque (Athènes, Tziolas) en preparation.

MIX (Reading, Massachusetts: Addison–Wesley, 1971), 48 pages.

Volume 1, Fascicle 1: `MMIX`: *A RISC Computer for the New Millennium* (Upper Saddle River, New Jersey: Addison–Wesley, 2005), v + 134 pages.

Traduction roumaine par Ioan Bledea, `MMIX`: *Un calculator RISC pentru noul mileniu* (Bucarest, Editura Teora, 2005), ix + 149 pages.

Traduction japonaise par Makoto Arisawa et Eiiti Wada (Tokyo, ASCII Corporation, 2006), vii + 134 pages.

Traduction russe par Yu. G. Gordienko, éditée par S. N. Trigub, *MMIX — RISC-komp'iuter dli͡a novogo tysi͡acheletii͡a* (Moscou, Vil'iams, 2007), 151 pages.

Traduction polonaise par Grzegorz Jakacki, `MMIX` — *komputer na nowe tysiąclecie* (Varsovie, Wydawnictwa Naukowo-Techniczne, 2008), xii + 146 pages.

Traduction hongroise par Péter Burcsi et Zoltán Csörnyei, sous la direction de Antal Iványi, `MMIX`: *RISC számítógép a következő évezredre* (Budapest, Antoncom Infokommunikációs, 2009), 168 pages.

- *Seminumerical Algorithms*, volume 2 de *The Art of Computer Programming*.

Première édition. (Reading, Massachusetts: Addison–Wesley, 1969), xii + 624 pages. Second tirage, révisé, novembre 1971.

Traduction russe par Galina P. Babenko, É. G. Belaga et L. V. Maĭorov, éditée par K. I. Babenko, *Iskusstvo programmirovanii͡a dli͡a ÉVM*, Tom 2 : *Poluchislennye algoritmy* (Moscou, Mir, 1977), 724 pages.

Seconde édition, complètement révisée. (Reading, Massachusetts: Addison–Wesley, 1981), xiv + 689 pages.

Traduction roumaine par Florian Petrescu, Ioan Georgescu et Rolanda Predescu, éditée par Paul Zamfirescu, *Tratat de programarea calculatoarelor*, Volumul 2, *Algoritmi seminumerici* (Bucarest, Editura tehnică, 1983), 722 pages.

Traduction japonaise, sous la direction de Takakazu Simauti, en deux volumes : Chapitre 3, par Masaaki Sibuya, *Jun Suchi Sampō / Ransū* (Tokyo, Saiensu-Sha, 1982), ii + 259 pages ; Chapitre 4, par Keisuke Nakagawa, *Jun Suchi Sampō / Sanjutsu Enzan* (Tokyo, Saiensu-Sha, 1986), xii + 536 pages.

Traduction hongroise par Fiala Tibor, Róbert Freud, János Gerlits, Gábor Hanák et Tibor Nemetz, sous la direction de Miklós Simonovits, *A számítógép-programozás művészete* 2. *Szeminumerikus algoritmusok* (Budapest, Műszaki Könyvkiadó, 1987), 690 pages.

Traduction chinoise par Guan JiWen et Su Yunlin, sous la direction de Lu Ruqian, *Ji Suan Ji Cheng Xu She Ji Ji Qiao*, Di 2 Juan, *Ban Shu Zhi Suan Fa* (Pékin, Defense Industry Publishing, 1992), 10 + 622 pages.

Troisième édition, complètement révisée. (Reading, Massachusetts: Addison–Wesley, 1997), à l'origine xiv + 762 pages ; xiv + 764 pages depuis la tirage de 2011.

Traduction russe par L. F. Kozachenko, V. T. Tertyshnyĭ et I. V. Krasikov, éditée par S. N. Trigub, sous la direction de I͡u. V. Kozachenko, *Iskusstvo programmirovanii͡a*, Tom 2 : *Poluchislennye algoritmy* (Moscou, Vil'iams, 2000), 830 pages.

Traductiom allemande du chapitre 4, par Rüdiger Loos, *Arithmetik* (Heidelberg, Springer, 2001), xiii + 538 pages.

Traduction roumaine par Mihaela Tãrpa, Cora Radulian et Mihai Iosif, *Arta programării calculatoarelor*, Volumul 2: *Algoritmi seminumerici* (Bucarest, Editura Teora, 2002), 663 pages.

Traduction chinoise par Su Yunlin, *Jisuanji Chengxu Sheji Yishu*, Di 2 Juan, *Ban Shuzhi Suanfa* (Pékin, National Defense Industry Press, 2002), xii + 760 pages.

Traduction polonaise par Adam Malinowski, *Sztuka programowania*, Tom 2: *Algorytmy seminumeryczne* (Varsovie, Wydawnictwa Naukowo Techniczne, 2002), xviii + 820 pages.

Traduction japonaise par Hiroaki Saito, Takahiro Nagao, Shogo Matsui, Takao Matsui et Hitoshi Yamaushi, supervisée par Makoto Arisawa et Eiiti Wada (Tokyo, ASCII Corporation, 2004), xvi + 725 pages. Réimpression brochée (Tokyo, ASCII DWANGO, 2015).

Traduction coréenne par Ryu Gwang, *Keompyuteo peurogeuraemingui yesul*, 2: *Junsuchijeog algorijeum* (Séoul, Hanbit Media, 2007), 933 pages.

Traduction tchèque par David Krásenský, *Umění programování*, 2. díl, *Seminumerické algoritmy* (Brno, Computer Press, 2010), xii + 763 pages.

Traduction chinoise, *Jisuanji Chengxu Sheji Yishu*, 2. Juan: *Ban Shuzhi Suanfa* (Pékin, Posts & Telecom Press, 2016), x + 603 pp.

Traduction espagnole, *El arte de programar ordenadores*, Volumen 2: *Algoritmos seminuméricos* (Barcelone, Editorial Reverté), en préparation.

Traduction en macédonien (Skopje, Prosvetno Delo), en préparation.

- *Sorting and Searching*, volume 3 de *The Art of Computer Programming*.

Première édition. (Reading, Massachusetts: Addison–Wesley, 1973), xii + 722 pages + dépliant. Second tirage, révisé, mars 1975, xii + 725 pp.

Traduction roumaine par Rodica Boconcios, A. Davidoviciu, P. Dimo, Fl. Moraru, A. Petrescu et I. Sipoș, éditée par Smaranda Dimitriu, *Tratat de programarea calculatoarelor*, Volumul 3: *Sortare și căutare* (Bucarest, Editura tehnică, 1976), xii + 736 pages + dépliant.

Traduction russe par Nadezhda I. V'îûkova, V. A. Galatenko et A. B. Khodulev, éditée par Îu. M. Baîâkovskiĭ et V. S. Štarkman, *Iskusstvo programmirovaniîâ dlîâ ÉVM*, Tom 3: *Sortirovka i poisk* (Moscou, Mir, 1978), 844 pages + dépliant.

Traduction espagnole par Jaime de Argila y de Chopitea et Ramón Puigjaner Trepat, sous la direction de Ramón Puigjaner Trepat, *El arte de programar ordenadores*, Volumen 3: *Clasificación y búsqueda* (Barcelone, Editorial Reverté, 1980), xxiii + 672 pages + dépliant.

Traduction chinoise par Guan JiWen et Su Yunlin, sous la direction de Lu Ruqian, *Ji Suan Ji Cheng Xu She Ji Ji Qiao*, Di 3 Juan, *Pai Xu He Cha Zhao* (Pékin, Defense Industry Publishing, 1985), viii + 645 pages + dépliant.

Traduction hongroise par György Elekes, Péter Erdős, János Gerlits, László Hárs, Antal Iványi et Vera Oláh, sous la direction de Miklós Simonovits, *A számítógép-programozás művészete* 3. *Keresés és rendezés* (Budapest, Műszaki Könyvkiadó, 1988), 761 pages + dépliant.

Seconde édition, complètement révisée. (Reading, Massachusetts: Addison–Wesley, 1998), à l'origine xiv + 780 pages + dépliant ; xiv + 782 pages + dépliant depuis le tirage de 2011.

Traduction roumaine par Mihaela Târpa, *Arta programării calculatoarelor*, Volumul 3: *Sortare și căutare* (Bucarest, Editura Teora, 2002), 680 pages + dépliant.

Traduction russe par V. T. Tertyshnyĭ et I. V. Krasikov, éditée par S. N. Trigub, sous la direction de Îu. V. Kozachenko, *Iskusstvo programmirovaniîâ*, Tom 3: *Sortirovka i poisk* (Moscou, Vil'iams, 2000), 823 + 4 pages.

Traduction japonaise par Yuichiro Ishii, Hiroshi Ichiji, Hiroshi Koide, Eiko Takaoka, Kumiko Tanaka et Takahiro Nagao, supervisée par Makoto Arisawa et Eiiti Wada (Tokyo, ASCII Corporation, 2006), xvi + 741 pages + dépliant. Réimpression brochée (Tokyo, ASCII DWANGO, 2015).

Traduction chinoise par Su Yunlin, *Jisuanji Chengxu Sheji Yishu*, Di 3 Juan, *Paixu Yu Chazhao* (Pékin, National Defense Industry Press, 2002), x + 779 pages.

Traduction polonaise par Krzysztof Diks et Adam Malinowski, *Sztuka programowania*, Tom 3: *Sortowanie i wyszukiwanie* (Varsovie, Wydawnictwa Naukowo-Techniczne, 2002), xviii + 838 pages + dépliant.

Traduction coréenne par Ryu Gwang, *Keompyuteo peurogeuraemingui yesul*, 3: *Jeonglyeol gwa geomsaeg* (Séoul, Hanbit Media, 2008), 941 pages + dépliant.

Traduction en macédonien (Skopje, Prosvetno Delo) en préparation.
Traduction tchèque (Brno, Computer Press) en préparation.
Traduction grecque (Athènes, Tziolas) en préparation.
Traduction albanaise en préparation.

- *Combinatorial Algorithms*, Part 1, volume 4A de *The Art of Computer Programming*.

Volume 4, Fascicle 2: *Generating All Tuples and Permutations* (Upper Saddle River, New Jersey: Addison–Wesley, 2005), v + 127 pages.
Traduction roumaine par Cora Radulian, *Generarea tuturor tuplurilor şi permutărilor* (Bucarest, Editura Teora, 2005), vii + 144 pages.
Traduction japonaise par Hiroshi Koide, supervisée par Makoto Arisawa et Eiiti Wada (Tokyo, ASCII Corporation, 2006), viii + 129 pages.
Traduction russe par Yu. G. Gordienko, éditée par S. N. Trigub, *Generatsii͡a vsekh kortezheĭ i perestanovok* (Moscou, Vil'iams, 2007), 146 pages.
Traduction polonaise par Adam Malinowski, *Generowanie wszystkich krotek i permutacji* (Varsovie, Wydawnictwa Naukowo-Techniczne, 2007), xiv + 137 pages.
Traduction hongroise par Zoltán Kása et Csaba István Sidló, sous la direction de Antal Iványi, *Permutációk és n-esek előállítása* (Budapest, Antoncom Infokommunikációs, 2008), 160 pages.

Volume 4, Fascicle 3: *Generating All Combinations and Partitions* (Upper Saddle River, New Jersey: Addison–Wesley, 2005), v+150 pages.
Traduction russe par I. V. Krasikov, éditée par S. N. Trigub, *Generatsii͡a vsekh sochetaniĭ i razbieniĭ* (Moscou, Vil'iams, 2007), 200 pages.
Traduction hongroise par László Szalay, Mihály Szalay et Lajos Lóczi, sous la direction de Antal Iványi, *Kombinációk és partíciók előállítása* (Budapest, Antoncom Infokommunikációs, 2008), 176 pages.
Traduction japonaise par Kazuhiko Kakehi, supervisée par Makoto Arisawa et Eiiti Wada (Tokyo, ASCII Corporation, 2008), viii + 154 pages.
Traduction polonaise en préparation.

Volume 4, Fascicle 4: *Generating All Trees; History of Combinatorial Generation* (Upper Saddle River, New Jersey: Addison–Wesley, 2006), vi + 120 pages.
Traduction russe par I. V. Krasikov, éditée par S. N. Trigub, *Generatsii͡a vsekh derev'ev. Istorii͡a kombinatornoĭ generatsii* (Moscou, Vil'iams, 2007), 156 pages.

Traduction hongroise par János Virágh, sous la direction de Antal Iványi, *Fák előállítása; Kombinatorikus előállítások története* (Budapest, Antoncom Infokommunikációs, 2008), 160 pages.

Traduction japonaise par Kazuhiko Kakehi et Hiroshi Koide, supervisée par Makoto Arisawa et Eiiti Wada (Tokyo, ASCII Corporation, 2010), viii + 118 pages.

Traduction polonaise en préparation.

Volume 4, Fascicle 0: *Introduction to Combinatorial Algorithms and Boolean Functions* (Upper Saddle River, New Jersey: Addison–Wesley, 2008), xii + 216 pages.

Traduction japonaise par Eiiti Wada (Tokyo, ASCII Corporation, 2009), xii + 206 pages.

Traduction chinoise sous la direction de Lin Peng Huang (Pékin, China Machine Press, 2010), xii + 432 pp.

Traduction hongroise par Zsuzsanna Láng, András Hajdu, Katalin Pásztorné Varga, Magda Várterész et Gabor Alagi, sous la direction de Antal Iványi, *Bevezetés a kombinatorikai algoritmusokhoz és Boole-függvényekhez* (Budapest, Antoncom Infokommunikációs, 2011), 272 pages.

Traduction en macédonien (Skopje, Prosvetno Delo) en préparation.

Volume 4, Fascicle 1: *Bitwise Tricks & Techniques; Binary Decision Diagrams* (Upper Saddle River, New Jersey: Addison–Wesley, 2008), viii + 261 pages.

Traduction japonaise par Eiiti Wada (Tokyo, ASCII Corporation, 2011), x + 256 pages.

Traduction hongroise par Csaba Bánsághi, Rita Csákány, Endre Daróczy-Kiss, Lehel Kovács, László Domoszlai, Péter Ligeti, Mónika Makai et Dániel Szisz, sous la direction de Antal Iványi, *Bittrükkök és bitmódszerek; Bináris döntési diagramok* (Budapest, Antoncom Infokommunikációs, 2011), 311 pages.

Première édition du Volume 4A relié. (Upper Saddle River, N. J.: Addison–Wesley, 2011), xvi + 883 pages.

Traduction japonaise par Kazuhiko Kakehi et Hiroshi Koide, supervisée par Makoto Arisawa et Eiiti Wada (Tokyo, ASCII DWANGO, 2017), xvi + 866 pp.

Traduction russe (Moscou, Vil'iams) en préparation.

Traduction chinoise (Hong Kong, Pearson Education Asia) en préparation.

*The Art of Computer Programming*, Volume 4, Fascicle 6: *Satisfiability* (Boston, Massachusetts: Addison–Wesley, 2015), viii + 310 pp.

## *Ordinateurs & Typographie*

*Tau Epsilon Chi: A System for Technical Text* (Providence, Rhode Island: American Mathematical Society, 1979), ii + 200 pages.

*TEX and METAFONT*: New Directions in Typesetting (Providence, Rhode Island: American Mathematical Society, and Bedford, Massachusetts: Digital Press, 1979), xi + 45 + 201 + 105 pages.

- *The TEXbook*, illustré par Duane Bibby, volume A de *Computers & Typesetting*.

Première édition brochée. (Reading, Massachusetts: Addison–Wesley, 1984), x + 483 pages.

Première édition reliée. (Reading, Massachusetts: Addison–Wesley, 1986), x + 483 pages.

Sixième tirage, révisé, janvier 1986 ; également publié sous le titre *Computers & Typesetting*, Vol. A.

Vingt-sixième tirage, 1996, contient les révisions définitives.

Traduction japonaise par Yoshiteru Sagiya et Nobuo Saito, *TEX Konpyuuta ni yoru sohan sisutemu*, illustrée par Duane Bibby (Tokyo, ASCII Corporation, 1989), xix + 657 pages.

Traduction russe par M. V. Lisina, éditée par S. V. Klimenko et S. N. Sokolov, *Vse pro TEX*, illustrée par Duane Bibby (Protvino, Moscou, AO RDTEX, 1993), xvi + 575 pages.

Traduction russe par L. F. Kozachenko, éditée par Yu. V. Kozachenko, *Vse pro TEX*, illustrée par Duane Bibby (Moscou, Vil'iams, 2003), 549 pages.

Traduction française par Jean-Côme Charpentier, *Le TEXbook : Composition informatique*, illustrée par Duane Bibby (Paris, Vuibert Informatique, 2003), xiv + 555 pages.

Traduction polonaise par Piotr Bolek, Włodzimierz Bzyl et Adam Dawidziuk, *TEX: Przewodnik użytkownika*, illustrée par Duane Bibby (Varsovie, Wydawnictwa Naukowo-Techniczne, 2005), xviii + 541 pages.

- *TEX: The Program*, volume B de *Computers & Typesetting* (Reading, Massachusetts: Addison–Wesley, 1986), xvi + 594 pages.

- *The METAFONT book*, illustré par Duane Bibby, volume C de *Computers & Typesetting*.

Première édition brochée. (Reading, Massachusetts: Addison–Wesley, 1986), xii + 361 pages.

Première édition reliée. (Reading, Massachusetts: Addison–Wesley, 1986), xii + 361 pages.

Traduction japonaise par Yoshiteru Sagiya, *METAFONT*, illustrée par Duane Bibby (Tokyo, ASCII Corporation, 1994), xvi + 451 pages.
Traduction russe par Mustafa R. Sait-Ametov, présentée par Yu. V. Kozachenko, *Vse pro METAFONT*, illustrée par Duane Bibby (Moscou, Vil'iams, 2003), 375 pages.

- *METAFONT*: The Program, volume D de *Computers & Typesetting* (Reading, Massachusetts: Addison–Wesley, 1986), xvi + 560 pages.

- *Computer Modern Typefaces*, volume E de *Computers & Typesetting* (Reading, Massachusetts: Addison–Wesley, 1986), xvi + 588 pages.

## Collections d'articles choisis

*Kunuusu Sensei no Program-Ron* [La programmation selon le Professeur Knuth], anthologie en traduction japonaise éditée par Makoto Arisawa (Tokyo, Kyoritsu-Shuppan, 1991), v + 199 pages.

- *Literate Programming* (Stanford, California: Center for the Study of Language and Information, 1992), xvi + 368 pages. (CSLI Lecture Notes, no. 27.)

Traduction japonaise par Makoto Arisawa, *Bungeiteki Programming* (Tokyo, ASCII Corporation, 1994), 463 pages.

- *Selected Papers on Computer Science* (Stanford, California: Center for the Study of Language and Information, and Cambridge, England: Cambridge University Press, 1996), xii + 274 pages. (CSLI Lecture Notes, no. 59.) Les tirages postérieurs à 2003 ont xii + 276 pages, parce qu'un nouveau chapitre a été ajouté.

- *Digital Typography* (Stanford, California: Center for the Study of Language and Information, 1999), xvi + 685 pages. (CSLI Lecture Notes, no. 78.)

Traduction russe par Roman M. Kuznets, Olga A. Makhovaya, Nikolai V. Tretyakov et Yurii V. Tyumentsev, éditée par Irina A. Makhovaya, *Komp'i͡uternai͡a Tipografii͡a* (Moscou, Mir, 2003), 669 pages.

- *Selected Papers on Analysis of Algorithms* (Stanford, California: Center for the Study of Language and Information, 2000), xvi + 621 pages. (CSLI Lecture Notes, no. 102.) Les tirages postérieurs à 2006 ont xvi + 622 pages, parce que l'index est devenu plus long.

- *Selected Papers on Discrete Mathematics* (Stanford, California: Center for the Study of Language and Information, 2003), xvi + 812 pages. (CSLI Lecture Notes, no. 106.)

- *Selected Papers on Computer Languages* (Stanford, California: Center for the Study of Language and Information, 2003), xvi + 594 pages. (CSLI Lecture Notes, no. 139.)
- *Selected Papers on Design of Algorithms* (Stanford, California: Center for the Study of Language and Information, 2010), xvi + 453 pages. (CSLI Lecture Notes, no. 191.)
- *Selected Papers on Fun and Games* (Stanford, California: Center for the Study of Language and Information, 2011), xvii + 741 pages. (CSLI Lecture Notes, no. 192.) Les tirages ultérieurs ont xvii + 742 pages.

Traductions françaises par Patrick Cégielski d'une sélection d'articles des huit volumes de *Selected Papers* :
*Éléments pour une histoire de l'informatique* (Paris, Société mathématique de France, et Stanford, Californie, Center for the Study of Language and Information, 2011), xvi + 371 pages. (CSLI Lecture Notes, no. 190.)
*Algorithmes* (Paris, Société mathématique de France, et Stanford, Californie, Center for the Study of Language and Information, 2011), xiv + 510 pages. (CSLI Lecture Notes, no. 194.)

- *Companion to the Papers of Donald Knuth* (Stanford, California: Center for the Study of Language and Information, 2011), xiii + 440 pages. (CSLI Lecture Notes, no. 202.)

La traduction française presqu'intégrale par Patrick Cégielski constitue le volume que le lecteur tient entre les mains.

## Manuels

- (avec Daniel H. Greene) *Mathematics for the Analysis of Algorithms.*

Première édition. (Boston, Massachusetts: Birkhäuser Boston, 1981), 107 pages. (Progress in Computer Science and Applied Logic, Volume 1.)

Seconde édition, avec de nouveaux appendices. (Boston, Massachusetts: Birkhäuser Boston, 1982), 123 pages.

Traduction russe par B. B. Pokhodzei, éditée par Yuri V. Matiyasevich, *Matematicheskie metody analiza algoritmov* (Moscou, Mir, 1987), 120 pages.

Troisième édition, avec des appendices supplémentaires. (Boston, Massachusetts: Birkhäuser Boston, 1990), viii + 132 pages.

Réimprimée dans le collection « Modern Birkhäuser Classics », en broché et en livre numérique (Boston, Massachusetts: Birkhäuser, 2008), x + 132 pages.

Traduction japonaise (Kindai Kagaku Sha) en préparation.

- (avec Ronald L. Graham et Oren Patashnik) *Concrete Mathematics: A Foundation for Computer Science.*

Première édition. (Reading, Massachusetts: Addison–Wesley, 1989), xiii + 625 pages.

Traduction chinoise par Fei-Pei Lai, *Chü T'i Shu Hsüeh* (Taipei, Dong Hua Publishing, 1990), xv + 731 pages.

Traduction chinoise par Yen-Wen Chen, *Chü T'i Shu Hsüeh* (Taipei, Ru Lin Publishing, 1991), xii + 695 pages.

Traduction chinoise par Zhuang Xingu, *Ju Ti Shu Xue: Ji Suan Ji Ke Xue Ji Chu* (Xian, Xian Electronic Technology University Publishing, 1992), xii + 539 pages.

Traduction italienne éditée par by Giovanni Monegato, *Matematica Discreta: Principi matematici per l'informatica* (Milan, Editore Ulrico Hoepli, 1992), xviii + 607 pages.

Traduction japonaise par Makoto Arisawa, Michiaki Yasumura, Tatsuya Hagino et Kiyoshi Ishihata, *Konpyuuta no Sūgaku* (Tokyo, Kyoritsu-Shuppan, 1993), xvi + 606 pages.

Seconde édition, très révisée. (Reading, Massachusetts: Addison–Wesley, 1994), xiii + 657 pages.

Traduction portugaise par Valéria de Magalhães Iorio, *Matemática Concreta: Fundamentos para a Ciência da Computação* (Rio de Janeiro, Livros Técnicos e Científicos Editora, 1995), xii + 477 pages.

Traduction polonaise par Piotr Chrząstowski, A. Czumaj, L. Gąsieniec et M. Raczunas, *Matematyka konkretna* (Varsovie, Polskie Wydawnictwa Naukowe, 1996), 718 pages.

Traduction hongroise par Sándor Fridli, János Gonda, Attila Kovács, László Lakatos et Csabáné Láng, *Konkrét Matematika: A számítástudomaány alapja* (Műszaki Könyvkiadó, 1998), xvi + 647 pages.

Traduction française par Alain Denise, *Mathématiques concrètes : Fondations pour l'informatique* (Paris, International Thomson Publishing, 1998), xiv + 688 pages.

Traduction russe par A. B. Khodulev et B. B. Pokhodzeĭ, *Konkretnaia matematika* (Moscou, Mir, 1999), 704 pages.

Traduction grecque par Christos A. Kapoutsis, *Synkritá Mathēmatiká* (Athènes, Kleidarithmos Publications, 2011), 640 pp.

Traduction coréenne par Ryu Gwang (Séoul, Insight Press, 2018), xix + 796 pp.

Traduction chinoise par Zhang Mingyao et Zhang Fan, *Ju Ti Shu Xue — Ji Suan Ji Ke Xue Ji Chu* (Pékin, China Machine Press), en préparation.

Traduction espagnole (Addison–Wesley Spain et Universidad Autonoma de Madrid), en préparation.

Traduction croate (Zagreb, Golden Marketing) en préparation.

- (avec Tracy L. Larrabee et Paul M. Roberts) *Mathematical Writing* (Washington, D.C.: Mathematical Association of America, 1989), ii + 115 pages.

Traduction japonaise par Makoto Arisawa, avec des illustrations supplémentaires et des notes dues au traducteur, *Kunuusu Sensei no Dokyumento Sampō* (Tokyo, Kyoritsu-Shuppan, 1989), x + 194 pages ; second edition, 1993.

Traduction chinoise par Zhang Mingyao et Zhang Fan, *Ju Ti Shu Xue — Ji Suan Ji Ke Xue Ji Chu* (Pékin, Posts & Telecom Press, 2013), xiii + 564 pp.

## Autres travaux

- *Surreal Numbers*, illustré par Jill C. Knuth (Reading, Massachusetts: Addison–Wesley, 1974), vi + 119 pages.

Traduction tchèque par Helena Nešetřilová, *Nadreálná čísla*, dans *Pokroky Matematiky, Fyziky a Astronomie* **23** (1978), 66–76, 130–139, 187–196, 246–261.

Traduction japonaise par Junji Koda, illustrée par Jill C. Knuth, *Chogen Jis Su* (Tokyo, Kaimei Sha Ltd., 1978), 179 pages.

Traduction allemande par Brigitte et Karl Kunisch, illustrée par Jill C. Knuth, *Insel der Zahlen: Eine zahlentheoretische Genesis im Dialog* (Braunschweig, Friedr. Vieweg & Sohn, 1979), 124 pages.

Traduction japonaise par Junji Koda, illustrée par Jill C. Knuth et Masaki Takahashi, *Chogen Jis Su*, publiée en huit livraisons mensuelles dans *Basic Sūgaku* (Août 1978 à mars 1979).

Traduction espagnole par Lluc Garriga, illustrée par Jill C. Knuth, *Números Surreales* (Barcelone, Editorial Reverté, 1979), 101 pages.

Traduction hongroise par János Virágh et Zoltán Ésik, illustrée par Zoltán Tardos, *Számok valóson innen és túl* (Budapest, Gondolat, 1987), 136 + ii pages.

Traduction portugaise par Jorge Nuno Silva, illustrée par Jill C. Knuth et José Bandeira, *Números Surreais* (Lisbonne, Gradiva, 2002), 113 pages.

Traduction japonaise par Shunsuke Matsuura, illustrée par Yusuke Saito et Jill C. Knuth, *Shifuku no Chogen Jis Su*, (Tokyo, Kashiwa Shobo, 2005), 174 pages.

Traduction chinoise par Bo Gao (Pékin, Publishing House of Electronics Industry, 2011), xii + 189 pp.

Traduction russe par M. S. Strigunova, *Syurrealnye Chisla* (Moscou, BKL Publishers, 2014), 110 pp.

Traduction italienne (Milan, Franco Angeli) en préparation.

• *Mariages stables et leurs relations avec d'autres problèmes combinatoires : Introduction à l'analyse mathématique des algorithmes.*

Première édition. (Montréal: Les Presses de l'Université de Montréal, 1976), 106 pages.

Édition revue et corrigée. (Montréal: Les Presses de l'Université de Montréal, 1981), 106 pages.

Actuellement disponible aux Publications CRM / Centre de Recherches Mathématiques, Université de Montréal, Montréal, Québec.

Traduction anglaise par Martin Goldstein, *Stable Marriage and Its Relation to Other Combinatorial Problems: An Introduction to the Mathematical Analysis of Algorithms* (Providence, Rhode Island: American Mathematical Society, 1997), xiii + 74 pages. (CRM Proceedings & Lecture Notes, Volume 10.)

Traduction russe par Eduard Lerner et Olga Kashina, *Ustoĭchivye parosochetaniya i drugie kombinatornye zadachi* (Moscou, Moscow Center for Continuous Mathematical Education), à paraître.

• *3:16 Bible Texts Illuminated.*

Premier tirage. (Madison, Wisconsin: A-R Editions, 1990), iii + 268 pages.

Deuxième tirage, révisé. (Madison, Wisconsin: A-R Editions, 1992), iii + 268 pages.

Traduction française *Bible 3.16*, Bayard éditions, 2017, 416 p.

• *Axioms and Hulls* (Heidelberg: Springer-Verlag, 1992), ix + 109 pages. (Lecture Notes in Computer Science, Volume 606.)

• (avec Silvio Levy) *The CWEB System of Structured Documentation.*

Première édition. (Reading, Massachusetts: Addison–Wesley, 1993), iv + 227 pages.

Version 3.6, avec un support hypertexte. (Reading, Massachusetts: Addison–Wesley, 2001), ii + 237 pages.

- *The Stanford GraphBase: A Platform for Combinatorial Computing*.

Première édition. (New York: ACM Press, and Reading, Massachusetts: Addison–Wesley, 1994), viii + 576 pages.

Édition brochée, révisée. (New York: ACM Press, and Reading, Massachusetts: Addison–Wesley, 2009), viii + 576 pages.

- *MMIXware: A RISC computer for the third millenium* (Heidelberg: Springer-Verlag, 1999), vii + 550 pages. (Lecture Notes in Computer Science, Volume 1750.)

Traduction japonaise par Tooru Takizawa, *MMIXware: RISC Dai sanzen nenki no tame no RISC konpyuuta* (Tokyo, SiB access, 2002), viii + 550 pages.

- *Things a Computer Scientist Rarely Talks About* (Stanford, California: Center for the Study of Language and Information, 2001), xi + 257 pages. (CSLI Lecture Notes, no. 136.)

Traduction japonaise par Tooru Takizawa, Yuko Makino et Noboru Tomizawa, *Konpyuuta Kagakusha ga Mettanī Kataranaī Koto* (Tokyo, SiB access, 2003), x + 260 pages.

- (with Andrea Gilbert, Bram Cohen, Ed Pegg, Jr., Erich Friedman, Harry Nelson, Helen Grabarchuk, Peter Grabarchuk, Richard Candy, Serhiy Grabarchuk, Shelly Hazard, and Tanya Grabarchuk) *Puzzle Box* **1** (Mineola, New York: Dover Publications, 2016), 96 pp.
- (with Andy Parr, Ed Pegg, Jr., Gianni Sarcone, Erich Friedman, Hasan Yurtoğlu, Helen Grabarchuk, Richard Candy, Shelly Hazard, Peter Grabarchuk, Serhiy Grabarchuk, and Tanya Grabarchuk) *Puzzle Box* **2** (Mineola, New York: Dover Publications, 2017), 96 pp.
- (with Ali Kiliç, Andrea Gilbert, Dennis Shasha, Ed Pegg, Jr., Erich Friedman, Harry Nelson, Helen Grabarchuk, Peter Grabarchuk, Serhiy Grabarchuk, Shelly Hazard, and Tanya Grabarchuk) *Puzzle Box* **3** (Mineola, New York: Dover Publications, 2017), 96 pp.
- *Fantasia Apocalyptica.* partition d'orgue, 23 fichiers PDF téléchargeables `http://cs.stanford.edu/~knuth/fant.html`, 64pp.
- (with Duane R. Bibby) *Fantasia Apocalyptica Illustrated.* (Stanford, California: Center for the Study of Language and Information, 2018), xiii + 255 pp.

## Addendum

Le site web :

`http://www-cs-faculty.stanford.edu/~knuth/vita.html`

contient des mises à jour.

# Index des noms